KB174456

인문학, 정의와 윤리를 묻다

INU 후마니타스 총서 | 03

—— 인문학, 정의와
윤리를 묻다

전병준 엮음

테드 W. 제닝스 · 김상봉 · 전병준 · 정영훈 · 조홍준 · 진태원 지음

후마니타스

일러두기

1. 단행본·정기간행물에는 겹낫표(『 』)를, 시·논문·기사·기고문 등에는 홑낫표(「 」)를,
   법령·영화에는 홑화살괄호(〈 〉)를 썼다.
2. 각 글의 인용문에서 지은이가, 그리고 1장에서 옮긴이가 첨가한 내용은 대괄호([ ])로 처리하거나
   '[−옮긴이]'로 표기했다.

책을 펴내며

무엇이 공정한 것이며, 무엇이 정의로운 것인가. 또한 그러한 것들은 어떻게 이룰 수 있는가. 2016년에서 2017년에 이르는 유례없는 시간 이래 우리는 이러한 물음을 다시 던지게 되었다. 불의와 불공정으로 가득한 구악舊惡과 적폐를 맞닥뜨리며 비로소 우리가 처해 있는 삶의 기본 조건을 뼈아프게 깨칠 수 있었으니, 그러한 과정을 거치며 진정한 의미의 정의와 공정이 무엇인지 찾기 시작한 것이다. 그 진정한 의미가 제대로 밝혀지지 않은 '촛불 혁명'의 가치와 의의가 이러한 물음을 둘러싸고 이루어지리라는 것이 이 책을 준비하며 상정한 전제였다. 물론 우리의 물음이 어떤 결과를 내놓았는지에 대한 판단과 평가는 이제 독자의 몫이 되겠지만 그럼에도 이 책에서 던진 물음이 적지 않은 가치를 지니리라 기대한다.

일찍이 자크 데리다는 현실 사회주의가 막을 내린 직후인 1993년 펴낸 『마르크스의 유령들』에서 느닷없이, 그러나 지극히 당연하게도 에마누엘 레비나스의 『전체성과 무한』의 한 구절을 인용한다. "타인과의 관계, 곧 정의." 사실 이 책을 준비하는 데 가장 근원적인 물음은 이 구절을 어떻게 해석하고 받아들여야 할지였다. 인천대학교 인문학연구소의 INU 후마니타스 총서 두 번째 권인 『마르크스주의와 한국의 인문학』이 마르크스주의의 현재적 가능성을 살핀 책이었다면, 세 번째 권이 되는 이 책 『인문학, 정의와 윤리를 묻다』는 데리다와 레비나스가 제기한 사유의 실마리에서 발화되었다. 마르크스가 생각한, 공산주의로 가는 준비 단계인 사회주의가 무너진 시점에서, 코뮌(곧 공동체)의 문제를 고민할 수밖에 없었던 것이, 마르크스(주의)를 다시 생각하고자 한 데리다의 의도이자 기획이었음은 분명하다. 그렇다면 촛불 혁명을 지나왔으나 아직도 혁명의 과제를 완수하지 못한 우리는 어떤 물음을 던지고 실천해야 할 것인가. 혁명의 시간만 지나왔을 뿐 혁명이 던진 물음을 아직 제대로 받아들이지 못한 것이 아닌가. 이러한 반성과 성찰이 이 책의 저변에 작용하는 근본 물음이었다. 이러한 물음을 좀 더 정교하게 하기 위해 우리는 사유와 지혜의 대가들로부터 도움을 얻기를 희망했다.

물음은, 항상 물음을 다시 던지는 과정을 통해 진화한다. 인문학은 어떤 의미에서든 물음을 새로이 하는 과정이지 손쉬운 답에 안주하는 것이 아니기 때문이다. 물음과 응답을 끊임없이 반복하며 조금씩 나아가는 것, 그것이 우리가 할 수 있는 최대한이다. 그 물음과 응답의 과정이, 그리하여 그 진화의 한 단면이 이 책에 기록되어 있다. 멀리는 서양 고전과 기독교 신학으로부터 가까이는 이 나라의 봉기와 혁명을 둘러싼 물음과 응답을, 독자들은 이제 이 책을 통해 확인할 수 있을 것이다.

퀴어 신학 연구의 대가이자 신학과 현대 철학의 창의적인 만남을 추구해 온 신학자 테드 W. 제닝스의 글은, 이미 한국에 번역된 바 있는 그의 책들에서 던진 물음을 좀 더 폭넓게, 그리고 깊이 있게 다룬다. 『데리다를 읽는다/바울을 생각한다』와 『무법적 정의』에서 그는 바울 신학을, 다양한 현대 철학의 관점에서 살피며 새로운 방법을 모색했는데, 그 요점은 신학의 정치철학적 해석이라 할 만한 것이었다. 이 책에 실린 「법 바깥의 정의 그리고 정치적 개념으로서의 사랑」에서 그는 정의의 개념을 정치적으로 재설정하기 위해 플라톤과 아리스토텔레스와 키케로의 저작을 훑는 한편, 바울의 서한을 끈질기게 살피며 정의와 법 사이의 대립과 모순을 발본적으로 탐구한다. 제닝스의 창의적이면서도 의미심장한 탐구는 알랭 바디우, 자크 랑시에르, 조르조 아감벤 같은 현대의 포스트마르크스주의 사상가들을 좇은 끝에 다음과 같은 결론에 이른다. 정의가 국가 장치의 강압에 의해 포착될 수 없다는 것, 그런 까닭에 정의를 "법 바깥에서"outside the law 사유하는 법을, 그리고 (그의 책 제목을 따르자면) "무법적 정의"Outlaw Justice로서 사유하는 법을 고안해야 한다는 것. 그는 더 나아가 정의의 사유를 사랑에 대한 담론과 결합하는데, 개인적인 것이나 개인들 사이의 것, 혹은 정서와 관련된 것으로 한정된 사랑을, 하나의 정치적 개념으로, 정의의 실현으로 사유하는 법을 배워야 한다고 주장한다. 이는 그가 끊임없이 추적한 것처럼 고대의 정치사상가들에 의해 우정이라는 표제로 인식되었던 것인데, 바울의 표현을 따르자면 사랑이야말로 정의가 완성되는 방식이라 할 수 있다. 사랑이 지닌 급진적인 정치적 함의가 법의 폐지이자 완성으로, 정의의 실현으로 가는 유일한 길이라는 것이 그의 궁극적인 주장이다.

　　현대 프랑스 철학과 정치철학에 대한 연구를 진행하는 한편 한국의 민주주의론에 대해서도 심도 있는 탐구를 이어가는 진태원의 글 「칼 슈미트와 자크 데리다 : 주권의 탈구축」은 이 책이 다루고자 한 정의와 윤리라는 주제를, 주권론과 폭력론의 관점에서 정치철학적으로 깊이 있게 다룬다. 어떤 사태의 역사적이며 이론적인 배경을 동시에 아우르고자 하는 그의 끈질긴 탐구 정신은 베를린장벽의 붕괴와 더불어 사회주의 체제가 해체됨으로써 "극단의 시대"(에릭 홉스봄)로서 20세기가 종식을 고하고 신자유주의적 세계화가 도래한 시점에서 사유의 단초를 발견한다. 왜냐하면 이때가 불평등의 심화와 확산이 이루어지고 다양한 수준에서 폭력의 일반화가 산출된 시점이기 때문이다. 그는 이러한 배경을 바탕에 두고 주권 개념의 애매성, 혹은 역설에 대한 문제를 제기하는데, 이는 한편으로 주권이 신학적 초월성을 지양하는 인민의 자율성, 따라서 민주주의의 내재적 근거를 표현하는 것이었지만, 다른 한편으로 주권이 또 다른 형태의 초월성 및 폭력을 내포하는 것이기 때문이다. 따라서 주권은 민주주의의 내재적 근거를 이루면서 동시에 그것에 현존하는 근원적 폭력의 흔적을 표시하는 것이 된다. 주권에 관한 데리다의 논의는 그의 철학에 고유한 유사초월론의 논리에 기반한 매우 사변적인 논의이지만, 세계화 이후 전개되는 국민국가의 쇠퇴, 이주, 난민, 국경의 폭력 등의 문제에 대해 매우 많은 시사점을 제시한다. 진태원은 데리다의 주권 개념의 특성을 칼 슈미트의 주권 개념과 비교하여 살펴보는데, 데리다의 그것이 자기성自己性, ipseity, 곧 주체의 자율성에 기반을 두고 있지만, 동시에 자기성에 고유한 면역의 메커니즘(적과 동지의 대립)에는 자기면역의 아포리아가 함축되어 있다는 것이다. 데리다가 드러내는 주권 개념의 아포리아는 근대 주권 개념의 제도적·이데올로기적 전제를 구성하는 국민적인 것의 제도와 논리를 변혁하기 위한 실마리를 제공한다는 것이 이 글의 결론이다.

이 책에서 서양 철학의 가장 깊숙한 곳을 탐구하는 조홍준의 글 「하이데거 『존재와 시간』은 윤리학인가?」는 20세기 철학사에서 가장 심대한 영향을 끼친 마르틴 하이데거의 주저 『존재와 시간』을 아리스토텔레스의 『니코마코스 윤리학』과 관련하여 살핀다. 서양 형이상학에서 오래도록 망각의 늪에 빠져 있던 존재라는 문제를 철학적 대화의 장으로 살려낸 하이데거의 철학이 존재론이라는 관점에서 논의되는 것은 필연적이지만 이를 그 외의 다른 시각에서 논의하는 것은 언제나 사유의 모험을 무릅써야 하는 작업이다. 물론 하이데거 철학을 윤리학적으로, 혹은 아리스토텔레스와 비교하는 관점에서 다룬 사례가 없지 않지만 조홍준의 글이 특히 관심을 끄는 것은 『존재와 시간』에서 근원 윤리학이라는 특징을 추출하여 이를 중요한 논점으로 제시하기 때문이다. 두 저작이 지니는 2500년이라는 세월을 뛰어넘어 자세하게 비교·탐사하는 그의 사유의 여정은 그 자체로도 흥미로운 것이지만 그 종착점에서 제안하는 결론은 자못 놀라운 것이다. 시간적 순서로 봤을 때 『존재와 시간』이 『니코마코스 윤리학』에 영향을 받았다고 할 수 있지만, 오히려 논리적 순서로는 선행한다는 것이다. 이러한 주장을 펼치기 위해 조홍준은 각각의 저작을 구조적으로 해체하고 재구성하는데, 이 두 저작의 유사성과 상이성을 각각 주장하는 기존 연구 성과를 치밀하게 살핀 끝에 『존재와 시간』이 일반 존재론의 출발점이면서 동시에 윤리학 일반의 출발점임을 증명한다.

이러한 주장이 가능한 것은 하이데거의 기초 존재론이 '당위의 당위' 곧, 행위의 기준이 되는 규범적 당위가 있을 수 있도록 하는 당위이기 때문이다. 올바른 행위를 하기 전에 있어야 할 마음의 전환이 바로 기초 존재론의 존재 당위이다. 이런 치밀한 분석 끝에 우리는 규범윤리학으로서 『니코마코스 윤리학』이 오히려 근원 윤리학인 『존재와 시간』 이후에 와야 함을 이해할 수 있게 된다.

앞의 세 편이 철학적이고 이론적인 논의를 한다면, 뒤의 세 편은 실질적이고 역사적인 논의를 이어 나간다. 이 책에서 가장 논쟁적인 주제를 다루고 있는 김상봉의 「폭력과 윤리 : 4·3을 생각함」은 제주 4·3의 의미를 역사적 사건으로서뿐만 아니라 철학적 사건으로서 다룬다. 아직 해석과 정리가 온전히 이루어지지 않은 4·3은 그 자체로 우리에게 사유를 강제하는 사건이거니와 발발한 지 70년이 지나가는 시점에서 이에 대한 역사적·철학적 평가와 조명이 활발히 이루어지는 것은 늦었지만 다행스러운 일이다. 다른 민중 항쟁과 달리 제주4·3사건은 그것의 명명에서부터 우리에게 특별한 해석과 평가의 어려움을 제기한다. 남로당 무장대의 무장 항쟁과 군경 토벌대의 진압 과정에서 벌어진 국가 폭력의 측면을 동시에 지니기 때문이다. 무장대의 입장에서 보느냐, 토벌대의 입장에서 보느냐에 따라 한 사건에 대한 인식과 평가가 극단적으로 달라질 수밖에 없다. 그러나 양쪽이 모두 폭력적이었다는 점에서는 공통적이다. 그런데 이 글이 중요하게 지적하고자 하는 지점은 지금까지는 어느 한편의 관점에서만 사건을 바라보았다는 것이다. 4·3사건에 대한 기존 연구는 양편에 공통된 폭력성에 대해서는 거의 주목하지 않고 자기의 관점에 따라 상대방의 폭력성만

을 부각해 4·3을 폭동으로 매도하거나 일면적으로 국가 폭력 또
는 제노사이드라고만 규정해 왔기 때문이다. 그러나 이 글은 4·3
사건을 무장대와 토벌대 사이의 폭력적 충돌이라는 관점에서 바
라보고, 그 폭력의 정당성을 고찰한다. 그렇다고 하여 이 글이 양
비론과 같은 결론으로 이어지는 것은 아니다. 국가 폭력에 대해서
는 그 부당성이 분명히 드러나 있으므로 무장대의 항쟁 폭력이 지
니는 정당성을 한국 민중 항쟁의 역사에 입각해서 집중적으로 고
찰한다. 마지막으로 이 글은 4·3이 왜 항쟁과 봉기의 본래적인 성
격을 지닌 동학농민전쟁이나 5·18에서 나타난 무장 항쟁의 윤리
성으로부터 일탈하게 되었는지 그 이유를 밝히는데, 이 지점에 이
르면 한국의 민중 봉기를 역사적·철학적으로 재조명하는 작업이
지니는 궁극적인 의미가 무엇인지 짐작할 수 있게 된다.

　　전병준의 글 「새로운 정의와 혁명의 창안을 위하여」는 폭력과
법과 정의의 모순 관계에 대해 논의한 발터 벤야민과 자크 데리다
의 저작을 중요하게 참조하면서 4·19 시기 김수영의 시에 나타난
정의와 혁명의 의미를 살핀다. 폭력과 법과 정의의 관계가 지니는
모순이 정치와 혁명의 문제를 사유할 수 있게 해주는 까닭에 이러
한 주제어를 중심으로 김수영의 시를 다룬 것이다. 4·19를 전후
한 시기에 쓰인 김수영의 시편들은 기존 지배 권력에 대한 탄핵과
새로운 가치에 대한 희망을 강력하게 보여 주는 까닭에 그 핵심이
정의의 문제와 관련됨을 알 수 있다. 그러나 기존의 안이한 해석,
곧 법은 해체 가능하고, 정의는 해체 불가능하다는 언명을 이분법
적으로 받아들이는 해석은 정의를 초월적인 지평에 두게 되는 까
닭에, 법과 정의의 모순적인 관계를 제대로 사유할 수 없게 한다.

법 내부에 법이 행사하는 예외로서 폭력이 존재한다는 논리는 법의 근원으로서 정의에도 똑같이 적용되는 논리이기 때문이다. 법과 정의의 모순적인 관계를 제대로 파악하기 위해서는 외부의 초월적인 지평을 상정하지 않으면서도 지금, 여기의 삶의 질서를 비판할 수 있는 방법을 창안할 필요가 있다. 이 글에서는 잠정적으로나마 법과 정의의 관계를 유효하게 사유할 수 있는 방법으로 내재성과 초월성의 변증법을 제안한다. 이러한 방법론적 시각을 바탕으로 김수영의 시를 살핀 끝에 그의 시가 혁명이 어떻게 가능한가를 묻고, 이와 유사한 맥락에서 정의가 무엇인가를 묻는다고 진단하며, 그가 이러한 물음을 강인하게 유지한 끝에 새로운 정의와 혁명을 창안하고자 했다고 주장한다. 이 글은 김수영의 시를 폭력과 법과 정의의 관점에서, 그리고 이 셋을 동시에 아우를 수 있는 정치와 혁명이라는 관점에서 살핌으로써 김수영 연구의 관점을 갱신하고 심화한다.

정영훈의 글 「불의의 선물, 정의를 산출하는 윤리」는 최인훈과 조세희와 이승우의 소설에서 정의와 윤리의 산출 가능성을 살핀다. 특히 이 글은 바울의 텍스트를 다시 읽는 과정에서 나온 여러 결과물들과 테드 W. 제닝스의 저작들을 중요하게 참고하며 이러한 과제를 수행하는 점이 눈길을 끈다. 최근 활발히 소개되고 논의되는 바울 담론을, 정의와 윤리라는 주제를 중심으로 살피며 지금, 이곳의 문제를 끈질기게 사유하고자 하는 물음은 그 자체로 관심을 끌기에 충분하다. 정영훈은 최인훈의 「라울전」과 조세희의 『난장이가 쏘아올린 작은 공』 연작을 꼼꼼히 읽으며 사회적 차원에서 정의가 가능한지, 그리고 사랑이 정의의 실현을 위한 윤리적 근거로 제출될 수 있는지 따진 끝에 이승우의 「오래된 일기」에 대한 상세한 주석을 통해 정의와 윤리를 둘러싼 물음을 본격적으로 제기한다. 이승우 소설의 인물들은 그들 자신을 불의한 가운데 은혜를 입은 자로 인식하는 데서 출발하여, 자기 소유의 일부를 타인에게 돌려주기 위한 방법을 모색하는 데로 나아가는 인물들이다. 그것은 이들이 정의롭게 행동하고 불의를 바로잡으라는 명령을 듣기 때문이고, 자신들을 불의의 피해자가 아니라 불의의 수혜자로 인식하기 때문이다. 그런 까닭에 그들은 환대의 윤리를 실천하는 데까지 이른다. 이러한 분석과 해석을 통해 이 글은, 자신을 불의의 수혜자라고 여기면서 이를 바로잡으려 애쓰는 사람들만이 이 노력을 끝까지 밀고 나갈 수 있고, 윤리적 주체가 될 수 있으리라고 진단한다. 굶주리고 헐벗은 타인의 상태를 인지하며, 그를 먹이고 입히라는 요청과 명령에 반응하는 것, 이것이 바로 불의를 정의로 되돌리고자 하는 윤리적 행동의 출발점이라는 것이다.

인천대학교 인문학연구소의 INU 후마니타스 총서 세 번째 권이 되는 이 책을 내는 데 많은 분들의 도움을 받았다. 이 책의 초고가 발표되고 토론된 무대인 인문학연구소까지 와주신 필자들께 가장 큰 감사의 말씀을 드린다. 일면식도 없는 한국의 학자가 보낸 초대의 전자우편에 망설임 없이 답하고 직접 방문해 주신 테드 W. 제닝스 선생님께 감사드린다. 이 책을 준비하는 도중인 3월, 선생님께서 운명하셨다는 소식이 전해졌다. 먼 거리를 마다 않고 우정과 사랑의 철학을 전해 주시고 앎의 기쁨을 건네주신 선생님께서 이제 평안히 쉬시길 바랄 뿐이다. 아울러 원고를 충실히 번역해 주신 박성훈 선생님께도 감사의 말씀을 드린다. 거리의 철학자이던 시절 인연을 맺은 이래 오래도록 사숙했던 김상봉 선생님을 인천에서 만나게 된 것은 큰 기쁨이었다. 오랜만의 연락인데도 흔쾌히 초청에 응하며 원고를 주신 김상봉 선생님께 감사드린다. 늦게야 부탁드렸으나 선선히 원고를 보내 주시고 총서와 두 번째 인연을 맺어 주신 진태원 선생님, 총서의 기획에 공감해 주시고 주제와 관련해 귀중한 말씀을 들려주신 정영훈 선생님, 하이데거에 대한 최신의 연구 경향을 알려 주시고 새로운 사유의 기회를 제공해 주신 조홍준 선생님께도 깊은 감사의 말씀을 드린다.

해외 학자를 초청하는 기틀을 마련해 주시고 성원을 아끼지 않으신 인문대 학장 유혜배 선생님, 그리고 이번에도 어김없이 신뢰와 응원을 보내 주시고 전 과정을 함께해 주신 인문학연구소장 이용화 선생님, 총서 발간과 관련된 번거로운 업무를 말끔하게 처리해 주신 상임연구원 박은영 선생님, 그리고 관심을 기울여 주신 인문대학의 여러 선생님들께도 두루 감사의 말씀을 드린다.

코로나19의 세계적인 대유행으로 모든 것들이 비정상인 상황임에도 우리의 삶은 계속해서 이어진다. 그럼에도, 아니 그렇기 때문에 우리의 사유도 중단되어서는 안 될 것이다. 철학적으로, 그리고 인문학적으로 우리 시대의 아픔과 문제를 재사유하고자 한 이 책의 시도가 크지 않지만 조그마한 밀알이라도 되기를 바라는 마음 간절하다. 독자들의 관심과 비판을 기다린다.

고故 테드 W. 제닝스, 김상봉, 진태원, 정영훈, 조홍준의 뜻을 모아
전병준 씀.

Justice

1

법 바깥의 정의
그리고
정치적 개념으로서의
사랑

1. 서론

  정치적인 것이라는 주제와 정의라는 주제는 언제나 매우 밀접
하게 관계되며, 심지어 동일시되기도 한다. 이 글에서 나는 먼저
정의라는 주제가 어떻게 고대의 철학적 사유와 관계되는지 보일
것이며, 이어서 그 주제가 어떻게 「로마서」에서 제시된 바울의 논
증에 있어 결정적인 것이 되는지 보일 것이다. 여기서는 또한 자
크 데리다의 사유에서 정의가 해체 불가능한 것으로 간주되는 방
식에 대한 일별이 수반될 것이다. 그런 다음 이로부터, 데리다나
바울의 관점과 유사한 관점을 지닌 바디우와 랑시에르에게서, 정
치적인 것이 어떤 방식으로 국가의 법과 긴장 관계에 놓이게 되는
지에 관한 논의로 향할 것이다.

  먼저 정치적인 것의 내용으로서의 정의에 관한 논의를 시작해
보자. 『국가편』*Republic*이라 지칭되는 대화편에서 폴리스polis로 관
심의 방향을 돌릴 때, 플라톤은 정확하게 정의에 대한 논의의 일
환으로서 그 논의를 시작한다. 이는 그에게 완전히 새로운 주제가
아니다. 실제로 자신의 대화편들에서 플라톤은 인간 존재자들의
공동의 삶을 이해하는 주된 방식으로서 이 정의라는 주제로 되돌
아가기를 몇 번이고 반복한다.

---

* 이 글은 2019년 10월 21~22일 인천대학교에서 강의한 발표문을 바탕으로, 인천
대학교 인문학연구소에서 펴내는 『인문학 연구』 32집, 2019, 45~81쪽에 "Justice
outside the law and love as political concept"로 게재된 바 있다.

18

아리스토텔레스에게도 상당히 유사한 모습이 나타난다. 그는 "정의는 국가 안에 있는 사람들의 유대인데, 왜냐하면 정의의 집행 — 무엇이 정의로운지에 대한 결정인 — 이 정치적 사회 내에서 질서의 본원이기 때문"이라고 주장한다(*Politics*, 1252b 27~29[정확히는 1252b 33~35]).[1] 그리고 정의가 최대의 선이며, 정의의 문제가 공동선common good의 문제라고 단언할 것이다(*Politics*, 1282b 17). 사실상 그가 주장하는 것은 정의가 사회적 미덕이며 그것이 다른 모든 것을 함축한다는 것이다(*Politics*, 3권 13장). 정의는 근본적으로 사회 내에서 다른 개인들과의 삶이 형성되는 방식과 관련된 사회적 개념임을 쉽게 이해할 수 있다.

이러한 정의와 사회적인 것에 대한 정치적 규정 사이의 밀접한 상관관계는 키케로에 의해 진척되는데, 그는 바울이 살던 시대의 스토아학파나 에피쿠로스학파 사람들과는 달리 정의가 사회 내에서의 인간 상호적 관계들에 대한 규정과 관련될 수밖에 없다는 점을 망각하지 않았다. 예를 들어 스키피오의 꿈을 이야기하면서 키케로는 "국가라 지칭되는 정의에 의해 함께 연결된 인민의 공동체"에 대해 서술한다(*Republic*, VI, 13).[2] 그에 앞서 키케로는 이렇게 묻

1 Aristotle, *Politics, in The Basic Works of Aristotle*, Edited by Richard McKeon, Translated by Benjamin Jowett, New York: Random House, 1941. [인용 문헌의 간략한 책 제목과 인용 위치만 본문에 괄호로 병기한 원문 형식을 따랐다. 다만 독자의 이해를 돕기 위해, 해당 문헌이 처음 나오는 곳에 각주로 서지 사항을 추가했다. -옮긴이]
2 Cicero, *The Republic and The Laws*, Translated by Niall Rudd, Oxford: Oxford University Press, 1988.

는다. "정의에 있어 평등한 연합이 아니라면 국가는 무엇인가?"(*Re-public*, I, 49).

아리스토텔레스와 마찬가지로, 키케로는 정치적인 것과 특히 본성에 따른 정의에 대한 질문을 파고들어 가려 한다. "그러나 철학적 토론들에서 다뤄진 모든 주제들 중에서 분명히 우리가 정의를 위해 태어났다는 점에 대한 …… 명확한 인식보다 더 중요한 것은 없다"(*Laws*, I, 28).[3] 이로부터 그는 "우리는 본성에 의해 우리 자신들 사이에서 정의를 공유하고 그것을 서로에게 전달하도록 만들어졌다"고 말하는 데 이른다(*Laws*, I, 33). 따라서 정의는 "인간 사회를 함께 묶는" 무엇이다(*Laws*, I, 42).

나는 이를 정의의 이념에 대한 철학적 배경이라고 지칭하는데, 왜냐하면 흔히 기독교인들이 「로마서」에서 신적인 정의에 관해, 신적인 정의와 기존 사회질서의 부정의의 대비에 관해, 그리고 신의 심판에서 살아나려면 정의를 실현해야 한다는 명령에 관해 서술하는 바울의 글을 읽을 때 이러한 배경을 망각하기 때문이다. 내가 보기에 바울의 '로마인들에게 보내는 편지'(「로마서」)는 사실상 처음부터 끝까지 신의 요청과 요구로서의 정의에 대한 설명이다. 내가 이해하기로, 그의 기본적인 문제는 정확히 부정의의 기초 위에 세워진 제국이라는 배경에서, 어떻게 인간들이 신적인 분노를 유발하는 명백한 인간적 부정의에도 불구하고, 정의롭게 될 수 있고 또 될 것인지에 관해 설명하는 것이다.

---

3 같은 책.

하지만 지금 당장에 주된 논점은 바울이 자신의 철학적 선배들과 마찬가지로 어떻게 개인이 공동체 안에서 정의롭게 될 수 있을지에 관한 질문에 관심을 둔다는 것이다. 확실히, 바울은 여기서 정의라는 주제에 대해 다뤘던 대부분의 이전 논의들에 결여되어 있던 긴급성이라는 요소를 더한다. 왜냐하면 그는 인류가 진정으로 혹은 현실적으로 정의롭게 될 길을 찾지 못할 경우 완전한 파괴(신적인 진노)에서 살아남을 수 없다고 전제하기 때문이다.[4]

독일이나 영국의 종교개혁Reformation에서 유래한 재앙들 중 하나는 바울 서신에 대한 독일 및 영국의 번역에서 정의라는 주제가 실종되었다는 점인데, 이는 이러한 개혁 전통에 의존하는 한국어 신약성서 번역이나 여타 언어의 신약성서 번역들에서 영속화되었던 바 있다. 정의를 대체하여, 우리는 의로움righteousness이나 불의함unrighteousness이라는 말을 듣게 되며 이로써 바울이 어떠한 개인들 간의 현실적인 정의도 문제가 되지 않는 모종의 신을 향한 수직적 관계에 관해서만 관심을 가진다고 상상하는 방향으로 이끌린다. 신이 정의에 관심을 두는 것이 아니라 오로지 종교적이거나 도덕론적인 영역에만 적용되는 어떤 상상된 의로움에만 관심을 둔다는 가정은 기독교에 있어 하나의 재난이었다. 그렇지 않다면 의로움을 확신하는 독일 기독교인들이 홀로코스트라는 참사를 저지르

---

4 어쩌면 우리에게나 바울에게나 이 주제는 실질적인 긴급성을 갖는다고 덧붙일 수 있을 것이다. 실제로 우리는 서로 그리고 살아 있는 모든 것들과 조화롭게 살아갈 길을 찾지 못할 경우 인류가 생존하지 못할 것임을 깨닫게 되고 있다. 우리의 시간 또한 어쩌면 종말론적 시간인지도 모른다.

거나 혹은 또한 모종의 상상된 의로움을 확신하는 영어권 기독교
인들이 노예를 재산으로 인정하는 제도를 발전시키고 시행했던
것을 어떻게 달리 이해할 수 있겠는가? 이는 또한 단순히 오늘날
에 있어서의 역사 문제만이 아니며, 이러한 오해는 일상적으로 공
공연히 드러나는 가장 치명적이고 포악한 형태의 기독교 근본주
의로, 미국에서 정치적 광기로의 추락으로 표현된다.

예언서들이나 시편을 읽는 사람이라면 누구라도 신이 정의, 정
의로운 사회, 정의로운 세계 질서를 명령하고 요구하며, 이를 강
조한다는 점을 알 것이다. 그리고 바울은 그러한 전승을 주의 깊
게 다뤘던 독자였고, 한 사람의 바리새파[5]로서 자신이 계승자로서
물려받은 예언적 전승과 묵시적 전승의 전적인 긴급성을 제시한
다. 따라서 바울은 사회 내에서의 인간의 삶 — 정치적인 것으로
서의 — 을 이해하고 실천하는 방식으로서 정의에 관심을 갖는다.
이는 「로마서」에서 적어도 마지막 네 장이 정확하게 어떻게 공동
체가 하나의 정의로운 공동체로서 구성될 수 있는지를 다루는 논
의와 관련되는 이유이다.

바울은 신적인 정의 또는 신의 정의를 이야기한다. 자크 데리
다는 해체 불가능한 정의에 대해 쓴다. 이는 무슨 의미인가? 그것

---

5 [예수나 바울 당시 팔레스타인 지역에서 대표적인 유대교 종파는 바리새파Pharisees
와 사두개파Sadducee가 있는데, 일반 중산층에 뿌리를 두었던 바리새파는 성서에서
모세오경 외에 예언서, 시가서, 교훈서, 묵시서 등의 전승을 인정했던 데 반해, 예
루살렘의 제사장들과 레위인들에 뿌리를 두었던 사두개파는 모세오경의 권위만을
인정했다. -옮긴이]

은 정의의 요구가 결코 무시될 수 없으며, 우연적이거나 부수적인 무언가로 환원될 수 없음을 의미한다. 그렇게 말해도 좋다면, 그 요구는 일종의 초월적인 것이다. 인본주의의 조건들 아래서, 이는 또한 바울이 정의에 관해 주장하는 무엇과 매우 유사하다.

지금까지, 예언적이거나 묵시적인 긴급성의 문제와는 별개로, 바울은 철학자들의 의견에 동의하는 모습을 보였다(그리스-로마 세계 내에는 정의가 부재할 때 세계가, 특히 로마 세계가 파멸에 이를 수밖에 없다는 바울의 의식을 어떤 방식으로든 공유했을 다른 사상가들이 있었다). 이는 어쨌든 바울이 저술 활동을 했던 바로 그 시기에, 로마가 빠져들게 된 완전한 정의의 결여를 이야기하며 침울하다고까지는 말할 수 없어도 어쨌든 상당히 냉정한 태도를 보이는 로마의 역사가 타키투스Tacitus의 증언이다. 타키투스는 그 참상에 대해 다음과 같이 서술한다. **"정의로울 경우 중상모략을 당하고 자살로 내몰리는 우리 시민들의 비애와 지속적인 파멸, 그런 것이 로마 국가에 대한 하늘의 진노였다**······"(*Annals*, XVI 16AD 65/6)[6] 여기서 타키투스는 「로마서」 1:29~32에 제시된 로마 사회에 대한 기소장의 종말론적 인식을 반향한다.

---

6 Tacitus, *Annals*, Translated by A. J. Church and W. J. Brodribb, Chicago: Encyclopedia Britanica, 1952.

2. 정의 그리고/또는 법

정의가 인간 사회에 있어 중심적인 사안이라는 입장은 플라톤, 아리스토텔레스, 키케로, 그리고 예언자들이나 바울에 의해 공통적으로 유지된다. 그러나 바울은 그리스나 로마, 이스라엘을 막론하고 공유되는 정치적 사유의 공통 인식으로부터 상당히 급진적으로 이탈할 것이다. 말하자면, 그는 법과 정의 사이에 근본적인 긴장 관계를 도입할 것이다. 실제로 그는 이러한 긴장 관계를 한 계점까지 밀어붙일 것이다(하지만 그 너머로 가지는 않는다). 이는 정치적 사유에서 하나의 급진적인 혁신이었다(그리고 오늘날에도 여전히 그렇다). 여기서 바울의 혁신을 엿보려면, 우리는 고대의 정치적 사유에서 정의와 법 사이의 연결 관계를 살필 필요가 있다.

플라톤의 대화편들 중에서 가장 길고 마지막이며, 내 생각에는 가장 지루한 대화편인 『법률편』에서, 우리는 한 사회가 정의롭게 되고 그 인민이 도덕적으로 되려면 법률이 어떤 것이어야 하는지에 관해 논의하는 세 사람을 보게 된다. 대화 참여자들은 달리 이름이 밝혀지지 않는 아테네 사람(소크라테스는 이 대화편에 전혀 등장하지 않는다), 크레타 출신의 클리니아스, 스파르타인 메길로스다.

논의의 발단부에서 그들은 크레타의 미노스, 아테네의 솔론, 스파르타의 리쿠르고스라는 위대한 법률 제정자들이 사회적인 정치 질서의 역사에서 차지했던 핵심적인 장소를 언급한다. 실제로 그들은 이러한 '정체政體, constitution들'에 대한 논의에 착수하여 어떤 것이 한 사회에 이상적인 정체 혹은 법률의 총합이 될 것인지에 대한 답에 도달하려 한다.

그러한 대화에서 새롭게 출현한 유대교가 그 자체의 장소를 주장하는 가장 중요한 방식들 중 하나는 그 자체의 정체를 고유의 위대한 법률 제정자, 즉 모세로부터 유래한 것으로서 지시하는 것이다. 필로Philo 같은 헬레니즘 세계의 유대인들은 모세가 자기 민족에 우월한 법률을 제공했고, 따라서 그리스-로마 세계는 로마나 심지어 스파르타 및 아테네의 정치 질서에 대한 모세에 따른 정치체polity의 우월성을 인정해야 한다고 주장할 것이다. 여하튼 의심의 여지가 없는 것은 정의의 문제나 정치 질서의 구성과 관련하여 법에 핵심적인 역할이 주어진다는 점이다.

아리스토텔레스의 정치학에서는 공동의 이익common good에 기여하면서도 궁극적으로는 파괴적인 효과를 가져올 것으로 간주되는 정체들이나 법질서들을 대조하는 작업에 할애된다. 예컨대 군주정monarchy은 정의를 목표로 할 때 이로울 수 있으나 정의를 시야에서 놓칠 때 참주정tyranny이라는 결과로 이어질 수 있다. 마찬가지로 최선자의 지배(귀족정aristocracy)는 공동의 이익 제공을 목표할 때 이로울 수 있겠지만 부유한 자들의 계급적 이해관계에 사로잡힐 때 과두정oligarchy이 된다. 민주정은 공동의 관심사에 있어 모든 사람의 참여를 목표로 하겠지만 가난한 자들이나 빼앗긴 사람들의 이익만을 시야에 둘 때 군중의 지배로 전락할 수 있다. 이 논의들에서 관건이 되는 것은 정확히 사회질서를 지배하게 될 법 또는 헌법의 문제이다. 도시국가의 이익이 될 것은 일종의 혼합정체mixed constitution로 가능한 정체들 각각에서 일부 가장 좋은 것들을 조합하려 하는 현명한 입법자이다.

그러나 우리에게 법의 문제와 정의의 문제를 관련짓고자 하는 가장 완결적인 시도를 제공한 사람은 키케로이다. 불행히도 플라톤을 모델로 삼는 자신의 대화편들에서 키케로가 저술한 것, 즉 [키케로의]『국가론』과『법률론』은 많은 부분이 사라져 버렸다. 자신이 너무나도 존경했던 키케로에 대한 논의들에서 인용을 통해 그 내용을 보존했던 아우구스티누스에게, 우리는 키케로 저술의 몇몇 부분을 빚지고 있다. 어쨌든 여기에는 바울이 제시하게 될 혁신들을 향해 방향을 잡는 데 도움이 될 만한 것들이 많다.

『국가론』에서 키케로는 친구들에게 사회질서를 위한 법률 제정 행위로 이해되는 정치에 참여할 의무가 있음을 설득하는 논의에 나선다. 그는 이렇게 역설한다. "실제로 국가를 위해 법률을 만들어 낸 사람들에 의해 존재하게 되고 설립된 그 무엇도 ― 올바르고 명예로운 그 무엇도 결코 ― 철학자들에 의해 정해진 것은 없다"(Republic, I, 2). 여기서 정치적인 것은 무엇보다 먼저 시민들 공동의 삶을 위한 골조 역할을 하게 될 법률의 설립과 관련된다고 여겨질 것이다. 이러한 관점에서 법률은 정의에 대한 성찰(철학자들에 의해 정해진 무엇)에서 그 자체의 기원을 찾으며, 그런 다음 입법자 혹은 법률 제작자의 작업을 통해 실제적이고 구체적인 것이 된다고 여겨진다.

하지만,『법률론』에서, 키케로는 상당히 다른 이야기를 한다. 여기서 그는 "정의의 기원은 법에서 유래해야 한다"고 주장한다. 그가 설명하는 바에 따를 때, "왜냐하면 법은 자연nature의 강제력이자, 현명한 자의 지성과 근거/이성reason이며, 정의와 부정의를 나누는 기준이기 때문이다"(Laws, I, 19). 이후에, 이 대화편에서 키케로가 내세우는 대변자 마르쿠스는 "우리는 정의를 위해 태어나며,

······ 정의로운 것은 의견이 아니라 자연에 기초한다"(*Laws*, I, 28).
따라서, 정의에 관해 의견들이 분분하다 하더라도(『국가론』에서 지
적된 문제), 그는 "단 하나의 정의가 있"을 뿐이라고 역설한다. 그
리고 이는 "단 하나의 법에 의해 설립된다"(*Laws*, I, 42). 그는 이를
근거/이성에 관련짓는 방향으로 나아가며, 궁극적으로는 법의 원
천이자 따라서 정의의 원천이 되는 신이라는 근거/이성에 관련짓
는다.

그 결과 우리는 다음과 같은 진전을 얻는다. **근거/이성**Reason으
로 규정되는 신이 존재하는 것이다. 이 근거/이성은 자연에 배태된
법의 원천이다. 인간은 이러한 자연적 근거/이성을 공유하며, 이에
따라 자연에 배태되거나 혹은 자연에 따른 법칙을 식별한다. 이러
한 법칙은 정의의 결정자arbiter가 되고, 그래서 정의는 현명한 입법
들 혹은 달리 말해 정치가들에 의해 제정된 법률 속에 배태된다.

따라서 한 가지 의미에서 법은 (자연 법칙natural law으로서) 정의의
토대가 되는 동시에 다른 의미에서 정의는 (법을 알아차리는 분별력
으로서) 법률의 원천이다. 그럴 경우 정의는 단지 **법**Law과 법률laws
사이에서 움직이는 매개적 분별력일 뿐이다. 어떤 경우에도 정치
적인 것의 기원이자 목적이 되는 것은 바로 법이다.

덧붙여 키케로가 여기서 결국 중세 시대에 아퀴나스에 의해 완
성에 이르게 되는 자연법natural law 이론의 토대를 놓고 있다는 점
을 인지할 수 있을 것이다. 이러한 도식에서 정치적인 것의 과제
는 자연 법칙을 알아보는 분별과 자연 법칙에 일치하는 법률의 제
정이다. 이렇게 인간 공동체는 자연 법칙을 반영하는 정의로운 법
률을 통해 정의롭게 될 것이다.

3. 법 바깥에서

"그러나 율법의 행위로는 어떠한 육신도 하나님 앞에서 의롭게 되지 않을 것이며, 율법으로는 죄의 완전한 인식이 올 뿐입니다"(『로마서』 3:20). 이는 계시나 이성으로부터 유래한 율법[법률]laws의 준수를 통해 정의롭게 될 것이라고 가정하는 모든 사람에 대한 바울의 도전이다. 율법은 정의에 도움이 되지 않는다. 실제로 정의는, 만일 어떠한 정의라도 있다면, "법 바깥에서" 올 수밖에 없다(『로마서』 3:21). 바울이 그저 이방인 기독교인들을 위한 모세의 율법 규약에 대한 (부분적) 완화만을 이야기할 뿐이라고 가정할 경우, 그가 펼치는 주장의 강력한 힘은 날카로움을 잃는다. 훨씬 더 중요한 무언가가 걸려 있다. 어떻게 정의에 도달할지의 문제가 걸려 있는 것이다. 이것은 긴급한 문제인데, 왜냐하면 바울은 신이 정의를 요구함을 잘 알기 때문이다. 그는 이렇게 쓴다. "신적인 진노가, 불의한 행동으로 진리를 가로막는 모든 인간의 불경건과 부정의를 겨냥하여, 하늘로부터 나타납니다"(『로마서』 1:18). 실제로 멕시코의 성서학자이자 마르크스주의자 호세 포르피리오 미란다 Jose Porfirio Miranda가 신의 이름은 바로 이러한 정의에 대한 요청의 이름, 정의에 대한 주장과 요구의 이름이라고 했던 이야기는 잘못된 것이 아니다. 그러나 법은 정의를 가져오지 못한다. 그러므로 정의는 법과 분리되고, 법 바깥으로 나가며, 심지어 법과 대립할지도 모른다.

우리는 이러한 법의 자격 박탈을 어떻게 이해해야 할 것인가? 『로마서』에서 바울은 정의의 실현을 위한다는 기존의 법체계가 한

심하게도 그러한 목적에 미치지 못한다는 점을 보였다. 1장부터 2장의 첫 부분을 통해 바울은 로마 [법]체계의 완전한 부정의를 폭로하며(그가 정확히 로마에 사는 사람들을 대상으로 편지를 쓴다는 점을 기억하자), 그런 다음 한 사람의 훌륭한 유대인으로서 바울 자신이 로마의 정치체보다 우월함을 알지만 그럼에도 정의를 생산하지 못하는 유대 혹은 모세의 정치체를 실격시키는 쪽으로 논의의 방향을 돌린다. 유대의 정치체가 정의를 생산하지 못한다는 점은 "율법을 소유한" 자들의 부정의를 한탄하는 시편과 예언서들의 증언으로부터 분명히 드러난다고, 바울은 전제한다. 그러므로 신의 심판은 율법과 관련이 없으며, 그 심판은 법이 아니라 오로지 정의를 평가한다.

바울을 이러한 법의 위기로 이끌어 가는 것은 무엇인가? 이러한 위기를 과장스럽게 표현한 이야기에도 불구하고, 나는 바울의 위기는 법에 따른 메시아의 처형과 관련된다고 가정하는 니체가 기본적으로 옳다고 믿는다. 니체는 다음과 같이 서술한다. "그때까지 그 수치스러운 죽음은 그[바울]에게 새로운 가르침의 추종자들이 말했던 '메시아의 왕국'에 반대하는 주된 논거로 간주되었다. 하지만 그 죽음이 법의 폐지에 필수적인 것이었다면 어떻게 할 것인가!"(『아침놀』 1권, #68).[7] 그리고는 다음과 같은 결론을 이끌어 낸다. "지금부터 그는 법의 파괴를 가르치는 선생이다"(같은 곳). 올바르게 적용된 이스라엘의 율법이 메시아 예수를 정죄했으

---

[7] 프리드리히 니체, 『아침놀』, 박찬국 옮김, 책세상, 2004.

며, 올바르게 적용된 로마의 법이 메시아 예수를 처형했던 것이다. 하지만 예수가 메시아이며, 바울이 말하는 것처럼 죽음으로부터의 부활을 통해 무죄로 입증되었다면, 이때 법은 어떻게 되는가? 법은 정의가 아니라 부정의로, 그것도 가능한 최대의 부정의로 향하게 된다. 즉, 바울이 신의 정의 혹은 신성한 정의라 지칭하는 무엇에 대한 완전한 반대로 말이다.

이것은 바울이 제시하는 논변의 결말이 아니며, 심지어 법에 관한(그리고 법을 통한) 그의 논변의 결말도 아니다. 실제로 바울은 법이 어떤 의미에서 정의를 목표하거나 혹은 적어도 정의로부터 유래해야 한다는 점을 인식한다. 그는 또한, 법이 "거룩하고, [계명은] 정의로우며 선"하다고 말할 것이다(「로마서」 7:12). 그러나 법은 유리한 입장에 대한 욕망에 의해, 자신의 자리를, 자신의 생명을 유지하기 위한 법의 사용에 의해 완전히 오염된다. 이러한 욕망을 바울은 '육'肉, flesh이라고 명명한다. 그리고 그것은 정의를 위해 의도된 것을 장악하여 그것을 부정의의 도구로 만든다. 이리하여 생명을 위해 의도된 무언가가 죽음의 도구가 되어, 정의가 아니라 부정의를 생산하는 것이다. 바울은 이것이 우발적인 사실, 즉 일어날 수도 일어나지 않을 수도 있는 것이 아니라, 이런 방식의 왜곡에 이르게 되는 것이 법의 운명 그 자체라고 가정한다.

여기서 바울의 논변을 해명함에 있어 가장 도움이 될 자원들 중 하나는 자크 데리다의 법과 정의에 관한 성찰이다. 나는 처음으로 데리다의 환대에 관한 성찰들을 읽었을 때 [바울의 논변과의] 모종의 유사점에 충격을 받았다. 그 맥락에서 그는 이렇게 서술하는데, "환대의 이율배반은 **법**The law이라는 보편적 단수를 그저 확산(복수형의 법들laws)이 될 뿐만 아니라 하나의 구조화된 다수성이기도 한 복수와 화해할 수 없도록 대립시킨다". 그는 이어서 서술한다. "**법**이 법들 위에 있다. 따라서 그것은 불법적이고, 위반적이며, 법 바깥에 있으며, 마치 무법적인 법과 같은 것이다. …… 그러나 심지어 그 자체를 환대의 법들 위에 있도록 유지할 때에도, 무조건적인 환대의 법은 법들을 필요로 하며, 그것은 그것들을 요구한다"(*Of Hospitality*, p. 79).[8] 더 많은 중요한 것이 있겠지만, 환대, 곧 낯선 자에게, 이방인에게, 외국인에게 주어질 환영에 관한 데리다의 성찰들에서 나타나는 기이한 측면에 대한 맛보기는 이것으로 충분할 터인데, 데리다는 바울의 법에 대한 고민에서 나타나는 몇몇 요소들을 반향하고 있다. 이는 데리다가 이어서 법에 대한 담화를 정의의 이름으로 교체하고 심지어 환대가 그 자체로 정의라고 주장할 때 훨씬 더 분명해진다. 무엇보다, 내가 앞서 보였던 것처럼, 그는 법은 해체 불가능한 데 반해 법은 해체 가능하다고 단언할 것이다. 여기서 데리다는 바울을 언급하지 않는다. 마치 바울에게서 완전히 독립적인 것처럼 여기지만 스스로 바울의 목소리를 반향하고 있는 자신을 발견하게 된 것이다. 달리 말해 어쩌면 바울은 법과 정의 사이의 관계에 대한 철저한 사유에 있어, 따라서 정치적인 것 자체에 대한 이해에 있어 근본적인 중요성을 지닌 무언가를 찾아낸 것인지도 모른다.

---

8 Jacques Derrida and Anne Dufourmantelle, *Of Hospitality*, Translated by Rachel Bowlby, Stanford: Stanford University Press, 2000.

4. 단절로서의 정의

『데리다를 읽는다/바울을 생각한다 : 정의에 대하여』*Reading Derrida Thinking Paul: On Justice*에서 나는 이러한 연결 관계와 그 귀결들에 관한 자세한 서술을 시도했다. 여기서 그 논증을 되풀이하지는 않을 것이다. 그 대신 나는 정확하게 오늘날의 급진적인 정치적 사유에 있어서 법과 정의를 가르는 철저한 구별의 의의에 집중하려 한다.

이러한 법과 정의 사이에 놓인 관계의 단절rupture은 오늘날의 정치적 사유에 있어 매우 큰 중요성을 지닌다. 이러한 관계는 정치철학에서뿐만 아니라 서구 사회의 일상 언어에서도 매우 단단하게 연결되어 있고 심지어 융합되어 있다고 할 수 있었기에, 몇몇 정치사상가들은 어쩌면 정의의 이율배반적 성격이라 지칭될 만한 무언가를 — 혹은 달리 말해 법 바깥에 있고 법에 대립하는 정의를 — 강조하는 것이 필수적이며 유용하다는 점을 발견했다.

알랭 바디우는 우리 시대의 가장 흥미로운 정치사상가들 중 한 사람이다. 그는 프랑스에서 어떤 선거에도 후보를 내세우기 거부하고 그 대신 배제된 자들(미등록 노동자, 노숙인 등등)을 위한 정의의 요구를 공적 영역으로 가져오기 위해 노력하는 한 마르크스주의 정파 활동에 관여한 마르크스주의 지식인이다. 한 사람의 철학 교수로서 그는 또한 수학적 집합론에 기초한 일종의 존재론 혹은 형이상학을 만들어 냈고, 또한 세계 곳곳에서 상연된 바 있는 다수의 희곡을 저술한 작가이기도 하다. 그는 또 "보편주의의 정초" The Foundation of Universalism라는 부제가 붙은, 성 바울에 관한 매우 중요한 책을 저술하기도 했다.

『무한한 사유』라는 제목으로 [영문으로] 번역된 글 모음집에서, 바디우는 수록된 글들 중 하나를 정의의 문제에 할애한다. "우리는 철학이 어떤 정치적 방향의 가능적 진리를 지칭하는 이름을 '정의'라 명명한다"(*Infinite Thought*, p. 70)[9]고 말할 때, 그의 [논의의] 출발점은 고전적 전통에 뿌리를 두고 있다. 즉, 정의는 정치적인 것과 관련되어 있는 것이다. 그러나 우리는 이미 정의는 그가 어떤 방향orientation이라 지칭하는 무언가와 관련되며, 예컨대 법이나 국가state와 관련되지 않는다는 점을 알아볼 것이다. 실제로 그는 이렇게 주장한다. "**국가**State는 그 존재에 있어 정의와 무관하다. 역으로 현행적으로 사유되고 있는 모든 정치적 방향은, 그 힘과 끈기에 비례하여, **국가**에 있어 심각한 문제를 수반한다"(*Infinite Thought*, p. 73). **국가**는 일반적으로 법에 대한 관계에 의해 결정된다. 그러나 심지어 법의 수장고나 집행자로서도 **국가**는 정의에 무관심하다. 그러므로 정의와 연관된 어떤 정치적 방향은 "**국가**에 있어 문제"가 되는 것이다.

바디우는 정의라는 개념을 어떤 특정한 평등의 개념과 연결 짓는 방향으로 나아갈 것이다. "따라서 하나의 정치적 방향은 정의로운 것 혹은 선한 것을 식별해 낼 역량이라는 평등주의적 원칙에 토대를 둘 때 정의에 접근한다"(*Infinite Thought*, p. 71). 이는 그에게

---

9 Alain Badiou, *Infinite Thought: Truth and the Return of Philosophy*, New York: Continuum, 1998.

중요한 사안인데, 왜냐하면 정의를 목표하는 모든 정치적 운동이 진리나 선 혹은 정의의 식별로 접근함에 있어 원칙적으로 모든 사람은 평등하다고 가정해야만 하기 때문이다. 실제로 이는 바울이 보편주의를 정초한 사람으로, 즉 유대인이나 그리스인, 노예나 자유인, 남자나 여자를 막론한 모든 사람이 바울 자신이 고지하는 진리에 접근할 수 있음을 상정하는 사람으로 간주될 수 있다는 바디우의 가정에서 중요한 역할을 할 것이다. 이는 어쨌든 누구에게라도 그러한 가정이 사실상 원칙적으로 진리임이 인정될 수 있기 때문이다. 그리고 정치적인 것의 영역에서 진리는 바로 정의다.

그러므로 정의는 오래전 사람들이 희망했듯이 질서order의 원칙이 아니다. 실제로 바디우는 이렇게 주장한다. "정의는 …… 단절과 무질서 가운데 작동하는 원칙들을 이름하는 것이다"(*Infinite Thought*, p. 74). 어떻게 그럴 수 있는지에 대해 이해하기 위해서는 다소간 바디우가 말하는 상황situation과 사건event에 대해 이야기하는 편이 유익할 것이다. 상황은 어떤 장 안에 있는 다수성들multiplicities을 [순서에 따라] 배열하는ordering 것이다. 예를 들어 어떤 사회-정치적 장 안에서, 다양한 집단들이나 이해관계, 입장 등이 하나의 체계 내부에 자리한다. 그러한 관습이나 법의 구조는 안정성을 목표로 하며 모든 사람이 아는 어떤 것에 따라 배열된다. 바로 국가State가 그렇지만, 또한 하나의 전체로서 시민사회civil society도 그러하다. 그에 반해 사건은 체계 내의 단절이며, 곧 그 체계가 시선에서 배제한 무언가의 분출이다. 배제된 누군가가 완전하게 인간이 되는 것은 어떤 한 사건에 대한 인식과 그에 대한 충실함을 통해서이다. 정치적인 것의 경우 배제된 자들로부터 오는 정의에 대한 요구의 분출에 의해 정치적 진리는 존재로 들어서게 된다. 이는 당연히 국가와 함께 시민사회의 제도들에 문제를 제기하는 방식으로 이루어진다. 내 생각에 유익하게 살펴볼 수 있는 한 가지 사례는 피에르 부르디외Pierre Bourdieu가 말하는 남성 지배의 아주 오래된 구조로부터 벗어나는 여성 해방의 사례이다. 이는 단순히 여자들이 투표할 권리를 갖는 문제가 아니며, 그 전환은 중대한 의미를 갖는다. 그것은 정치, 경제, 가족의 삶, 섹슈얼리티 등 어떤 것을 막론하고 인간의 삶의 모든 측면에서 진행되는 혁명의 과정을 의미한다. 원칙적으로 그 누구도 젠더나 문화를 이유로 이러한 주장의 진리에 대한 인정으로부터 배제되지 않는 것이며, 그러한 진리는 보편적이다. 하지만 그러한 진리는 또한 인류가 지금까지 사회적 삶을 구성했던 모든 방식에 있어 문제가 된다.

마르크스주의 전통에 있는 다른 프랑스 철학자 자크 랑시에르 또한 법과 정의 — 혹은 차라리 법과 정의에 대한 요구와 요청이 법에 대립하게 되는 방식 — 사이의 긴장 관계를 이해할 유익할 방편을 제공한다. 랑시에르는 한때 데리다 세미나에 참여한 학생이었고, 이후에 데리다가 가르쳤던 학교에서 가르치게 되었다. 그는 글쓰기와 정치에 관한 몇 권의 책을 저술한 바 있다. 이러한 포스트마르크스주의의 정치적 사유를 다루는 시론들을 담은 책들 중에는 『비합의 : 정치와 미학에 관한 시론들』Dissensus: Essays on Politics and Aesthetics이 있다. 여기서 그는 합의consensus의 조건을 [의견의] '비합의'dissensus의 운동이나 과정과 대조한다. 합의는 사회가 작동하게 하는 일반적 동의를 얻은 구조이다. 그러한 합의 속에서 다양한 이해 관심들이 협상되고, 사람들은 사회적 질서 가운데 특정한 역할과 위치에 자리한다. 이러한 영역의 관리와 운영은 그가 '경찰' police이라고 부르는 것이다. 이는 단순히 정해진 제복을 입거나 경찰서에 있는 사람들만을 의미하지 않는다. 그것은 합의의 공간에 스며들어 이를 그대로 유지하는 미디어, 교육, 종교 등의 전반적인 운영적 장치를 지칭한다.[10] 다른 한편으로 비합의는 무언가 배제된 것을, 셈해지지 않는 것을 만들어 내도록 구성된 이러한 합의에 반대하는 운동이다. 그것은, 랑시에르의 이야기 그대로, '몫 없는 자들의 몫'으로 이루어진다. 그의 말에 따를 때, 경찰과 합의의 관계는 정치와 비합의의 관계와 같다. 말하자면 정치적인 것은 침묵 당한 혹은 셈에서 제외된 어떤 것을 위해서 사회와 국가와 법에 맞서는 저항을 일으키는 무엇이다. 미국에서 있었던 시민권 투쟁the Civil Rights struggle이 이를 보여 주는 한 가지 예시가 되리라 여겨진다. 권리가 없던 개인들이 스스로 이러한 권리를 주장했고, 이를 통해 기존의 합의에 맞서는 정치적 주체가 되었다. 마찬가지

---

10 이러한 합의를 유지하는 장치apparatus라는 개념은 루이 알튀세르Louis Althusser의 중요한 글 「이데올로기와 이데올로기적 국가장치」Ideology and the ideological State apparatus에서 온 것인데, 여기서 그는 국가와 헤겔에 의해 국가로부터 구별되는 시민사회적 제도들 사이의 밀접한 상호 연관에 주목한다. 이런 의미에서 시민사회는 상대적 자유의 공간을 나타내는 것이 아니며 오히려 국가의 기본적 방향을 강화한다. 미셸 푸코Michel Foucault가 이 장치 개념을 가져가는데, 여기서 국가는 더 이상 권력 배치 — 지식이라고 가정되는 무언가와 연관된 — 가 연결 기제 및 강화 기제의 촘촘한 그물망을 형성하는 방식을 보이는 특권적 예시가 아니다. 이러한 장치 개념의 연장이 바디우나 랑시에르의 작업에 영향을 미친다. 이러한 장치 개념이 '통치성' governability의 관념들에 뿌리를 둔다는 점을 보려면, 조르조 아감벤의 『장치란 무엇인가』What is an Apparatus?가 매우 유익한 논의를 제공한다.

로 18, 19세기 유럽의 노동자들 또는 프롤레타리아계급은 그들 자신의 운명을 결정하는 토의에서 배제되어 있었다. 그들의 비합의 운동은 부정되어 왔거나 혹은 그저 단순히 연장되지 않았던 그러한 권리들을 주장했던 것이다. 랑시에르가 가장 선호하는 한 가지 예는 프랑스혁명 시기에 처형당할 수는 있었지만 혁명가들에 의해 목소리가 받아들여질 수는 없었던 여성 투사들의 예이다.

랑시에르의 논점은 정치적인 것이란 정부가 그 안에서 작동하는 헌정적 합의를 명명하지도, '이해관계'를 관리하거나 그 균형을 맞추는 행정적 작업을 명명하지도 않는다는 것이다. 이와 달리 정치는 합의에 맞서는 주장의 행사, 곧 말하거나 행동할 권리를 가진다는 주장의 행사이다. 그리고 그러한 주장을 함으로써 정치적 주체는 그 자신에게 부정되었던 권리들을 행사한다. 미국 사회에서 이에 상당하는 것은 자기 운명에 관한 토론에 참여할 수 있게 해달라는 불법 이민자들의 권리 주장이나, 혹은 복지나 음식 등의 분배에 관한 토론에서 의견을 제시하길 바라는 노숙인들의 권리 주장이다. 이런 것들은 법, 국가, 구성된 시민 질서에 맞선 정치적 운동이나 과정들일 것이다. 그리고 이에 이어서 경찰이 질서를 복구하도록 호출될 것이다.

내가 바디우, 랑시에르, 그리고 초기 데리다를 인용한 사례들에서 정치적인 것은 법 바깥에서 법에 반한다는 점이 명확히 드러난다. 정치적인 것은 시민적 질서나 사회적 질서의 구성이 아니며, 오히려 그러한 법과 질서에 반하는 저항이다. 그것은 법 바깥에 있거나 법에 반하는 것이다. 여기서 우리는 바울에 대한 논의에서 멀리 벗어나 있는 듯 보일 것이다. 그런데 바울이 주장하는 바에 따를 때, 정의는 로마나 유대의 법질서에 있는 것이 아니라 바로 그 법들, 질서들, 사회들에 의해 배제되고 처형된 자의 편에 놓인다는 점을 상기하도록 하자. 그러므로 정의는 법 바깥에 있고, 사실상 법에 반하는 것으로 선언되었다. 그리고 그럼에도 바울은 이것이 바로 신의 정의, 곧 초월적인 정의의 요구 자체라고 주장한다. 정의는, 따라서 정치적인 것은, 법과 질서의 장에 대해 이질적인 것이다.

비록 랑시에르와 바디우가 단호하게 법과 관련하여 '반反법률적'antinomian 자세를 취하기는 하지만, 바울의 입장은 (그리고 데리다의 입장은) 보다 미묘한 함의를 갖는다. 확실히 정의는 매우 중요한 몇몇 측면에서 법과 대립하며, 법 바깥에 있다. 하지만 데리다가 주목했듯이 정의 혹은 정의의 요청과 요구는 법을 필요로 한다. 그것은 정의의 요구가 구체적인 것이 되는 방식이다. 사회적 실존의 조건들 아래 정의의 요구에 귀를 기울이는 방식은 바로 법을 통한 것이다. 게다가 법 또는 법들은 정의를 목적이자 그 존재의 이유로 지시한다. 이는 바울이 율법은 "거룩하고 정의로우며 선한" 것이라고 말할 때 시사하는 무엇이다. 그러나 또한, 바울이 '육'肉, flesh이라는 말로 암시하듯이, 법은 예외 없이 인간을 죄수로 사로잡는다. 법은 부정의의 도구가 된다. 즉, 바울이 말하는 그대로, 생명을 목표로 하는 것이 사망의 도구가 되는 것이다. 이런 입장은 완전히 반법률적이라 할 수 없는데, 왜냐하면 법에서 정의의 요청이나 요구의 잔여물 같은 무언가를 발견하지만 그렇다고 해서 법을 정의와 동일시하지 않기 때문이다. 그러나 정의를 목표로 하거나 대리하는 투쟁이 비록 잠정적이라 하더라도 법의 개선이나 개혁이 될 수 있을까? 확실히, 정의는 언제나 모든 현실적으로 존재하는 법질서를 상대화하거나 해체하리라는 점이 우리에게 명확한 이상, 데리다를 이런 방식으로 읽을 여지가 있다.

하지만, 바울의 입장은 상당히 더 복잡할 수 있다. 메시아의 법 같은 무언가를 언급하기는 하지만, 그는 국가나 혹은 심지어 시민 사회를 개혁하는 데 아무런 관심도 두지 않는 것처럼 보인다. 오히려 그는 법을 대체하고 이에 따라 국가를 대체할지도 모를 무언가를 제공하는 한편, 지금 여기서 하나의 사회적 현실 속에서 그리고 그러한 현실로서 예시화되어야 할 정의의 긴급한 요구에 반응하는 역할을 담당하게 되는 것이다. 바로 이런 방향에서 우리는 메시아적 정치의 특수한 특징들을 혹은 달리 말해 정치적인 것에 대한 바울의 사유를 추구해야 한다.

흔히 독자들이 신약성서 텍스트들의 정치적 의의를 인식하지 못하게 방해한 선입견들 중 하나는 이 텍스트들이 법의 어떤 대안적 상태를, 혹은 사실상 하나의 국가를 구성하는 데 전혀 관심을 두지 않는 것처럼 여겨진다는 점이다. 메시아는 "내 왕국은 이 세상의 것이 아니다"라고 말했고, 많은 사람이 그런 이유로 그의 왕국은 이 세계에 아무런 의미도 없다고 생각했다. 그 왕국의 의미는 마치 공상 과학 작가들이 말하듯이 전적으로 '외계의' 사안이라는 것이다. 그러나 정치적인 것을 사유하는 동시대 사상가들 혹은 다른 사람들이 말하는 것처럼 포스트근대적 사상가들을 통해, 우리는 이러한 신약성서 텍스트들의 정치적 의미를 보다 분명하게 식별할 수 있는 위치에 서게 될 것이다. 국가의 통제력을 장악하거나 혹은 심지어 국가를 개혁하는 과업의 포기는 결코 정치적인 것의 종언을 나타내지 않는다. 사실상 이것은 바로 정치적인 것에 대한 새로운 구상을 시작하기에 적당한 출발점이 될 것이며, 다시 말해 정의의 요구와 요청에 대답하는 과업을 위한 하나의 새로운 발단이 될 것이다.

5. 정치적 개념으로서의 사랑

바울은 정의로 가는 길이 법을 통하도록 놓이지 않는다고 강변했다. 그러나 인간 사이의 정의가 신의 요구이자 모든 정치적인 것에 대한 사유의 요구 조건일 경우, 법질서의 구성을 통해서가 아니라면 어떻게 정의를 실현해야 할 것인가? 이는 바울에게만이 아니라 오늘날의 여러 포스트마르크스주의 사상가들에게도 긴급한 문제이다(포스트마르크스주의자라는 말로 내가 의미하는 것은 의식적으로 마르크스와 마르크스주의 전통의 유산을 물려받지만 또한 소련USSR 정치체에서 나타난 마르크스-레닌주의의 왜곡과 새로운 형태의 세계적 자본주의에 대항하기 위한 요건들을 사고하기 위해 그 전통의 기초에 대한 수정을 추구하는 사람들이다). 정의의 실현을 위한 기초로서의 법을 대체할 수 있는 것은 무엇인가?

잘 알려졌듯이, 바울은 정의의 목표 또는 목적을 완성하는 것은 사랑이라고 주장한다. 나는 이 글에서 바울에게서 나타나는 그러한 주장을 탐구하며, 그 주장이 고전 시대의 서양 사유에서 펼쳐지는 정치적인 것의 개념과 연관되는지 살펴보고, 바울의 기본적인 통찰이 오늘날의 포스트마르크스주의 사유에 받아들여지는 방식을 고찰하고자 한다.

먼저 바울을 살펴보자. 「로마서」에서 바울은 법이 정의를 입증하며 정의를 목표로 삼지만(또 그런 의미에서 거룩하고 정의로우며 선하지만) 결코 정의를 생산하지 못한다고 주장했다. 이러한 무능력은 '육'肉, flesh이라 지칭하는 것에 뿌리를 두는데, 이는 중립적인 의미로 보자면 인간의 연약함vulnerability를 나타내지만, 부정적인 의미로 보자면 전형적으로 우리가 타자들을 희생하여 우리의 연약한 실존 혹은 생명을 유지하거나 강화하려 하는 방식을 나타내는 말이다. 이런 의미에서 법이 육肉에 사로잡혀 있을 때 법은 생명이 아니라 죽음을 향하게 되는데, 왜냐하면 정의가 아니라 부정의를 생산해 내기 때문이다. 만일 법의 대표자들과 집행자들에 의한 예수의 처형이 법과 정의의 대립을 철저하게 보여 준다면, 정의는 법 바깥에 있을 수밖에 없다. 이는 실제로 신이 메시아를 통해 실행했던 일이다.

이러한 '무법적 정의'outlaw justice의 기초를 해명하기 위해 바울이 채용한 몇몇 용어들이 있다. 한 가지는 그가 은혜grace 혹은 더 정확히 말해서 관대함generosity이나 선물gift이라 지칭하는 것과 관련된다. 이에 대응하는 것은 관대함을 입는 수혜자들이 그 관대함을 충실히 고수하는 것을 나타내는 데 사용하는 충성loyalty 혹은 충실함faithfulness이라 지칭되는 것이다. 나는 『데리다를 읽는다/바울을 생각한다 : 정의에 대하여』에서 선물 혹은 관대함의 역할에 대해 추적했던 바 있다. 그러나 정의를 완수하고 이루어 내는 것의 성격을 분명히 하는 또 다른 용어가 있으며, 그 용어는 바로 사랑이다. 「로마서」 13장에서, 바울은 그의 글을 읽는 독자들이 자기 의무를 완수해야 한다고 말하지만, 그런 이후에 다음과 같이 쓴다. "서로 사랑하는 것 외에는, 아무에게도 빚지지 마십시오. 남을 사랑하는 사람은 율법nomon을 다 이룬 것입니다. 간음하지 말라, 살인하지 말라, 도둑질하지 말라, 탐내지 말라 하는 계명誠命과, 그 밖에 또 다른 계명이 있을지라도, 모든 계명은 '네 이웃을 네 몸과 같이 사랑하라' 하는 말씀에 요약되어 있습니다. 그러므로 사랑은 이웃에게 해를 입히지 않습니다. 그러므로 사랑은 율법 nomou의 완수pleroma입니다"(「로마서」 13:8~10).

먼저 바울이 제시하는 법 혹은 신의 계명들은 독점적으로 인간 사이의 정의와 관련된다는 점에 주목하자. 여기에서는 신이나 안식일Sabbath과 관련하여 다뤄지는 때로 십계명의 첫 번째 돌판[11]이라 지칭되는 것을, 말하자면 종교와 관련한 계명들을 언급하지 않는다. 이러한 법이 사람들 간의 관계와 관련되는 이상, 중요한 것은 정의이다. 그가 이야기하는 것처럼, 법은 다른 개인에 대해 잘못이나 악kakon을 행하는지 아닌지와 관련된다.

물론 이런 이야기는, 영어에서 '의로움'rightesouness이라 지칭되는 것과, 즉 특정한 종교적 의무의 충족에 혹은 심지어 윤리적이거나 도덕주의적인 의무의 충족에 관심을 가진다고 생각할 때, 바울에 관해 추정되는 것에 완전히 상반된다. 이런 것은 결코 바울의 관심사가 아니다. 그는 신이 정의를 요구한다는 것을, 혹은 정

---

11 [일설에 따르면, 모세가 십계명을 처음 받았을 때 두 개의 돌판에 나눠 새겼다고 한다. -옮긴이]

의의 요구를 움직일 수 없다는 것을(혹은 데리다가 말하는 것처럼 해체 불가능하다는 것을) 알고 있었다. 그리고 이러한 정의는 전적으로 이웃에 대한, 다시 말해 함께하는 존재자들에 대한 우리의 관계와 관련된다. 그는 사랑이 정의를 완성하는 것이라고 말하는 것이다. 법이 아니라 오히려 사랑이 말이다. 사랑은 법을 쓸데없는 것으로 만드는데, 왜냐하면 법이 목표하지만 완수하는 데 실패하는 것을, 즉 정의를 완성하기 때문이다.

야코프 타우베스가 『바울의 정치신학』에 제시된 성찰에서 사랑의 역할에 관한 주장에 있어 바울이 예수보다 훨씬 더 급진적이라고 주장한다는 점에 주목할 만하다. 사랑이 법을 완성한다는 바울의 단순한 주장과 예수가 내놓은 이중적 명령 ― 신을 사랑하고 이웃을 사랑하라 ― 을 대비하면서, 타우베스는 이런 면에서 바울의 말이 예수에 대한 비판으로 독해될 수도 있으리라는 이야기를 한다. "이는 매우 논쟁적인 텍스트로, 곧 예수에 맞서 논쟁하는 텍스트이다"(The Political Theology of Paul, p. 52).[12] 내 생각에 상황은 훨씬 더 복잡하다. 먼저 우리는 바울의 텍스트들이 (복음서들이라는 형식을 취하는) 예수에 관한 전승들의 기록보다 선행한다는 점을 알고 있다. 바울은 예수가 [직접] 말씀했거나 혹은 이런 점에 관해 말했다고 여겨지는 것에 관해 아는 것이 있었을 개연성이 적다. 그는 「갈라디아서」에서 예수를 [생전에] 알았던 사람들에 의해 매

---

12 Jacob Taubes, The Political Theology of Paul, Translated by Dana Hollander, Stanford: Stanford University Press, 2004.

개된 예수에 관한 어떠한 전승에 대해서도 [직접 전해 받은] 수여자가 아니었음을 주장하며 이를 분명히 밝힌다. 예수 전승이 [결과적으로] 덜 급진적인 메시지를 예수에게 돌림으로써 바울의 관점을 증폭했을 가능성도 있다. 하지만 아무리 그럴 수 있다손 치더라도, 우리가 복음서들에서 대하는 예수 전승은 실제로 예수에게 돌려지는 이중적 계명만을 놓고 볼 경우에 추측할 수 있는 것보다는 바울의 '인간중심주의'에 훨씬 더 가깝다는 점 또한 사실이다. 복음서들에서는 실제로 십계명Dacalogue의 요약문이 제시된다. 그리고 이 요약문은 바울 텍스트와 동일한 특징을 지니는데, 말하자면 (인간 사이의 정의와 관련한) '두 번째 돌판'의 계명들을 언급하며 첫 번째 돌판의 계명들은 전혀 언급하지 않았다는 것이다. 예컨대, 이런 것은 안식일 법을 이용하여 이웃의 곤궁에 대한 대응을 미룰 구실로 삼는 경우나 혹은 (코르반corban[13]에 대한 논의에서 그렇듯) 종교적 봉헌을 핑계 삼아 궁핍한 자들을 조력하지 않고 거부하는 경우에 대한 예수의 비판에서 분명히 드러난다.

이러한 계명들에 대한 인간중심주의적 환원에서 바울은 또한 실제적인 이웃 사랑이 없는 곳에 신의 사랑이 없음을 강조하는, 즉 신의 사랑의 구체적인 의미가 정확히 이웃 사랑의 실천임을 강조하는 「요한1서」first letter of John로도 이어진다. 간단히 말해 신을 사랑하는 다른 방식은 없다. 제임스James의 편지 혹은 (보통 영어에

---

13 [코르반(혹은 고르반)이란 신에게 가까워지기 위해 바치는 예물을 의미한다. 「마가복음」 7:11 참조. -옮긴이]

서 대체되는 이름이 아니라 원래의 이름을 가지고 말하자면) 차라리 야곱 Jacob의 편지[「야고보서」]에서도 매우 유사한 논지가 제시된다.

내가 이야기하는 논점은 간단히 이런 것이다. 정의가 신에 의해 요구된다는 주장이 담고 있는 급진적인 인간중심주의는 바울 서신들이나 초기 기독교의 통찰들에 대한 여타의 증언자들의 텍스트들에서 상당히 일관적으로 나타난다. 이러한 사랑의 인간중심주의에 대해 타우베스는 적절하게 말한다. "결코 이중적 계명이 아니라 오히려 **하나의** 계명. 나는 이것을 절대적으로 혁명적인 행위로 간주한다"(*The Political Theology of Paul*, p. 53).

나는 [지금까지] 사랑이 정의의 완수라고, 따라서 정치적 관여의 목표로 나타나는 정의의 완성을 위한 기초로서 법에 대한 대안이라고 지적했다. 정신분석psychoanalysis의 영역에서, 이는 또한 슬로베니아 출신으로 정신분석가 교육을 받은 마르크스주의 사상가 슬라보예 지젝의 성찰에 의해 예기되었다. 1959~60년의 『정신분석의 윤리』*Ethics of Psychoanalysis*라는 세미나에서, 라캉은 「로마서」 7장에 등장하는 이러한 인간중심주의에 관한 바울의 주장을 인용했다. 지젝은 「로마서」 13장과 특히 「고린도전서」 13장에 나오는 사랑에 관한 바울의 관점이 이러한 욕망/금지/위반의 교착 상태에서 빠져나가는 방식을 보인다고 주장하며, 여기서 그 방식이 늦은 시기의 라캉이 "사랑과 지식의 한계"The Limits of Love and Knowledge 라는 부제가 붙은 1972~73년 세미나에서 제시한 견해와 일치한다고 말한다. 요컨대 정신분석의 영역에서는 이미 사랑이 법을 대체하는 것이라는 바울의 주장 전개 방식이 매우 중요하다는 인식이 있었다는 것이다.

이런 면에서 우리가 사랑의 급진적인 함의를 이해하지 못하게 방해하는 방식들 중 하나는 보통 사랑을 사적이고 내부적인 영역으로, 심지어 감정적인 영역으로 축소하는 것이다. 이렇게 볼 때, 사랑은 정치적인 것의 영역과 완전히 상관이 없는 것이 되고 만다. 그러나 이런 것이 일반적으로는 신약성서가 혹은 특정하게는 바울 서신들이 '사랑'이라는 말로 의미하는 것일까? 물론 아니다.

일반적으로 우리는 신약성서에서 사랑이라는 용어가 하나의 감정을 지시하기보다는 어떤 정책과 같은 무언가를 지시한다고 말할 수도 있을 것이다. 그것은 구체적으로 다른 사람을 이롭게 하는 방식으로 행위함을 의미한다. 마찬가지로 신약성서의 언어에서 대부분 '증오'라는 말은 다른 사람에게 이롭게 하지 않거나 혹은 그 사람의 이익을 고려하지 않는다고 여겨지는 방식으로 행동하는 것을 의미한다. 예를 들어, 「누가복음」에서 예수가 자신을 따르려면 자기 가족들을 미워해야만 한다고 말할 때, 이 말이 의미하는 바는 자기 가족에 대한 분노나 혐오 등의 감정을 발전시키라는 것이 아니라 메시아의 길을 따름으로 인해 필연적으로 가족들과 관련해 인지되는 자기 이익과 불화하게 된다는 것이다. 예컨대 배고픈 자를 먹이는 자는 어머니나 아버지 등 가족의 자기 이익에 거스르게 되리라 상정할 수 있을 것이다. 노숙인들이나 극빈자들 사이에서 일하기 위해 많은 돈을 벌 수 있는 경력을 포기하는 사람은 가족의 이익을 배신한다는 비난을(부모뿐만 아니라 배우자나 심지어 자식들의 비난까지도) 면치 못할 것이다.

마찬가지로 다른 사람을 사랑하는 것, 즉 친구를, 이웃을, 이방인을, 심지어 적을 사랑하는 것은 그들에 관해 어떻게 '생각'하거나 '느끼는 것'과 상관없이 그들을 구체적으로 이롭게 하는 방식으로 행위하는 것이다. 요컨대, 바울 자신이 든 예를 사용하자면, 우리가 박해자를 축복하는 것은 우호적인 감정 때문이 아니라 그들의 복리에 보탬이 되어야 한다는 책무로 그렇게 하는 것이다. 이는 또한 그들에게 먹을 것을 주라거나 마실 것을 주라는 등의 이야기가 의미하는 바이다. 그런 말은 전적으로 그들의 신체적 복리에 구체적으로 기여하는 방식으로 행위하는 것과 관련된다.

그러므로 이런 종류의 사랑의 담화에는 순진하다거나 감정적인 것이 전혀 없다. 그러한 담화의 의미는 언제나 악이 아니라 선을 행함으로써, 악에 압도당하는 것이 아니라 오히려 선으로 악을 극복한다는 것이다(「로마서」 12:21). 이 명령이 「로마서」 13:1~7에 등장하는 권위를 쥔 자들에게 순종하라는 바울에 대한 큰 오해를 불러일으켜 온 인용문으로 이어진다는 점에 주목할 수 있을 것인데, 이 인용문은 정확하게 박해자들의 악을 어떻게 처리할 것인지에 관한 견해와 정의의 의무를 충족하는 것은 오로지 사랑밖에 없다고 하는 이야기 사이에 삽입되어 있다.

사랑에 대한 바울의 강조에 함유된 의미를 추가적으로 해명하기 위해서, 우리는 「고린도전서」 13장에서 그가 사랑에 부여하는 내용을 언급해야 한다. "사랑은 오래 참고, 친절합니다. 사랑은 시기하지 않으며, 뽐내지 않으며, 교만하지 않습니다. 사랑은 무례하지 않으며, 자기 이익을 구하지 않으며, 성내지 않으며, 원한을 품지 않습니다. 사랑은 불의를 기뻐하지 않으며, 진리 안에서 기뻐합니다." 이 설명에서 통상 충분히 주목받지 못하는 특징들 중하나는 이런 이야기가 고대 세계의 우정이라는 개념과 거의 일치

한다는 점이다. 사실상 이에 대한 정확한 의미를 이해하는 데 필요한 것은 오직 사랑이라는 말과 우정이라는 말을 바꿔 넣는 것뿐이다. 친구는 오래 참고, 친절하며, 시기하지 않으며, 뽐내거나 교만하거나 무례하지 않으며, 불의가 아니라 진리 안에서 기뻐한다. 여기서 우리가 상기해야 할 것은 고대인들의 관점에서 우정은 정치적인 것의 기본적 특징으로 간주된다는 점이다.

어떻게 그럴 수 있는지 알아보기 위해, 다시 한번 우리는 아리스토텔레스와 키케로의 텍스트에서 나타나는 우정에 관한 통찰들 및 우정과 정치적인 것의 관계에 관한 통찰들의 일부를 간략히 살펴볼 수 있을 것이다. 이를 통해 어떻게 사랑이 우정으로서의 공적인 성격에 있어 고대 세계의 정치적인 것에 대한 사유에서 핵심적인지 알아보는 데 도움을 얻을 수 있을 것이다.

아리스토텔레스는 인간을 본성적으로 정치적인 생명 형태로 정의한다. 『정치학』의 맥락 속에서 "함께 살겠다는 의지가 우정"(*Politics*, 1280b)이라는 그의 말은 이런 의미로 이해할 수 있다. 즉, 우정은 정치적인 것의 기초에 놓이며, 그것은 어떤 의미에서 정치적인 것의 근거가 된다는 이야기다. 그러나 그는 또한 "우정이야말로 상태들 중 가장 좋은 것이라 믿는다"고 말한다(*Politics*, 1262b). 여기서 우정은 훌륭하고 바람직한 목적이자 선한 것으로, 공동체를, 도시를, 국가를 만드는 정치적 작업에 의해 달성되는 것으로 보인다. 어떤 측면에서, 그것은 정치적인 것의 시작이자 끝이며, 기초이자 목적이다.

키케로 또한 우정에 관한 훌륭한 논고를 저술했는데, 그는 자신이 쓴 『국가론』에서 정확하게 정치적인 것의 논의의 맥락에서 우정의 가치를 찬양한다. 거기서 키케로는 아리스토텔레스를 따라서 "인간 존재자들에게 있는, 공동체들을 이루고자 하는 일종의 타고난 욕망"이라고 가정한다"(*Republic*, 1권, #39).

『법률론』에서, 도덕적 탁월성을 가진 자들 사이에서의 우정에 대해 이야기하면서, 키케로는 다시 한번 사랑을 언급한다. "그는 자기 자신을 사랑하는 만큼이나 다른 사람을 사랑한다"(*Laws*, 1권, #34). 그런 다음 이것이 사회의 기초라는 합의에 이르며, "모두가 본성적인 선의와 친절함에 의해 그리고 동료애적 정의(정의의 공유 또는 이를 위한 협력)에 의해 하나로 뭉친다"(*Laws*, 1권, #35).

아리스토텔레스와 키케로에게서 나타나는 정치적인 것과 관련 지어진 사랑과 우정에 대한 논의는 훨씬 더 자세하게 분석할 가치가 있으나, 내 생각에는 바울이 정의의 완수로서의 사랑에 대해 기술할 때 고대인들에게 알려져 있던 정치적 성찰의 영역을 벗어나지 않았다는 점을 밝히기에 충분한 증거를 제시한 것으로 보인다. 그들 역시 무언가 사랑 같은 것을 정치적 기획의 생명소로 인식했던 것이다. 바울과 이들 사이에는 물론 바울의 법 비판과 정의의 긴급성에 대한 종말론적 인식 같은 여러 차이들이 있지만, 바울이나 예수처럼 이웃 사랑의 근본적인 중요성을 이야기하기 위해, 정치적인 것이나 정의의 영역을 포기해야만 하는 것은 결코 아니다.

정치적인 것의 개념 내부에서 사랑의 개념이 점하는 자리를 밝혀내기 위해 키케로의 텍스트를 읽는다면, 예수의 가르침과 바울의 가르침에 대한 상당히 놀라운 관계에 관심이 이끌릴 것이다. 우리는 『법률론』에서 키케로가 "그는 자기 자신을 사랑하는 만큼이나 다른 사람을 사랑한다"(*Laws*, 1권, #34)고 말했던 것을 상기한다. 이는 "너의 이웃을 너 자신과 같이 사랑하라"는 예수의 가르침과 일치한다. 통상 이 명령이 여러 전승에서 공통적으로 나타나며 예수에게서만(혹은 『레위기』에서 그가 인용한 자료에서만) 나타나는 독창적인 것이 아니라는 사실이 지적되어 왔다. 『국가론』에서 키케로는 이러한 명령을 상당히 넘어서는 정식을 내놓는다. 하나의 정치적 역량virtue으로서의 우정은 "모든 사람을 자기보다 더 낮게 사랑하는 것이며, 그 존재 이유는 다른 사람의 복리를 확실하게 하는 것이다"(*Republic*, 3권, #12). 자기와 같이가 아니라 자기보다 낮게 혹은 심지어 자기보다 더 낮게 말이다. 이는 확실히 예수에게 돌려지는 명령을 넘어선다(아마도 예수의 다른 진술들의 의의를 넘어선다고 하지는 못하겠지만). 그러나 그것은 바울이 명시적으로 자기 독자들에게 명하는 것을 넘어서지는 못한다. "무슨 일이든 이기적인 야심이나 자만으로 하지 말고, 다른 사람들을 자기보다 낮다고 여기십시오"(「빌립보서」 2:3).

하지만 내가 사랑의 정치라 지칭하게 될 것에 대한 바울의 이해와 고대인들의 이해 사이에는 중요한 차이가 있다. 이는 자크 데리다의 저술에서 정치적인 것에 대한 모델로서의 우정에 대한 비판을 참조함으로써 해명될 수 있을 것이다. 그 주제에 할애된 세미나의 일부만을 수록한 그의 저서 『우정의 정치』*Politics of Friendship*에서, 데리다는 우정이라는 개념이 어떤 새로운 정치 — 그가 종국에 도래할 민주주의라 부르게 될 어떤 것을 겨냥하는 그러한 정치 — 를 위한 기초로서 기능할 수 있을 것인지 알아보기 위해 이 개념에 관한 서구의 담론들을 되짚는다.

우정에 대한 데리다의 비판은 우정이라는 개념 또는 관념이 서구의 정치적 담론에서 전개되는 방식에 내재하는 몇 가지 한계에 대한 노출을 겨냥한다. 물론 이는 데리다가 우정에 반대한다는 의미가 아니다. 관건은 오히려 지성적 역사의 과정에서 발전되었던 이 개념에 함께 따라오는 짐짝을 살펴보는 일이다.

우정이라는 개념이 사용되어 온 방식에서 드러나는 한계들 중 하나는 그 개념이 거의 언제나 이러한 논의에 관련된 남자들 사이의 우정, 즉 남성들 사이의 우정이라는 점이다. 잘 알려진 친구들이 다른 성을 가진 경우, 즉 남성과 여성인 경우는 드물다. 그리고 이는 친구들이 일반적으로 같은 국가, 같은 계급, 같은 문화나 언어를 가진 자들로 묘사되는 방식과 맞닿아 있다. 다시 말해, 우정은 일반적으로 매우 가까워 거의 쌍둥이나 그들 사이의 여하한 유사성에 있어 '형제' 같은 개인들 사이에서 성립되는 것으로 여겨진다. 그러나 데리다의 경우에는, 레비나스의 견해를 따라서, 기본적으로 윤리적인 그리고 따라서 정치적인 관계(적어도 데리다의 관점에서)는 자기 자신과 한 사람의 타자 사이의, 자기 자신과 완전하게 다른 자인 한 사람, 이질적이고도 생경한 한 사람 사이의 관계이다. 우정이 (젠더, 국가, 계급 등의) 같음에 따른 연합으로 오염되어 있는 이상, 그것은 민주주의적이면서도 세계시민적인, 혹은 우리가 사는 지구적 현실의 맥락에서 보편적인 그러한 정치를 사유하는 작업에 소용이 되지 않는다.

데리다가 검토하는 문헌에서 사용된 우정 개념에는 또 다른 한계가 있다. 그가 말하는 바에 따르면, 그것은 수의 문제이다. 우정은 통상 한 사람의 다른 개인과의 친밀한 관계와 연관된다. 어쨌든, 우정이 '가장 좋은 친구'라는 어느 정도 낭만적인 울타리에서 벗어난다 해도, 대체로 친구들이 될 만한 것은 그저 완전히 믿을 수 있거나 능력을 구할 수 있는 사람들의 제한된 동아리로 이루어진 몇 사람에 그친다. 이는 우리가 범위에 있어 보편적인 정치적 실체를, 세계를 그 고유한 영역으로 받아들이는 정치적 실체를 사고하려 한다면 사실상 지나치게 엄격한 한계이다.

바울이 자기 서신들에서 하려고 하는 것은 이러한 중요한 관심사들과 어떻게 관계되는가? 데리다 자신이 바울에게(그리고 또한 키케로에게) 무언가 세계 정치적인 것에 대한 비전의 공로를 돌린다는 점을 언급하는 것이 중요하다. 즉, 모든 사람이 세계라는 정치체 안에 있는 동료 시민들 또는 구성원들이라는 비전에 대한 공로를 말이다(On Cosmopolitanism).[14] 키케로에게 이는 우리는 "마치 전세계가 하나의 단일한 도시인 것처럼 세계의 시민"이라는 깨달음과 관련된다(Laws, 1권, #61). 바울에게 이는 「에베소서」에 나오는 말씀에 뿌리를 둔다. "이제부터 여러분은 더 이상 외국인이나 낯선 사람이 아니요, 성인聖人들의 동료 시민synpolitai이며 하나님 집안의 가족입니다"(「에베소서」 2:19).

하지만 바울의 경우에는, 키케로와 달리, 도시 내에서의 구성원 자격과 함께 우정에 대한 정상적인 제약들을 거부한다. 적어도 「갈라디아서」의 잘 알려진 한 구절에서, 바울은 메시아 안에서 "더

---

14 Jacques Derrida, *On Cosmopolitanism and Forgiveness*, Translated by Mark Dooley and Michael Hughes, New York: Routledge, 2001.

이상 노예도 자유민도, 남자도 여자도, 그리스인도 유대인도 없"다고 주장한다(「갈라디아서」 3:28). 이에 관해 한나 아렌트Hannah Arendt는 『인간의 조건』Human Condition에서 고대 사람들에 의해 논의된 도시의 삶에 대한 정치적 참여를 막는 제약들로부터 벗어난 중요한 단절을 나타낸다고 인식했다.[15]

1997년에 알랭 바디우는 이제는 유명세를 탄, "보편주의의 정초"라는 부제가 붙은 바울에 관한 책을 저술했는데, 여기서 그는 바울이 전개한 사유의 바로 그러한 측면이 현행적인 지구적 자본주의의 현실에 접근하게 될 어떤 정치적 투사성의 발전에 결정적인 것으로 간주한다. 일단 바디우가 결정적으로 마르크스주의자이자 무신론자로서의 입장에 선 철학자임을 상기하는 것이 좋겠다. 그는 종교적 인물로 그려지는 바울은 아무 소용도 없고, 오히려 정치적 인물로 그려지는 바울이 중요하다고 주장한다. 가짜 민주주의의 허울 뒤에 숨어 있는 전 지구적 범위의 신자유주의적 자본주의의 상황과 대결하게 될 일종의 정치적 투사성으로 가는 길을 지시해 줄 사람으로서의 바울 말이다.

---

15 [키케로를 비롯한 고대 그리스 및 로마 사상가들에게 정치란 도시polis 혹은 공화국res publica과 관련된 것이고, 여기서 시민들은 동등한 자유민으로서 서로에 대한 우정에 기반해 공적인 삶과 정치적 활동을 영위한다. 하지만 바울이 추구하는 대안적 정치체, 곧 메시아 안에서의 정치체는 참여자로서의 자격을 동등한 지위 및 재산 등의 기준에 맞는 이들로 한정하지 않는다. 아렌트가 『인간의 조건』에서 이러한 '중요한 단절'에 대해 직접 언급하지는 않지만, 이와 관련된 간접적 논의의 단초를 찾아본다면 다음과 같다. Hannah Arendt, *Human Condition*, University of Chicago Press, 2018, pp. 50~54. -옮긴이]

바디우가 믿기로, 그러한 기획에 핵심적인 것은 바울이 특정한 문화, 젠더, 계급 등의 정체성에 기초한 모든 정체성 중심주의적이거나 공동체주의적인 정치를 약화하는 방식이다. 바울 자신이 차별 없이 누구에게나 말을 건넸으며, 모든 사람에게 정의와 같은 무언가가 나타나게 되는 메시아적 사건에 헌신적으로 응답할 것을 요구했다.

바디우의 관점에서 이것이 일어나는 방식은 법의 완성으로서의 사랑을 통하는 것이다. 그는 바울의 다음과 같은 두 진술을 병치한다. "메시아는 율법의 끝마침"이라는 말씀(「로마서」 10:4)과 "사랑은 율법의 완성"이라는 말씀(「로마서」 13:10)을 말이다. 이 병치된 구절에 대해 그는 "사랑은 문자와 무관한 법을 명명한다"(*Saint Paul*, p. 87)[16]고 기술한다. [그리고] 이 문자와 무관한 법에 대해, "[주체는] 사유와 행위의 살아 있는 통일성을 재발견하며, 이 재발견이 생명 그 자체를 하나의 보편적인 법으로 전환한다"(*Saint Paul*, p. 88)고 말한다. 여기서 내가 강조하려는 것은 사랑이 법을 대체하고 이와 마찬가지로 생명이 죽음을 대체한다는 것이다. 이러한 법과 죽음 그리고 사랑과 생명 사이의 연관관계는 나중에 다시 다루게 될 것이다. 이 명령에 대해 바디우는 그것이 어떠한 금지도 감추고 있지 않으며, 순전한 단언이라고 이야기한다(*Saint Paul*, p. 89). 이 긍정[단언]은 여러 많은 차이에도 불구하고 바울과 니체를 연

---

16 Alain Badiou, *Saint Paul: The Foundation of Universalism*, Translated by Ray Brassier, Stanford: Stanford University Press, 2003.

결하는 무엇이다. 바울이 이야기하는 것처럼 모든 것이 '예'가 되는 것이다(「고린도후서」1:20).

그러나 어쩌면 바디우에게 가장 중요한 것은 사랑은 하나의 노동labor이며 작업working이라는, 바울에게서 유래한 통찰인지도 모른다. 요컨대 그는 사랑을 통해 작용하는 믿음에 관해서 「갈라디아서」의 바울을 반복적으로 인용한다(「갈라디아서」 5:6). 그는 어쩌면 「데살로니가전서」도 인용하는 것인지 모르겠는데, 여기서 바울은 "여러분의 믿음[충실함]의 행위와 사랑의 노동과 희망의 인내[혹은 끈기, 하이데거라면 완고함obstinacy이라고 이야기할 터인]"에 대해 말한다(「데살로니가전서」 1:3). 바디우가 시사하는 것처럼, 여기서 사유되어야 할 것은 "율법의 행위works"와 구별되는 작업으로서의 충실함이며 정의 또는 정의롭게 됨의 구체적인 의미인 노고로서의 사랑이다.

그러나 사랑의 정치적 의의를 가장 명시적으로 해명하는 이는 또 다른 마르크스주의 철학자 안토니오 네그리이다. 네그리는 몇 사람의 다른 급진적 지식인들과 함께 1960, 70년대 이탈리아에 등장한 급진 공산주의 청년 조직[붉은 여단Red Brigades]에 돌려진 폭력 행위에 가담한 혐의로 기소되어 투옥되었다. 그는 마이클 하트Michael Hardt와 함께 세계의 상태를 진단하고(『제국』Empire), 그러한 상황을 극복할 수 있는 잠재적인 혁명 주체를 찾아내고(『다중』Multitude), 정치적 투쟁의 정확한 목적을 확인하는(『공통체』Commonwealth) 놀라운 3부작의 책을 저술했다.

아직 감옥에 있을 동안, 네그리는 『혁명을 위한 시간』Time for Revolution이라는 책을 쓰는데, 이 책은 특히 두 번째 글인 「카이로스,

알마 베누스[알마의 베누스], 다중」Kairos, Alma Venus, Multitudio에는 [이후에 저술될] 3부작의 기획에 대한 요약과 예상이 담겨 있다.

이 글의 중간 부분에서(여기에는 로마의 유물론자 철학자였던 루크레티우스Lucretius에 의해 같은 제목이 붙여진 시를 기억하며 '알마 베누스'[알마의 베누스]라는 제목이 붙여진다), 네그리는 빈곤(결핍된 것을 바라는 욕망의 조건이 되는), 사랑(공유될 수 있는 것의 창조를 향한 욕망의 전환이 되는), 공통적인 것(실행에 옮겨진 사랑에 의해 구성되는 것인)이라는, 자신이 근본적으로 다시 작업한 세 가지 개념들을 서로 관련짓는다. 빈곤과 사랑 사이의 연결 관계는 플라톤의 『향연』Symposium으로 거슬러 올라가게 되는데, 여기서 사랑eros은 소크라테스가 여성 예언자 디오티마에게 돌리는 연설을 통해 빈곤 또는 결핍Penia의 자식일 것이라 추측된다.[17]

이러한 개념들 간의 관계를 보여 주는 한 문장에서, 네그리는 다음과 같이 서술한다. "만일 공통적인 것the common이 사랑의 육화肉化라면, 빈곤은 이러한 관계의 물질적 기초를 제공한다"(Time for Revolution, p. 210).[18] 이는 사랑을 위한 내재적(혹은, 그가 말하는 것처럼, 물질적) 기초로 기능하는 것은 존재의 부재와 이 부재가 유발하는 갈망임을 상정한다. 사랑은 갈망이다. 그러나 이 갈망은 공

---

17 이 글에서 네그리는 플라톤이나 프란체스코가 아닌 스피노자를 지명하는데, 스피노자의 『신학정치학 논고』Theological Political Treadise는 특히 바울에게 있어서의 정치 신학에 대한 근대적인 논의를 개시한다.

18 Antonio Negri, Time for Revolution, Translated by Matteo Mandarini, New York: Continuum, 2003.

유되며, 그는 "고독한 사랑은 없다"고 주장한다(*Time for Revolution*, p. 211). 사랑은 바로 공유된 욕망으로서 생산적인generative 것이다. 그러나 네그리에게 이 생산성generativity은 세계, 시간, 존재의 구성이며, 따라서 그가 공통적인 것이라 지칭하는 무언가의 구성이다. 사랑은 결핍되거나 부재하던 무언가를 생성해 내는 협업이다. 따라서 그는 다음과 같이 쓴다. "생명정치적 힘으로서의 사랑은 절대적인 내재성의 이름이지만, 생성하는 내재성의 이름"(*Time for Revolution*, p. 213)으로, 그런데 그것이 생성하는 것은 공통적인 것, 즉 공유된 세계 또는 공유된 존재이다. 그것은 "빈곤을 공통적인 것으로 기울게 하는 사랑"인 것이다(*Time for Revolution*, p. 215).

그런 다음 네그리는 사랑을 투사성militancy과 연결한다. "투사성은 사랑의 실천으로서 빈곤의 역학과 공통적인 것의 구성이 함께 있는 공존을 드러낸다"(*Time for Revolution*, p. 219). 이러한 사랑의 실천은 그가 주장하는 단절로서, 즉 생명을 억압하는 권력의 구조와의 단절이자 심지어 그러한 구조의 파괴로서 드러난다. 여기서 우리는 바디우가 제시하는 단절로서의 정치라는 이해나, 랑시에르가 내놓는 정치적인 것과 불일치dissensus라 지칭되는 것을 연관짓는 견해와의 관련성을 보게 된다. 사랑이, 법이 아니라 사랑이 정의를 구성하는 것이라 보는 바울의 견해로 우리를 되돌리게 될 한 문장에서, 네그리는 이렇게 서술한다. "실제로, 사랑이 일단 공통적인 것을 만들어 내는 기술로서 모든 정치적 배경을 포위하여, 그것을 파괴하고 교체한 이후에야, 우리는 최종적으로 하나의 공통의 이름을 구성할 수 있을 것이다"(*Time for Revolution*, p. 222). 우리가 사용한 용어로 말할 때, 이것이 의미하는 바는 법의 기초 위에 구성되는 정치가, 따라서 권력(혹은 주권)의 기초 위에 구성되는 정치가 사랑의 정치에 의해 파괴되어 교체된다는 것이다.

이 텍스트에서 나타나는 네그리의 상당히 난해하고 압축적인 문체 탓에 그가 제시하는 기본적인 논점이 가려질 수는 없을 것이다. 그것은 새로운 사회적 실체를 창조하는 작업이자 노고이며, 따라서 권력이나 법의 정치와 혹은 죽음과 단절하는 어떤 진정한 정치인 것이다. 그의 말에 따를 때, 그것은 공유되는 삶으로서의 생명의 구성 또는 생성이라는 점에서 생명정치적이다.

바로 이것이 우리를 바울의 언어로 되돌려 놓는다. 실제로 우리는 바울의 관점에서 법이 죽음의 편에 서는 데 반해 사랑은 생명의 편에 선다는 것을 기억한다. 그는 「로마서」에서 법이 생명을 의도하지만 죽음을 가져올 뿐이라고 주장한다(「로마서」 7:10). 그러나 바울이 증언하는 것은 어떤 것이 삶을 주는지, 어떤 것이 살게 만드는지, 심지어 어떤 것이 죽음을 생명으로 뒤집어 놓는지(부활)에 관한 것이다.

이러한 죽음과 법 사이의 연결 관계는 자크 데리다에 의해 법의 힘에 관한 성찰에서 조명되었던 것이다. 데리다는 법이 적어도 그 사회정치적 형태에 있어 사형에서 가장 생생하게 표현되는 힘을 필요로 한다는 점에 주목한다. 그는 이마누엘 칸트에게 있어 법과 사형은 서로 벗어날 수 없도록 연결되어 있다는 점을 상기한다. 이제 데리다가 평생에 걸친 사형 반대론자임을, 사실상 그저 프랑스에서만이 아니라 세계 곳곳에서 사형에 반대하는 투사였음을 기억하는 것이 중요하다. 그는 여전히 국제법의 발전을 위해, 무엇보다 인간성에 반하는 범죄를 드러내고 약자들과 이방인의 권리를 보호하는 법으로서 국제법의 발전을 위해 논변하지만, 그것은 언제나 정의 앞에 머리를 숙이도록 만들어진 법에 관한 것이어야 할 것이다. 그리고 이러한 정의는 결코 사형의 힘을 지닌 경찰이나 군권으로서가 아니라 오로지 그가 증언이나 취약함의 약한 힘이라 부르는 것으로서 표현에 이를 수 있다. 이는 이른바 제국의 힘에 반대되는 것으로서 십자가의 약함에 대해 말하는 바울을 반향하는 듯 여겨진다. 분명히 데리다 자신은 사랑이라는 범주를 사용하지 않으며 (우리가 본 것처럼) 심지어 우정이라는 개념의 한계에 대해 의심하기도 한다. 그러나 여기서 중요한 것은 법과 죽음이 사형이라는 최후의 수단을 통해 내밀하게 연결되어 있다는 점이다. 우리가 말할 것처럼, 죽음은 법의 '그렇지 않으면'or else이다. 그리고 이 '그렇지 않으면'이 없는 법은 결코 법이 될 수 없다.

그리고 이것이 바로 사랑이 법과 어떻게 다른지를 보여 준다. 즉, 사랑에는 '그렇지 않으면'이 없다. 오히려 사랑은 이유 없고 무조건적이다. 만일 사랑이라는 것이 있다면, 그것의 유일한 조건은 일종의 반反조건anti-condition일 것이며, 다시 말해 '~에도 불구하고'in spite of일 것이다. 이것은 바울이 은혜grace에 관해 하는 이야기이다. 우리의 약함에도 불구하고, 우리의 적개심에도 불구하고, 신은 사랑하신다. 혹은 차라리 사랑은 사랑한다고 말할지도 모르겠다. 여기서 다시 한번 우리는 인내하고, 모든 것을 참고, 모든 것을 희망하는 사랑에 관해 이야기하는 「고린도전서」 13장에 제시된 바울의 말을 상기한다. 법 너머에 혹은 바깥에 있는 혹은 심지어 법에 반하는 사랑의 정치라는 것은 사랑의 기초 위에 선 사회체sociality의 구성이다. 하지만 정확히 말해 두도록 하자. 이것은 여전히 하나의 정치이지만, 죽음의 정치가 아니라 생명의 정치이다(이것이 바로 네그리가 그의 용어로 할 때 생명권력biopower과 대별되는 '생명정치'biopolitics를 이야기하는 이유이다).

법과 사랑 사이에 이끌어 내고 싶은 한 가지 추가적인 대비가 있다. 법은 그 본성상 통제이자 억제이며 무엇보다 반복이다. 이런 면에서 그것은 기계적이며 생명이 없다. 법의 엄격함rigor은 죽음의 강직rigor mortis으로 향한다. 그러나 사랑은 창의적이다. 사랑은 즉흥적으로 만든다. 사랑은 인간의 범죄성에 굴복하지 않으며, 결코 다른 사람을 포기하지 않는다. 바울이 말하는 것처럼, 사랑은 저주하기보다는 축복한다. 다른 뺨을 돌려 대라는, 5리를 더 가주라는, 요구받는 것보다 더 많은 것을 주라는 메시아의 말씀들[「마태복음」 5:39 이하]은 모두 이러한 사랑의 즉흥적인 성격을 가리킨다. 박해하는 자들에게 먹을 것을 주라는 바울의 이야기도 마찬가지다. 이런 것들은 비겁한 두려움이나 굴종에 따른 절망적인 행위가 아니다. 그런 행위들은 타자를 죽음이 아닌 사랑의 길로 넘어오게 하려는 자연스러운 즉흥적 행위인 것이다.

그러므로 사랑은 삶 전체를 금지와 의무로 물들이기를 바라는 도덕주의와 하등의 관계도 없다. 그것은 함께 존재하고 살아가는 방식을 만들어 내는 자유로운 창조이자 생성이다. 도덕주의는 사랑과 사랑의 표현을, 특히 사랑의 성애적 표현을 제한하고자 한다. 그러나 사랑은 타자의 선을 그리고 공통적인 것으로 공유될 수 있는 선을 추구한다.

체 게바라Che Guevarra는 아마도 혁명가는 연인이 되어야 한다고 주장했을 것으로 추정된다. 다시 말해, 삶을 사랑하기에, 타자의 삶이, 모든 타자의 삶이 포함된 삶을 사랑하기에 사회적 죽음의 조건들에 대한 전환을 추구한다는 것이다. 이것은 모종의 낭만주의 같은 것을 만들어 내기 위한 비법이 아니다. 그것은 사회가 생명을 증진하는 방식으로 구성될 수 있는 유일한 길이다. 우리는 극적인 전환이 없는 이상 우리 공동의 삶이 목표를 두고 있는 방향이 생명의 절멸이며, 이는 단지 인간의 생명에 국한된 것이 아님을 너무나도 통렬하게 인지하게 되고 있다. 어쩌면 우리 공동의 삶을 위한 어떤 다른 기초를 고려할 시간이 된 것인지도, 우리 자신의 시간과 세계 속에서 사랑의 정치를 건설하는 목표를 추구할 시간이 된 것인지도 모른다.

바울이 법을 완성하는 것은 사랑이라고 주장할 때, 그는 정치적인 것의 영역에서 물러나라고 조언하지 않는다. 오히려 그는 정의에 대한 타협하지 않는 요구로 무장할 뿐만 아니라 또한 정의를 세우는 유일하게 효과적인 수단으로 무장한 채 정치적인 것의 영역을 침공한다.

참고문헌

Agamben, Giorgio, *What is an Apparatus? And Other essays*, Translated by David Kishik and Stefan Padetella, Stanford, Ca. Stanford University Press, 2009.

Althusser, Louis, *Lenin and Philosophy and Other Essays*, Translated by Ben Brewster, New York: Monthly Review Press, 2001.

Arendt, Hannah, *The Human Condition*, Chicago: The University of Chicago Press, 1958.

Aristotle, *Politics, in The Basic Works of Aristotle*, Edited by Richard McKeon, Translated by Benjamin Jowett, New York: Random House, 1941.

Badiou, Alain, *Ethics: An Essay on the Understanding of Evil*, Translated by Peter Hallward, London: Verso, 2001.

_____, *Saint Paul: The Foundation of Universalism*, Translated by Ray Brassier, Stanford: Stanford University Press, 2003.

_____, *Infinite Thought: Truth and the Return of Philosophy*, New York: Continuum, 1998.

Cicero, *The Republic and The Laws*, Translated by Niall Rudd, Oxford: Oxford University Press, 1988.

Derrida, Jacques, and Anne Dufourmantelle, *Of Hospitality*, Translated by Rachel Bowlby, Stanford: Stanford University Press, 2000.

_____, *On Cosmopolitanism and Forgiveness*, Translated by Mark Dooley and Michael Hughes, New York: Routledge, 2001.

_____, *Politics of Friendship*, Translated by George Collins, New York: Verso, 1997.

_____, "The Force of Law: The 'Mystical Foundations of Authority'", in *Acts of Religion*, Edited by Gil Anidjar, New York: Routledge, 2001.

Jennings, Theodore W., *Plato or Paul?: The Origin of Western Homophobia*, Cleveland: Pilgrim Press, 2009.

_____, *Reading Derrida/Thinking Paul: On Justice*, Stanford: Stanford University Press, 2006.

Lacan, Jacques, *The Ethics of Psychoanalysis*, Edited by Jacques Alan Miller, Translated by Dennis Porter, New York: W.W. Norton, 1992.

_____, *On Feminine Sexuality, The Limits of Love and Knowledge*, Translated by Bruce Fink, New York: W.W. Norton, 1998.

Negri, Antonio, *Time for Revolution*, Translated by Matteo Mandarini, New York: Continuum, 2003.

Plato, *Laws* (Loeb Classical Library), 2 volumes, Translated by R. G. Bury, Cambridge: Harvard University Press, 1961.

_____, *Republic* (Loeb Classical Library), 2 volumes, Translated by Paul Shorey, Cambridge: Harvard University Press, 1935.

Ranciere, Jacques, *Dissensus: Essays on Political Aesthetics*, Translated by Stephen Corcoran, New York: Continuum, 2010.

Spinoza, Baruch, *Theological-Political Treatise*, 2nd edition, Translated by Samuel Shirley, Indianapolis: Hackett, 2001.

Tacitus, *Annals*, Translated by A. J. Church and W. J. Brodribb, Chicago: Encyclopedia Britanica, 1952.

Taubes, Jacob, *The Political Theology of Paul*, Translated by Dana Hollander, Stanford: Stanford University Press, 2004.

Žižek, Slavoj, *The Fragile Absolute, or Why is the Christian Legacy Worth Fighting For?*, New York: Verso, 2000.

_____, *The Puppet and the Dwarf: The Perverse Core of Christianity*, Cambridge: MIT Press, 2003.

칼 슈미트와
자크 데리다 :
주권의 탈구축

1. 데리다와 주권의 문제

이 글에서는 칼 슈미트와 자크 데리다의 정치철학을 주권 개념을 중심으로 비교해 보고자 한다. 주권 개념은 현대 정치철학, 특히 폭력론의 핵심 주제 중 한 가지다. 여기에는 현실적 배경과 이론적 배경이 존재한다. 1989년 베를린장벽의 붕괴와 더불어 사회주의 체제가 해체됨으로써 '극단의 시대'(에릭 홉스봄)로서 20세기는 종식을 고한다. 프랜시스 후쿠야마를 비롯한 자유주의자들은 이로써 자유주의의 궁극적 승리가 도래했다고 선언했지만, 현실은 신자유주의적 세계화의 도래였으며, 그것은 불평등의 심화 및 확산만이 아니라, 다양한 수준에서의 폭력의 일반화를 산출했다. 이는 20세기에 정점에 이르렀던 국민국가, 국민주권 중심의 정치질서에 대한 실천적 문제 제기였다.

이론적으로 본다면, 이는 주권 개념의 애매성 내지 역설에 대한 문제 제기로 나타났다. 군주적인 주권 개념을 인민주권popular sovereignty으로 대체하려고 했던 루소 이래로, 주권 개념은 양면성을 품고 있었다. 한편으로 주권은 신학적 초월성을 지양하는 인민의 자율성, 따라서 민주주의의 내재적 근거를 표현하는 것이었지만, 다른 한편으로 주권은 또 다른 형태의 초월성 및 폭력을 내포하고 있음이 드러났다. 왜냐하면 본래 신학에서 유래한 '주권'이라는 개념은 법의 기원에는 법을 초월하는 역량 내지 권능이 존재

---

* 이 글은 『철학과 현상학 연구』 78집, 2018에 게재된 바 있다.

하고 있음을 나타내기 때문이다. 그것이 '절대자'로서의 신(라틴어 'absolutus'는 어원상 '~에 대하여 상대적이지 않은', '~로부터 분리된'을 의미한다)이든 아니면 순수한 내재적 역량으로서의 인민이든 간에, 주권이라는 개념은 법의 기원, 따라서 법의 창조자라는 문제를 내포하고 있으며, 이 때문에 법을 정초하는 주권은 역설적이게도 그것이 법을 정초한다는 바로 그 이유로 법의 근원적인 무無근거성 또는 폭력성의 흔적이 되는 것이다.

이 글에서 나는 칼 슈미트와 자크 데리다의 주권 이론을 비교해봄으로써, 주권 개념이 지닌 함의와 아포리아를 살펴보고자 한다.

지난 1990년대 이후 데리다는 『법의 힘』,[1] 『마르크스의 유령들』,[2] 『우애의 정치』,[3] 『환대에 대하여』,[4] 『불량배들』[5] 등과 같은 저작들을 통해 또는 데리다가 사망한 뒤에 유고로 출판되고 있는 여러 강의록을 통해 법, 정치, 환대, 주권, 마르크스주의 등과 같은 정치철학 내지 실천철학의 주요 쟁점들을 다루는 탈구축적인

---

1 Jacques Derrida, *Force de loi*, Paris: Galilée, 1994; 『법의 힘』, 진태원 옮김, 문학과지성사, 2004.

2 Jacques Derrida, *Spectres de Marx*, Paris: Galilée, 1993; 『마르크스의 유령들』, 진태원 옮김, 그린비, 2014(수정 2판).

3 Jacques Derrida, *Politiques de l'amitié*, Paris: Galilée, 1994.

4 Jacques Derrida & Anne Dufourmantelle, *De l'hospitalité*, Paris: Calmann-Lévy, 1997; 『환대에 대하여』, 남수인 옮김, 동문선, 2004.

5 Jacques Derrida, *Voyous*, Paris: Galilée, 2003. 이 책은 2003년 우리말로 번역된 적이 있는데, 오역이 심해 도저히 참조하기 어렵다. 『불량배들』, 이경신 옮김, 휴머니스트, 2003.

방식을 충실히 보여 주었다. 그리고 이러한 작업의 주요 쟁점 중
하나가 주권의 문제였다. 주권의 문제는 초기 데리다 저술에서는
거의 논의의 대상이 되지 않았다. 『기록과 차이』에 수록된 조르주
바타이유에 관한 논문에서 바타이유의 낭비, 일반경제 개념 등과
관련하여 주권 개념이 부분적으로 논의되기는 했지만,[6] 이 문제는
특히 2001년 뉴욕 세계무역센터 테러 사건을 계기로 출간된 『테
러 시대의 철학』에 수록된 「자기 면역 : 실재적이고 상징적인 자
살」에서 본격적으로 제기되었으며,[7] 다른 한편으로 파울 첼란Paul
Celan의 시학과 관련하여(따라서 홀로코스트, 주권적인 것, 상징적 폭력,
독특성, 표상/대표 등과 연결하여) 발전되었다.[8] 하지만 이 주제가 가
장 집약적이고 밀도 높게 다루어진 것은 데리다가 생전에 출판한
마지막 저작인 『불량배들』이었으며, 유고로 출간된 강의록 『짐승
과 주권자』 및 『사형』에서도 주권의 문제가 중심 주제를 이루고
있다.[9]

---

6 Jacques Derrida, "De l'économie restreinte à l'économie générale. Un hégélianisme sans
réserve", in L'écriture et la différence, Paris: Seuil, 1967. 이 책은『글쓰기와 차이』라는
제목으로 국역본이 나와 있으나(남수인 옮김, 동문선, 2001), 번역에 문제가 있다.

7 Jacques Derrida, "Autoimmunity: Real and Symbolic Suicides — A Dialogue with Jacques
Derrida", in Giovanna Borradori, Philosophy in a Time of Terror: Dialogues with Jürgen
Habermas and Jacques Derrida, Chicago: The University of Chicago Press, 2003; 「데리
다와의 대화 : 자가-면역, 상징적이고 실재적인 자살」, 지오반나 보라도리, 『테러
시대의 철학 : 하버마스, 데리다와의 대담』, 손철성 외 옮김, 문학과지성사, 2004.

8 이 점에 관해서는 파울 첼란과 주권의 문제에 관한 데리다의 저술을 편역한 다음
저술을 참조. Jacques Derrida, Sovereignties in Question: The Poetics of Paul Celan, ed.
Thomas Dutoit, New York: Fordham University Press, 2005.

주권에 관한 데리다의 논의는 보통 정치학이나 정치철학에서 주권 개념을 다루는 것과 매우 다른 성격을 띠고 있다. 정치철학 내지 실천철학에 관한 데리다의 다른 논의와 마찬가지로 주권에 관한 논의 역시 한편으로 매우 사변적인 성격을 띠고 있으며, 다른 한편으로 데리다가 수십 년 동안 전개해 온 자신의 철학적 논리(이것을 차이差移, différance[10]의 논리라고 하든 아포리아의 논리라고 하든 또는 유사초월론quasi-transcendentalism의 논리라고 하든 간에[11])에 입각하여 하지만 동시에 그러한 논리를 변용하고 확장하면서 전개된다. 이 글에서는 데리다의 풍부하고 다면적인 논의를 충실히 따라가기는 어렵고 그 논의의 몇 가지 논점만 이끌어 내볼 것이다.

---

9 Jacques Derrida, *Séminaire. La bête et le souverain*, tome I~II (2001~2003), Paris: Galilée, 2008~2009; *Séminaire la peine de mort*, tome I~II (1999~2001), Paris: Galilée, 2012~2015.

10 데리다의 이 신조어는 우리말로 보통 '차연'이라고 번역되지만, 필자는 본문에서 사용한 번역이 더 낫다고 생각한다. 이 점에서 필자는 김남두-이성원의 제안을 따른다. 이 개념의 번역 문제에 관해서는 이성원, 「해체의 철학과 문학비평」, 이성원 엮음, 『데리다 읽기』, 문학과지성사, 1997 참조. 최근 주재형은 '차이'라는 번역어를 제안한 바 있는데, 흥미로운 발상이라고 생각한다. 주재형, 「데리다 : 혁명의 탈-구축」, 『마르크스주의 연구』 15권 2호, 2018 참조.

11 데리다가 1968년 프랑스철학회에서 강연했던 "Différance"라는 글(나중에 『철학의 여백들』, 1972에 수록되었다)은 데리다 초기 철학의 논리를 집약하는 것으로 간주되어, 초기 데리다 철학에 관한 논의에서 중심적인 개념이 되었다. 반면 데리다는 후기 철학에서는 '아포리아' 개념을 더욱 빈번하게 사용했으며, 이에 따라 후기 데리다 사상과 관련해서는 아포리아의 문제가 많은 주목의 대상이 되었다. 다른 한편 '유사초월론적'quasi-transcendantal이라는 개념에 관해서는 진태원, 「유사초월론 : 데리다와 이성의 탈구축」, 서강대학교 철학연구소 편, 『철학논집』 53집, 2018 참조.

주권에 대한 탈구축 작업과 관련하여 칼 슈미트에 대한 데리다의 독해를 살펴보는 것이 이 글의 또 다른 한 축을 이룬다. 데리다 저작에서 슈미트는 중심적인 인물이라고 할 수 없다.[12] 후설이나 하이데거, 또는 칸트나 헤겔, 아니면 프로이트나 라캉 또는 소쉬르나 레비-스트로스, 블랑쇼, 레비나스 같은 사상가들이 초기 데리다에서부터 후기 데리다에 이르기까지 폭넓게, 그리고 자주 거론되고 면밀한 독서의 대상이 되었던 것에 비해, 슈미트는 데리다가 정치철학 및 법철학의 문제들에 더 깊은 관심을 기울였던 후기 저술, 특히 『우애의 정치』에서 처음 거론되며, 강의록 『짐승과 주권자』에서도 부분적인 논의의 대상이 된다.[13] 슈미트에 대한 데리다의 탈구축적 독해는 주권 개념을 중심으로 하기보다는 '정치적인 것'에 관한 논의, 따라서 『정치적인 것의 개념』을 주요 대상으

---

12 따라서 가령 "아감벤, 데리다 및 일군의 현대 주권 이론가들은 슈미트의 두 개의 경구적 텍스트[『정치적인 것의 개념』, 『정치신학』]와 관련하여 자신의 방향을 설정해 왔다"(Anne Norton, "Pentecost: Democratic Sovereignty in Carl Schmitt", *Constellations*, vol. 18, no. 3, 2011, p. 389)는 식의 주장은 사태를 너무 단순화하는 것이다. 이는 아감벤이나 다른 주권 이론가들에게는 사실일 수 있겠지만, 데리다에게는 들어맞지 않는 주장이다. 이런 식의 단순화와 일반화는 데리다의 정치철학이나 주권 이론을 이해하는 데에도 장애가 될 뿐만 아니라, 아감벤과 데리다 사이의 갈등적인 관계를 해명하는 데도 도움이 되지 않는다. 반면 데리다와 슈미트(·아감벤)의 차이에 관한 좀 더 세심하고 균형 있는 평가들로는, Benjamin Arditi, "On the Political: Schmitt contra Schmitt", *Telos*, no. 142, 2008; Matthias Fritsch, "Antagonism and Democratic Citizenship(Schmitt, Mouffe, Derrida)", *Research in Phenomenology*, vol. 38, 2008; Bonnie Honig, *Emergency Politics: Paradox, Law, Democracy*, Princeton: Princeton University Press, 2009 중 3~4장을 참조.

13 이 때문에 칼 슈미트와 자크 데리다 사이의 관계에 대한 연구는 그리 많지 않다.

로 삼고 있다. 그러나 뒤에서 좀 더 자세히 다루겠지만, 정치적인
것에 관한 슈미트의 논의에는 주권에 대한 그의 고유한 관점이 깔
려 있으며, 따라서 정치적인 것의 개념을 탈구축하는 데리다의 독
서는 슈미트의 주권 개념에 대한 데리다의 관점을 짐작할 수 있게
해준다.

우리는 2절에서 우선 슈미트의 『정치적인 것의 개념』의 주요
논점을 살펴본 뒤, 그와 관련하여 『정치신학』에 나타난 주권의 논
리를 검토할 것이다. 그리고 3절에서는 슈미트의 정치적인 것의
개념과 주권 개념에 대한 데리다의 탈구축의 요점을 '결정 불가능
성', '약한 메시아적 힘', '자기 면역'을 중심으로 제시해 볼 것이
다. 마지막 4절에서는 데리다 주권론의 구체적인 함의를 살펴보
기 위해 국경의 민주화라는 주제를 고찰해 보겠다.

2. 칼 슈미트 : 정치적인 것의 본질과 주권

칼 슈미트의 『정치적인 것의 개념』의 1장은 "국가의 개념은 정
치적인 것의 개념을 전제한다"[14]는 문장으로 시작된다. 그리고 2

---

14 Carl Schmitt, *Der Begriff des Politischen*, Berlin: Duncker & Humbolt, 1979, p. 7; 『정
치적인 것의 개념』, 김효전·정태호 옮김, 살림, 2012, 31쪽. 『정치적인 것의 개념』
독일어판 텍스트에 대해 한마디 언급해 두기로 하자. 이 텍스트는 1927년 『사회과
학 및 사회정책 논총』*Archiv für Sozialwissenschaft und Sozial Politik* 58권 1호에 논문 형태
로 처음 출판되었으며, 1932년 단행본 저작으로 출간되었다. 그 뒤 1963년 같은

장에서는 다시 "정치적인 것의 규준"Kriterium des Politischen을 "**적과 동지**의 구별"Unterscheidung von Freund und Feind에서 찾는다.[15]

이 구별은 새로운 고유 영역eigenen neuen Sachgebietes이라는 의미에서가 아니라, 그것이 앞서 말한 하나 또는 몇몇 대립들에 근거하지도

출판사에서 슈미트의 새로운 「서문」과 함께 1932년 판이 재출간되었으며, 국역본 과 영역본을 비롯한 대개의 번역본들은 이 판본을 번역한 것이다. 그런데 하인리히 마이어에 따르면 이것은 사실 "여러 측면에서 볼 때 더 탁월한 최종판", 곧 1933년 의 제3판의 존재를 은폐하기 위한 슈미트의 선택이었다. 그것은 1933년 판에는 나 치스에 대한 언급과 더불어 반유대주의적 언급이 포함되어 있었기 때문이다. Hein-rich Meier, *Carl Schmitt, Leo Strauss und "Der Begriff des Politischen"*, Stuttgart: J.B. Metzler, 2013(초판은 1988), p. 14 주 5. 마이어는 『정치적인 것의 개념』이 슈미트 의 텍스트들 가운데 예외적인 위치를 차지하는 이유 중 하나로 이 텍스트가 세 종 류의 상이한 판본을 지닌 유일한 저작이며, 이 텍스트가 촉발한 적수들과의 논쟁을 반영하기 위해 이러한 변화가 일어났다는 점을 든다. 그리고 그에 따르면 가장 중 요한 변형을 초래한 것이 레오 스트라우스의 비판이었으며, 「칼 슈미트의 『정치적인 것의 개념』에 대한 주해」라는 제목의 이 글은 슈미트의 주선으로 『사회과학 및 사회 정책 논총』에 실렸다. Leo Strauss, "Anmerkungen zu Carl Schmitt, Der Begriff des Poli-tischen", *Archiv für Sozialwissenschaft und Sozial Politik*, vol. 67, no. 6, August-September, 1932, pp. 732~749; 국역본은, 「카를 슈미트 『정치적인 것의 개념』에 대한 주해」, 『정치적인 것의 개념』, 187~223쪽. 1932년 판과 1933년 판 사이의 차이는 바로 스트라우스와의 '대화'를 반영한 점이라는 게 마이어의 논지다. 반면 윌리엄 슈어먼 은 마이어가 정치신학의 영향을 과장한다고 비판하면서 오히려 중요한 것은 1927 년 판 논문과 1932년 판 저서의 차이점이라고 강조한다. 그리고 이러한 차이는 한 스 모겐소Hans Morgenthau의 영향 때문에 생겨난 결과라는 것이 그의 판단이다. William E. Scheuerman, "chapter 9. Another Hidden Dialogue: Carl Schmitt and Hans Morgenthau", in *Carl Schmitt: The End of Law*, Lanham, Maryland: Rowman & Little-field, 1999 참조.

15 Carl Schmitt, *Der Begriff des Politischen*, p. 14; 39쪽. 강조는 원문.

않으며, 또한 그것들에게 귀착시킬 수도 없다는 의미에서 독립적
이다. …… 적과 동지의 구별은 결합 내지 분리, 연합 내지 분열의
최고의 강도를 나타낸다는 의미를 가지며, 이것은 상술한 모든 도
덕적·미적·경제적 구별 등에 동시에 의존하지 않고서도 이론적으
로나 실천적으로도 존립할 수 있다. 정치상의 적이 도덕적으로 악
할 필요는 없으며, 미적으로 추할 필요도 없다. 경제적인 경쟁자
로서 등장해야 하는 것도 아니다. …… 적이란 바로 타자, 이방인
der Andrere, der Fremde이며, 그 본성상 그가 특별히 강렬한 의미에서 실
존적으로 어떤 타자이며 이방인이라는 것만으로 족할 것이다.
…… 동지와 적이라는 특수한 대립을 다른 구별들로부터 분리시
켜 독립적인 것으로서 파악할 수 있다는 가능성 속에 이미 정치적
인 것의 존재로서의 사실성과 독립성이 나타나는 것이다.[16]

인용문에서 볼 수 있듯이 슈미트의 구별은 도덕적인 것, 미적인
것, 경제적인 것 또는 종교적인 것 등과 구별되는 정치적인 것의
고유성을 식별하려는 이론적 노력을 담고 있다. 더 나아가 겉으로
는 뚜렷하게 드러나지 않지만, 슈미트는 정치적인 것이 다른 영
역, 곧 미적인 영역, 종교적 영역, 도덕적 영역, 경제적 영역과 같
은 사회적 삶의 영역들과 구별되는 **별개의 한 영역**이 아니라는 점
을 부각하고 있다. 그것은 '고유 영역'이 아니며 '결합 내지 분리,
연합 내지 분열의 최고의 강도'를 나타내는 것이다. 또한 이를 단

---

16 같은 책, pp. 14~15; 39쪽. 강조는 인용자.

순히 '정치'라고 규정하지 않고 '정치적인 것'이라는 이름으로 표현하는 것에는, 정치에 관한 당대의 학문이나 정치가들의 규정에 대한 슈미트의 근원적인 반발과 불신이 자리 잡고 있다.[17] 곧 정치 내지 정치적인 것의 근원적 핵심을 파악하는 대신 정치적인 것을 국가적인 것으로 환원하는 일이 일어나거나, 더 나쁜 경우는 "개인주의적 자유주의"[18]의 경우처럼 정치 자체를 탈정치화하는 일이 일어나게 된다.[19] 더 나아가 슈미트에 따르면 이것은 "전체 국

---

17 '정치적인 것'은 20세기 정치철학자들 다수가 각자 독특한 방식으로 이론화를 시도했던 개념이며, 따라서 '정치적인 것'의 개념적 계보학은 20세기 정치철학의 흐름을 해석학적으로 재구성하려는 표본적인 기획이 될 수 있다. 슈미트의 정치적인 것의 개념을 20세기 유럽 정치사상사의 맥락에서 재구성하려는 한 가지 시도로는, Samuel Moyn, "Concepts of the Political in Twentieth Century European Thought", in Jens Meierhenrich & Oliver Simons eds., *The Oxford Handbook of Carl Schmitt*, Oxford: Oxford University Press, 2016 참조. 새뮤얼 모인은 슈미트적인 계보와 (레몽 아롱에게서 유래하는) 프랑스적인 계보(특히 클로드 르포르)의 차이를 강조하는데, 내가 보기에는 다소 자유주의적인 관점이다. 슈미트가 '적대성'을 강조하는 반면, 프랑스적인 계보는 공동체의 적극적 토대를 정초하려 한다고 보기 때문이다. 좌파 하이데거주의라는 맥락에서 특히 프랑스 정치철학을 '정치적인 것'의 관점에서 재구성하려는 다른 관점의 시도는 Oliver Marchart, *Post-Foundational Political Thought*, Edinburgh: Edinburgh University Press Ltd, 2007 중 2장 "Politics and the Political: Genealogy of a Conceptual Difference"을 참조. 올리베르 마르차르트의 시도는 '하이데거적/데리다적인' 형이상학 탈구축의 시도 — 따라서 존재론이라기보다는 유령론hauntology — 와 '그람시/라클라우적인' 정치학 탈구축 — 따라서 정치라기보다는 정치적인 것the political — 을 접합하려는 시도이며, 말하자면 "제일철학으로서 정치사상"(p. 162)을 재구성하려는 시도인데, 데리다 자신의 관점과는 차이가 있다.

18 Carl Schmitt, *Der Begriff des Politischen*, p. 56; 93쪽.

19 하인리히 마이어가 지적한 바와 같이 '정치적인 것'의 개념을 새로 정의하려는 슈미트의 작업의 바탕에는 정치를 기술적인 것으로 환원하려는 자유주의에 대한 적

가"der totale Staat로의 경향을 더욱 강화할 뿐만 아니라, 궁극적으로는 승리한 자유주의적 제국주의가 '정당한 적'이라는 범주를 배제한 가운데 오히려 적을 "범죄자"[20]로 만들게 되고, 중립적이거나 비정치적인 수사법 아래 새로운 "십자군 운동"이나 "인류의 최후의 전쟁"[21] 같은 훨씬 더 파괴적이고 전면적인 전쟁을 수행할 수 있는 가능성을 낳게 된다. 따라서 적과 동지의 구별, 그리고 그것을 전제하는 '고전적인' 정치의 모델, 곧 슈미트에 따르면 '유럽 공법 질서'로의 복귀 내지 재구성이야말로 오히려 전쟁을 제한하고 국제법에 따라 그것을 규제하는 것, 『대지의 노모스』의 표현을 따르면 "전쟁을 길들이는 것"Hegung des Krieges을 가능하게 해준다.[22]

슈미트는 이러한 적과 동지의 구별을 '공적인' 차원과 '사적인' 차원에서 다시 구별한다.

대감이 존재하며, 더욱이 슈미트는 이 점에서 자유주의는 공산주의와 내적으로 연결되어 있다고 간주했다. Heinrich Meier, *Carl Schmitt, Leo Strauss und "Der Begriff des Politischen"*, pp. 11~12. 또한 나종석, 「정치적인 것의 본질과 칼 슈미트의 자유주의 비판」, 『헤겔연구』 25권, 2009도 참조. 다른 한편 레오 스트라우스는 슈미트 자신의 반자유주의가 사실은 자유주의적 전제에 의거해 있음을 홉스와의 비교를 통해 보여 준 바 있다. 레오 스트라우스, 「칼 슈미트의 『정치적인 것의 개념』에 대한 주해」, 참조.

20 Carl Schmitt, *Der Begriff des Politischen*, p. 2; 18쪽.

21 같은 책, p. 65; 105쪽.

22 슈미트의 국제관계론에서 '전쟁 길들이기'에 관해서는 에티엔 발리바르, 「주권 개념에 대한 서론」, 진태원 옮김, 『우리, 유럽의 시민들?』, 후마니타스, 2010 및 베노 테슈케, 「결정과 비결정: 칼 슈미트의 지적·정치적 수용」, 『뉴레프트리뷰』 4호, 도서출판 길, 2012를 각각 참조.

적이란 단지 적어도 때에 따라서는 현실적 가능성으로서 **투쟁하는** 인간 전체이며, 바로 그러한 전체와 대립하는 전체이다. 따라서 적이란 **공적인** 적만을 말한다. 왜냐하면 이와 같은 인간의 전체, 특히 전체 국민과 관련되는 것은 모두 **공적인** 것이기 때문이다. 적이란 **공적**公敵, hostis이며, 넓은 의미에서의 사적私敵, inimicus은 아니다.[23]

슈미트는 '공적인 적'과 '사적인 적'의 구별을 플라톤의 『국가』에 등장하는 '폴레미오스'polemios와 '에크로스'Echthros의 용례에서 가져오는데, 이는 다시 헬라스인과 헬라스인이 아닌 사람들 간의 전쟁으로서 폴레모스polemos와 헬라스인 내부에서의 갈등, 곧 일종의 내전으로서의 스타시스stasis 사이의 구별에 근거를 두고 있다.[24] 적과 동지의 이러한 구별은 일차적으로는 엄밀한 의미의 정치와 내치內治, Polizei를 구별하려는 목적에서 비롯된 것이며, 더 나아가 '적'이라는 범주를 유럽 공법 질서의 규범에 따라 규정하려는 의도를 담고 있다. 슈미트는 「1963년 판 서문」에서 제2차 세계대전

---

23 Carl Schmitt, *Der Begriff des Politischen*, p. 16; 42쪽. 강조는 원문.

24 데리다의 슈미트 독서와 관련하여 칼 슈미트에게서 '적'의 두 가지 개념 구별의 의미에 대해서는 David Lloyd Dusenbury, "Carl Schmitt on Hostis and Inimicus: A Veneer for Bloody-Mindedness", *Ratio Juris*, vol. 28, no. 3, 2015; Jacques de Ville, "The Foreign Body Within the Body Politic: Derrida, Schmitt and the Concept of the Political", *Law and Critique*, vol. 26, no. 1, 2015를 각각 참조. 전자는 슈미트의 개념 구별의 문헌학적 부정확성(따라서 이 구별의 문헌학적 출처를 제대로 검토하지 않은 데리다의 부주의함)을 드러내고 있고, 후자는 이 구별에 대한 탈구축(이는 저자에 따르면 곧 '정치적인 것'의 개념 속에 내재해 있는 '자기 파괴'의 가능성으로서 자기 면역을 보여 주는 것이다)을 데리다의 슈미트 독서의 핵심으로 간주한다.

이후 전개된 이른바 '냉전'에서 전쟁과 평화와 중립, 정치와 경제, 군인과 민간인, 전투원과 비전투원 같은 구별들 및 그 기초를 이루는 적과 동지 같은 "모든 개념의 축들이 무너지고 있다"[25]는 아쉬움을 표현하면서, 그 본질적인 증상으로서 고전적인 의미의 '적' enemy 개념과 다른 범죄자로서의 '적'foe이라는 개념이 수백 년 간의 침묵 끝에 다시 사용되고 있다는 사실을 들고 있다.[26] 따라서 슈미트에 따르면 적과 동지의 구별이 존재할 때 어떤 갈등 내지 대립은 정치적인 것이 된다. 가령 종교 단체들 간의 투쟁을 적과 동지의 구별에 의거하면 이 종교 단체들은 "종교 단체일 뿐만 아니라 하나의 정치적 통일체이다".[27] 또한 산업 콘체른이나 노동조

---

25 Carl Schmitt, *Der Begriff des Politischen*, p. 10; 28쪽.

26 슈미트는 「1963년 판 서문」에서 "이제 국가중심의 시대Epoche der Staatlichkeit는 끝나 간다"고 지적하면서, **"국가적**이라는 개념과 **정치적**이라는 개념이 일치했던 시대"를 "고전적인 유럽의 국가"의 시대, 곧 "유럽 공법"의 시대로 규정하고 있다. (같은 책, p. 4; 16~17쪽) 그러면서 '정치적인 것'의 개념을 재규정하려는 자신의 시도에 대한 두 가지 도전을 바로 파르티잔 개념과 냉전의 문제에서 찾고 있다. 더 나아가 1972년 출간된 『정치적인 것의 개념』 「이탈리아판 서문」에서는 "국가와 더불어 또는 국가 없이, 국가적인 내용과 더불어 또는 그 내용 없이 정치적 투쟁에 참여하는 새로운 주체들의 다양성"이라는 문제를 정치적인 것의 개념이 사고해야 할 "새로운 정치적 현실"의 문제로 제기하고 있다. 이는 주지하다시피 "정치적인 것의 개념에 관한 중간 논평"이라는 부제를 지닌 『파르티잔 이론』의 중심 주제를 이룬다. Carl Schmitt, *Theorie des Partisanen*, Berlin: Duncker & Humbolt, 1963; 『파르티잔: 그 존재와 의미』, 김효전 옮김, 문학과지성사, 1998. 이에 관해서는 Benjamin Arditi, "Tracing the Political", *Angelaki: Journal of the Theoretical Humanities*, vol. 1, no. 3, 1996 참조.

27 Carl Schmitt, *Der Begriff des Politischen*, p. 25; 51쪽.

합의 경우도 그러하며 마르크스주의적 의미의 계급의 경우에도 마찬가지다. "그것이 계급**투쟁**을 진지하게 행하고, 상대방 계급을 실제의 적으로 다루고 국가 대 국가든 한 국가 내부의 내전이든 그것과 투쟁하는 경우에는 순수하게 경제적인 것만은 아니며 정치적 세력이 된다. …… 프롤레타리아와 부르주아와의 대립 ……"[28]

적과 동지의 구별을 공적인 차원에서 규정하려는 노력을 넘어서 슈미트는 이를 전쟁의 문제와 연결시킨다. 이는 "정치적 대립은 가장 강도 높고 극단적인 대립"[29]이며, 그 본질은 전쟁이라는 투쟁 형식에서 가장 잘 나타나기 때문이다. 슈미트는 자신이 말하는 전쟁을 다른 유형의 전쟁, 곧 논쟁이나 경합 같은 '정신적인 의미'의 전쟁이나 국가 내부에서 벌어지는 전쟁으로서의 내전과도 구별한다. 엄밀한 의미의 전쟁은 "조직된 정치적 통일체 간의 무장투쟁"만이 속한다.

여기서 투쟁이라는 말은, 적이란 말과 마찬가지로 그 본래의 존재 양식이 의미하는 대로 이해되어야 한다. 투쟁이란 경쟁이 아니며 '순수하게 정신적인' 논쟁도 아니다. …… 적, 동지, 그리고 투쟁이라는 개념들이 현실적인 의미를 갖는 것은 그것들이 특히 물리적 살해의 현실적 가능성reale Möglichkeit der physischen Tötung과 관계를 맺으며, 또한 계속 관계를 맺는다는 점에 있다. 전쟁은 적대 관계에서

---

28 같은 곳.

29 같은 책, p. 17; 43쪽.

생긴다. 적대 관계란 타자의 존재 그 자체의 부정이기 때문이다. 전쟁이란 적대 관계의 가장 극단적인 실현에 불과하다.[30]

그리고 슈미트는 여기에서 정치적인 것을 결정하는 기준인 적과 동지의 구별을 주권의 문제와 연결시킨다. 정치적인 것이 적과 동지의 구별, 곧 누가 적이고 누가 동지인지 결정하는 데 의거하고 있다면, 이러한 결정 위에서 정치적 통일성의 가능성이 성립하며, 이러한 결정의 수행 주체가 바로 주권자이기 때문이다. 그리고 주권자의 결정의 중요성은 위급 사태 내지 예외 상태에서 가장 적나라하게 드러난다.

기준이 되는 것은 언제나 이와 같이 결정적인 사태, 즉 현실적인 투쟁의 가능성과 이러한 사태가 현재 발생했는가 여부에 관한 결정뿐이다. 이러한 사태가 예외적으로만 발생한다는 것은 그 규정적 성격을 부정하는 것이 아니라 오히려 그것을 확증하는 것이다. …… 오늘날에도 여전히 전쟁이란 사태는 '위급 사태'Ernstfall다. 이 경우에도 또한 다른 경우와 마찬가지로 예외 상태Ausnahmefall는 결정적인, 사물의 핵심을 명백히 하는 의미를 지닌다.[31]

여기서 슈미트가 사용하는 주권이라는 말은 정치적 통일성을 함

---

30 같은 책, p. 20; 45~46쪽.
31 같은 책, pp. 22~23; 49쪽.

축하며, 이러한 통일성은 예외 상태에서 결정을 내리는 능력을 통해 표현된다. 주권이 존재하지 않는다면 "결코 정치적 통일체는 존재하지 않는다".[32]

주지하다시피 슈미트는 『정치신학』 첫머리에서 주권자를 다음과 같이 간명하게 정의한 바 있다. "주권자는 예외 상태를 결정하는 자이다"Souverän ist, wer über den Ausnahmezustand entscheidet.[33] 이것은 법학적인 측면에서 본다면 주권자가 역설적인 위치에 놓여 있음을 의미한다. 왜냐하면 주권자는 "일반적으로 정상적인 타당한 법질서의 외부에 있으며, 그럼에도 그러한 질서에 속해 있"는 존재자이기 때문이다. 이는 "헌정을 전면 중단시켜야 할 것인지 결정할 권한은 그에게 있기 때문이다".[34] 우리가 슈미트의 주권 및 주권자 개념의 논점을 이해하려면, 그리고 이를 데리다의 주권에 대한 탈구축과 관련하여 해명하려면 『정치신학』에 나오는 다음 대목을 좀 더 꼼꼼하게 살펴볼 필요가 있다.[35]

(1) 예외란 포섭될 수 없는 것이다. 그것은 모든 일반적인 정식화의 범위를 넘어선다. (2-1) 하지만 동시에 예외는 결정이라는 특수한 법학적인 형식 요소를 그 절대적인 순수성 속에서 드러낸다.

---

32 같은 책, p. 27; 53쪽.
33 Carl Schmitt, *Politische Theologie*, Berlin: Duncker & Humbolt, 2004(초판은 1923), p. 13; 『정치신학』, 김항 옮김, 서울: 그린비, 2010, 16쪽.
34 같은 책, p. 14; 18쪽. 번역은 약간 수정.
35 인용문 본문에 괄호로 표시한 숫자는 필자가 붙인 것이다.

(2-2) 예외적 사태는, 우선 법적 규칙들이 타당성을 지닐 수 있는 상황을 창조하는 것이 문제가 될 때 절대적인 형태로 드러난다. …… (2-3) 혼돈 상태에 적용할 수 있는 규칙은 없다. 법질서가 의미를 갖기 위해서는 먼저 질서가 확립되어야 한다. 즉, 정상적 상황을 창조해 내야 한다. 이러한 정상적 상태가 실제로 군림하는지 여부를 확정적으로 결정하는 자가 바로 주권자이다. 모든 법은 '상황법'Situationsrecht이다. (3-1) 주권자는 전체로서의 상황을 그 총체성 속에서 창조하고 보증한다. 주권자만이 이러한 궁극적인 결정권을 독점한다. (3-2) 국가 주권의 본질은 바로 여기에 있다. 법학적으로 보아 국가 주권에 적절한 정의는 결코 제재나 처벌의 독점이 아니라 바로 결정의 독점으로 …… 예외적 사태는 국가 권위의 본질을 가장 명확하게 드러낸다. ……

(4-1) 예외는 정상적인 경우보다 더 흥미롭다. 정상적인 경우는 아무것도 증명하지 못하지만 예외는 모든 것을 증명한다. (4-2) 또한 예외는 단순히 규칙을 입증하는 데 그치지 않으며, 규칙 자체가 예외를 통해서만 생존한다. …… 19세기의 신학적 성찰이 얼마나 놀라운 강렬함을 가질 수 있었는지를 어느 프로테스탄트 신학자는 이렇게 표현한 바 있다. "예외는 일반적인 것과 그 자체를 동시에 설명해 준다."[36]

매우 밀도가 높은 이 대목에서 슈미트는 다음과 같은 논점을 전개

---

36 Carl Schmitt, *Politische Theologie*, pp. 19~21; 25쪽. 번역은 다소 수정.

하고 있다. 우선 그는 예외의 기본적 의미를 다음과 같이 규정한다. "예외란 포섭될 수 없는 것이다. 그것은 모든 일반적인 정식화의 범위를 넘어선다." 기본적인 뜻에 따라 이해할 경우 예외는 규칙에서 벗어나는 것이다. 이는 세 가지 특징을 지닌다. (a) 일탈, 비정상, (b) 일시적인 것, 잠정적인 것, (c) 규칙이나 정상으로 회복되어야 하는 것. 그런데 슈미트가 관심을 기울이는 것은 기본적인 또는 일상적인 의미의 예외가 아니라 법학적인 의미에서 '결정'의 문제와 관련되어 있는 개념으로서의 예외다. 예외와 결정의 관계를 슈미트는 다음과 같이 표현하고 있다. "예외적 사태는 법적 규칙들이 타당성을 지닐 수 있는 상황을 창조하는 것이 문제가 될 때 절대적인 형태로 드러난다." 이에 따르면 예외는 (a)와 (b)의 의미를 지니고 있지만, (c)를 함축하지는 않는다. (c)는 **규칙과 예외, 또는 정상적인 것과 비정상적인 것 사이에 일종의 존재론적 순서를 전제**한다. 곧, 규칙이나 정상적인 것은 예외나 비정상적인 것에 논리적·존재론적으로 우선하는 것이며, 전자로부터의 일시적인 일탈로서의 후자는 가급적 빨리, 그리고 온전하게 전자로 복귀해야 한다.

반면 (2-2)는 이러한 순서의 역전을 함축한다. 왜냐하면 슈미트가 관심을 갖는 예외는 "절대적인 형태로 드러"나는 "예외적 사태"이기 때문이다. 이러한 절대적 예외 상태는 정상적인 것으로 가급적 빨리 복귀해야 하는 일시적인 일탈이 아니라, "법적 규칙들이 타당성을 지닐 수 있는 상황"을 창조해야 하는 상태이다. 곧, 이러한 예외 상태는 일반적인 법적 규범이 존재하지 않거나 이미 자신의 타당성을 상실한 상태(역사적으로 보면 국가 또는 법질서의 존망이 달려 있는 혁명이나 전쟁 상황), 따라서 (c)에서처럼 복귀하거나 회복해야 할 정상적인 질서가 부재하는 상태인 것이다. 따라서 이러한 예외 상태는 (2-3)에서 보듯이, 정상적인 상황을 창조해 내야 하는 상태, 절대적 혼돈의 상태이다.

이러한 예외적 상태의 의미를 염두에 두고 앞에 나온 주권자에 대한 정의를 다시 살펴보자. "주권자는 예외 상태를 결정하는 자이다." 이 명제는 두 가지로 이해될 수 있다. 첫째, '주권자는 예외 상태에서 결정하는 자'라는 뜻으로 이해할 수 있다. 비상사태나 긴급사태에 처해 있을 때 최종적인 결정을 내리는 것이 바로 주권자라는 의미이다. 둘째, 하지만 좀 더 근본적으로 본다면 이 명제는 '주권자는 예외 상태에 대하여 결정하는 자'라는 의미로 이해될 수 있다. 첫 번째 의미에서는, 어떤 것이 '예외 상태'인지 이미 확립되어 있고 또한 합의가 존재하고 있다면, 두 번째 의미에서는 무엇이 정상이고 예외인지가 불분명한 상황에서 예외와 정상을 결정하는 자가 바로 주권자임을 가리킨다. 따라서 타당한 헌정 질서가 무엇이고 반역 세력이 무엇인지, 아니면 이미 낡은 질서가 어떤 것이고 새로운 정당성을 지닌 세력이 어떤 것인지는 주권자의 결정에 달려 있다. 또는 그러한 구별을 결정하는 자가 바로 주권자이다. 그렇다면 헌정 질서를 헌정 질서로 만드는 것이 바로 주권자라고 할 수 있다.

이런 의미에서 슈미트는 (3-1)에서 "주권자는 전체로서의 상황을 그 총체성 속에서 창조하고 보증한다. 주권자만이 이러한 궁극적인 결정권을 독점한다. 국가 주권의 본질은 바로 여기에 있다"고 말하는 것이다. 따라서 주권의 본질은 (3-2)에서 말하듯 "결정의 독점"에 있다. 어떤 것이 정상적인 질서이고 어떤 것이 예외인지 결정하는 것, 그리고 예외 상태에서 어떤 헌정 질서를 창조해야 하는지 결정하는 것이 바로 주권의 본질인 것이다.

이렇게 되면 우리가 처음에 출발했던 예외에 대한 기본적인 또는 상식적인 의미의 완전한 전도가 이루어진다. (4-1)에서 말하듯 "정상적인 경우는 아무것도 증명하지 못하지만 예외는 모든 것을 증명"하는데, 왜냐하면 '정상적인 경우'는 이미 주어져 있는 법질서가 타당하다는 것을 전제한 가운데 그러한 법질서의 한 가지 경우로 포섭되어 있는 반면, 예외는 이러한 법질서의 타당성 내지 효력이 중단되어 버린 상황이며, 따라서 그러한 법질서의 한계가 드러나고 그와 다른 새로운 질서의 가능성이 모색되거나 이미 드러나 있는 상황이기 때문이다. 더 나아가 "예외는 단순히 규칙을 입증하는 데 그치지 않으며, 규칙 자체가 예외를 통해서만 생존한다"(4-2)고 할 수 있다. 곧, 예외는 규칙 내지 법질서의 본질 및 그 한계를 드러내 주는 것일뿐더러, 법질서의 존재 자체가 예외 상태에서 내려지는 정상과 예외의 경계에 대한 결정에 따라 성립하고 유지되는 것이다. 이제 이러한 예외 상태는 어떤 일시적인 상황, 가령 전쟁이나 계엄령, 긴급사태가 포고되는 경우만이 아니라 **정의상 모든 법질서 내부에 그것의 가능 조건으로서 항상 잠재적으로 포함되어 있다.** 모든 법질서는 주권의 심급을 전제하는데, **주권은 예외 상태에서 예외 상태(와 정상상태의 차이)를 결정하는 작용과 다르지 않기 때문이다.**

그렇다면 주권자는 법질서의 궁극적인 가능 조건이되 역설적이게도 그러한 법질서에 속하지 않는 것, 법질서 바깥에 있는 것이라고 할 수 있다. 앞에서 인용한 것처럼 슈미트가 주권자는 "일반적으로 정상적인 타당한 법질서의 외부에 있으며, 그럼에도 그러한 질서에 속해 있"다고 말하는 것도 바로 이런 의미로 이해될 수 있다. 슈미트는 "정상적인 타당한 법질서"라는 한정을 부여하지만, (2-3)에서 보듯 "정상적 상태가 실제로 군림하는지 여부를 확정적으로 결정하는 자가 바로 주권자"라고 한다면, 사실 주권자는 이러한 한정을 넘어선 존재라고 할 수 있다. 법 일반과 그 바깥을 결정하는 자가 곧 주권자이기 때문이다. 그런데 슈미트가 말하는 외부 또는 바깥은 정확히 말하면 **법의** 바깥이다. 그것은 **법과 관련하여** 규정된 바깥이며, **법과 관련해서만** 의미를 지니는 바깥인 것이다. 따라서 주권자는, 슈미트 자신은 명시적으로 그렇게 말하지 않지만, 법과 그 바깥의 경계를 결정하는 초월론적인 근거이되, 주권자를 이러한 근거로 만드는 것, 주권자를 주권자로 만드는 것은 바로 법이라고 할 수 있다.[37]

---

37 이런 의미에서 슈미트는 법학자들에게는 반反법학적인 법학자 또는 적어도 비정상적이거나 예외적인 법학자라고 할 수 있을지 모르지만, 사실 그는 **철저히 법의 관점에서** 사고한 인물이라고 말할 수 있다. 따라서 슈미트(또는 아감벤)에게 법 바깥의 사회적인 것 또는 법 바깥의 정치적인 것과 같은 것은 부재한다는 비판이 일리가 있다. 이 점에 관해서는 베노 테슈케, 「결정과 비결정 : 칼 슈미트의 지적·정치적 수용」 및 같은 저자의 「지정학의 물신 : 고팔 발라크리시난에 대한 답변」, 『뉴레프트리뷰』 4호, 도서출판 길, 2012; Jef Huysmans, "The Jargon of Exception: On Schmitt, Agamben and the Absence of Political Society", *International Political Sociology*, no. 2, 2008을 각각 참조.

3. 결정, 폭력, 자기 면역 : 슈미트에 대한 탈구축

그렇다면 데리다는 슈미트의 정치적인 것의 개념 및 그것과 긴밀하게 연결되어 있는 적대, 갈등, 폭력의 문제에 대하여, 또한 정치적인 것의 개념 근저에 놓여 있는 주권에 관하여 어떻게 사고했을까? 이 절에서는 이러한 쟁점들에 관해 '결정의 아포리아'와 '폭력과 메시아적인 힘', '주권과 자기 면역'이라는 세 가지 측면에서 살펴보겠다.

1) 결정의 아포리아

데리다는 슈미트의 '정치적인 것'에 대한 독서에서 슈미트를 일방적으로 비판하지도 않으며, 또한 슈미트의 관점에 대하여 자유민주주의적인 규범적 토대를 옹호하지도 않는다. 그는 슈미트의 '정치적인 것'의 개념에 내재한 아포리아를 부각하는 데 집중한다. 그중에서 가장 기본적인 것이 바로 결정decision의 아포리아인 것으로 보인다. 앞에서 본 것처럼 『정치적인 것의 개념』이나 『정치신학』 그리고 다른 여러 저작들에서도 결정의 문제는 슈미트에게 매우 중요한 위상을 차지하고 있다. 하지만 다른 한편으로 잘 알려져 있다시피 1990년대 이후 데리다의 저술, 특히 정치철학 내지 실천철학에 관한 저술의 주요 논점 중 하나는 결정 불가능성의 아포리아였다.

이러한 아포리아가 가장 명료한 언어로 표현되는 『법의 힘』에서 데리다는 "아포리아의 경험 — 비록 그것이 불가능한 것일지라도 — 이 없이는 정의는 존재하지 않는다"는 점, "정의는 불가능한 것의 한 경험"[38]이라는 점을 환기한 뒤, 법과 정의 사이의 세 가지 아포리아 가운데 두 번째 아포리아를 "결정 불가능한 것의 유령"[39]이라고 부른다. 결정이 적법한 결정을 넘어 진정한 의미에서의 결정, 곧 정의로운 결정이 되기 위해서는 그것은 계산 가능한 것과 규칙의 질서를 기계적으로 따르는 것이 되어서는 안 된다. 하지만 일단 결정이 내려지고 나면 그것은 "다시 한번 어떤 규칙, 주어져 있었거나 발명된 또는 재발명된, 그리고 재긍정된 어떤 규칙을 따랐던 것이 된다".[40] 곧, 어떤 규칙이나 계산 가능성의 질서의 한 사례가 되는 것이다. 더욱이 이것이 반드시 부정적인 것도 아니다. 왜냐하면 어떤 규칙이나 계산 가능성의 질서를 무시하거나 그것을 무조건 침해하려고 하는 것은 최악의 도착적인 결정을 낳기 십상이기 때문이다. 따라서 어떤 결정이 정의로운 결정이기 위해서는 결정의 대상이 되는 것에 대한 기존의 지식이나 계산 가능성에 의지해서는 안 되며, 그것을 넘어서야 한다. 하지만 다른 한편으로 역시 정의로운 결정이기 위해서는 이러한 지식이나 규칙 또는 계산 가능성을 무시하는, 그것에 위배되는 결정이어서도 안 된다. 이것이 데리다가 『법의 힘』에서 결정 불가능한 것의 유령이라고 부른 것이었다.

---

38 자크 데리다, 『법의 힘』, 37쪽.
39 같은 곳.
40 같은 책, 52~53쪽.

『우애의 정치』에서 데리다가 슈미트를 독서할 때에도 이와 유사한 논리적 분석이 제시된다. 아주 집약적이고 밀도 있는 한 대목을 보자.

우리는 모든 결정 이론, 특히 외관상 근대적인 모양을 띠는 이론, 가령 슈미트의 결정주의 및 그 '우파적'이거나 '좌파적인', 심지어 네오마르크스주의적인 유산 — 우리는 뒤에서 이 점에 대해 다룰 것이다 — 이 관여해야 하는 아포리아를 예고하기 위해 결정에 관해 강조한다. 이러한 결정주의는 알다시피 적에 대한 이론이다. 그리고 정치적인 것의 조건 자체를 이루는 적의 모습은 20세기에 고유한 의미의 적의 상실로 인해 지워지고 있다. 우리는 적을 상실하고, 따라서 정치적인 것을 잃고 있을 터이다. 하지만 언제부터?

사건의 아포리아는 **아마도**peut-être와 관련하여 **결정**의 아포리아와 교차하며, 또한 그것을 축적하거나 과잉규정한다.[41] …… 결정은 확실히 사건을 만들어 낸다. 하지만 결정은 또한 모든 주체의 자유와 의지를 기습해야/놀라게 해야surprendre 하는, 한마디로 말하면 주체의 주체성 자체를 기습해야/놀라게 해야 하는, 주체가 모든 결정 이전에 그리고 결정을 넘어서 — 모든 주체화 이전에, 심지어 모든 객체화 이전에 — 노출되어 있고 민감하고 수용적이고 취약하며, 근본적으로 수동적인 곳에서 주체를 변용하는, 이러한

---

41 알튀세르의 개념인 'surdétermination'은 대개 '과잉결정'으로 번역되지만, 여기에서는 'decision'과 구별하기 위해 '과잉규정'으로 번역했다.

돌발survenue을 중립화한다. …… 주체 이론은 최소한의 결정을 해명
하는 데 무능력하다. 하지만 이는 특히 사건에 대하여, 그리고 결
정과 관련된 사건에 대하여 언급되어야 한다. 왜냐하면 결코 어떤
것도, 사건이라는 이름에 걸맞은 어떤 것도 주체에게 일어나지 않
는다면, 결정의 도식은 규칙적으로 — 적어도 그 공통적이고 헤게
모니적인 수용(여전히 슈미트의 결정주의, 그의 예외 및 주권 이론을 지배
하는 것으로 보이는)에서 본다면 — 주체의 심급instance, 고전적인 주
체, 자유롭고 의지적인 주체, 따라서 그것에 대해서는 어떠한 것
도 일어나지 않는, 심지어 주체 자신이 가령 예외적인 상황에서 어
떤 독특한 사건의 주도권을 장악하고 보존한다고 믿고 있는 순간
그 독특한 사건도 일어나지 않는, 주체의 심급을 함축하는 경향이
있기 때문이다.[42]

데리다가 사건의 아포리아라고 부르는 것은, 우리가 방금 전 봤던
결정 불가능한 것의 아포리아에서 모든 지식과 계산 가능성, 규칙
성을 넘어서는, 기존의 인식적·경험적·실천적 지평에서는 예상할
수 없었고 심지어 측정될 수도 없는 어떤 것, 그야말로 미증유의
것(데리다에 따르면 모든 사건은 이 점을 함축할 때에만 사건이라고 부를
수 있다)의 발생과 관련된 것이다. 어떤 것을 사건이라 부르기 위
해서는 그것은 사건으로 규정될 수 있어야 하지만, 사건이 사건이
기 위해 그것은 규정 가능한 것이 되어서는 안 되는 것이다. 이러

---

42 Jacques Derrida, *Politiques de l'amitié*, pp. 86~97. 강조는 원문.

한 사건의 아포리아는, 데리다에 따르면 결정의 아포리아와 교차하고, "그것을 축적하거나 과잉규정하는" 것이다. 왜냐하면 결정이 계산 가능성 및 지식의 지평을 넘어서는 것이어야 한다면, 결정은 항상 어떤 사건을 만드는 것, 그 자체가 사건이어야 하는 것이기 때문이다. 그리고 결정이 지닌 이러한 사건성이 강조된다면, 위에서 언급했던 결정의 아포리아는 더 첨예하게 제기된다. 그것은 늘 확정 불가능한 '아마도'peut-être, perhaps의 양상을 띠게 된다.

주체와 관련해 보면, 사건은 늘 주체를 기습하는, 따라서 주체를 놀라게 만드는surprendre 어떤 것이다. 사건이 진정한 의미의 사건이라면 그것은 예상 가능하거나 계산할 수 있는 어떤 것이어서는 안 되며, 주체를 기습하고 놀라게 하는 것이어야 한다. 이런 의미에서 주체는 사건에 대해 속수무책이고 수동적이고 취약할 수밖에 없으며, 그것에 늘 노출되고 또한 그것을 받아들일 수밖에 없다고 할 수 있다. 아무리 자율적이고 능동적인, 자유로운 주체라 하더라도 사건에 대해서는 자유롭지도 능동적이지도 자율적이지도 않다. 따라서 진정한 의미의 사건은, 주체를 **변용하는**affecter 것이다. 사건은 주체를 기습하여 주체를 놀라게 하고 주체를 다른 것으로 변용시킨다. 사건 이전과 이후 주체는 동일한 주체로, 동일한 어떤 것으로 남아 있을 수 없는 것이다.

그런데 슈미트가 적과 동지의 구별을 정치적인 것의 규준으로 삼고, 특히 예외 상태에서 결정을 내리는 것을 가장 탁월한 정치적 주체인 주권자의 본질로 정의할 때, 그는 주권자가 사건에 대해 수동적이거나 취약한 것이 아니라 또한 그것에 노출되어 있는 것이 아니라 그것에 대한 "주도권을 장악하고 보존한다"고 믿고 있는 것이다. 하지만 만약 그렇다면 그것은 사건이 아닐 것이며, 주체가 여전히 주도권을 장악하고 보존할 수 있다면, 주체는 늘 바로 그것으로 존재하게 될 것이다. 하지만 데리다가 첫머리에 언급하듯이 1920~30년대에 쓰인 『정치적인 것의 개념』이나 『정치신학』, 그리고 다른 저작들 역시, 또한 제2차 세계대전 이후의 저술들까지도 슈미트의 중요한 의도를 담고 있는데, 그것은 20세기에 "고유한 의미의 적의 상실"이, 따라서 "정치적인 것의 상실"이 일어나고 있으며, 이를 막거나 여기에 맞서야 한다는 점이다.

그러나 주권자가 사건에 대해 주도권을 장악하고 그것을 보존하고 있는데, 또한 예외 상태에서 적과 동지를 구별하고 결정을 내릴 수 있는데, 어떻게 적을 상실하는 일이, 따라서 정치적인 것의 본질이 소멸되는 사건이 일어날 수 있는가? 슈미트의 시도 자체가, 그리고 그의 시도의 실패 자체가 정치적인 것에 관한, 예외 상태, 주권에 관한 그의 논의가 본질적인 한계를 지니고 있음을, 그리고 그것은 그러한 논의에 깔려 있는 주체 개념의 한계로 인해, 따라서 결정 불가능성의 아포리아 및 사건의 아포리아에 대한 맹목에서 기인하고 있음을 보여 주는 것 아닌가? 더 구체적으로 말하면 이는 슈미트가 그 자신이 유럽 공법이라고 부르는 법질서 체계를 불변의 국제적인 규범으로 간주할 뿐만 아니라, 그러한 질서에서 주요한 행위자로 존재하는 국민국가들을 보편적인 정치적 공동체로 전제한다는 것을 말해 준다. 그것의 기원에 관한 물음도 또한 종말에 관한 물음도 슈미트의 법학이나 정치신학에서는 제기되지 않는다.[43] 하지만 그 물음을 제기하지 않는다고 해서 기원이나 종말 또는 역사적 변화, 곧 주체를 놀라게 하고 주체에게 기습적으로 일어나는 사건이 존재하지 않는 것은 아니다. 슈미트 자신의 개인적·역사적 우여곡절이 그것의 탁월한 표본이 아닌가? 데리다가 계산을 넘어서야 할 필연성을 강조하면서 동시에 계산이나 규칙, 적법성을 무시해서는 안 된다고 강조하는 것, 정의로운 결정은 이 두 가지 필연성을 모두 긍정해야 한다고 주장하는 것은 바로 이러한 도착의 위험이 모든 결정에 도사리고 있기 때문이다.

2) 폭력의 불가피성, 하지만 권력을 넘어 약한 메시아적 힘을 향해

다른 한편 데리다가 슈미트와 더불어 투쟁, 갈등, 힘, 폭력이 정치의 고유한 요소를 이루고 있는 점에 찬동하리라는 것은 그의 다른 여러 텍스트들을 통해 짐작해 볼 수 있다. 가령 『법의 힘』을 생각해 보면, 데리다가 **"법으로서의 정의** 개념 자체에, **법**이 되는 것으로서의 정의, 법으로서의 법 개념 자체에 본질적으로 함축되어 있는 힘"[44]에 관해 말할 때, 힘은 법, 법적인 정의, 따라서 정치의 고유한 요소라는 것을 긍정하는 것을 볼 수 있다. 이는 단순히 법이라는 것이 법 외부에 있는 어떤 힘이나 세력(가령 마르크스주의

---

43 이런 점에서 보면 이러한 기원에 관한 물음이 『대지의 노모스』에서 체계적으로 제기되는 것은 우연이 아니다. Carl Schmitt, *Der Nomos der Erde im Völkerrecht des Jus Publicum Europaeum* (1950), Berlin: Duncker & Humbolt, 1974(『대지의 노모스: 유럽 공법의 국제법』, 최재훈 옮김, 민음사, 1995).

44 자크 데리다, 『법의 힘』, 15쪽.

적 의미의 계급) 또는 폭력의 도구라는 것만을 의미하지 않으며, 더 나아가 **법 자체**가 힘이자 세력 또는 폭력이라는 것을 뜻한다.[45] 이런 측면에서 보면 이 책의 제목의 더 정확한 번역은 **법이라는 힘** force de loi이라고 할 수 있다. 따라서 데리다가 "부당한 것으로 간주하는 폭력"과 "적법한 것으로 판단될 수 있는 힘"[46]을 어떻게 구별할 수 있는지를 질문할 때, 이는 단순히 수사학적인 질문만은 아니다. 그것은 실로 법에 고유한 적법한 힘과 부당한 폭력 사이의 구별이 개념적으로, 역사적으로 매우 어렵다는 것을 함축하는 질문이다. 실로 해당 대목에서 데리다는 매우 미묘한 논변을 전개하고 있다.[47]

또 다른 텍스트에서도 데리다의 관점을 엿볼 수 있다. 데리다는 『우편엽서』에 수록된 유명한 논문 「프로이트에 대해 사변하기/프로이트에 편승하기」[48]에서 프로이트가 『쾌락원칙을 넘어서』에

---

45 이 점에서 데리다는 알튀세르나 푸코와 구별된다. 알튀세르가 법 자체가 지닌 힘 내지 강제성을 환기하면서도 그 힘의 수행성에 주목하는 대신 그것을 계급 지배의 도구로 환원한다면[Louis Althusser, *Sur la reproduction*, Paris: PUF, 1995(『재생산에 대하여』, 김웅권 옮김, 동문선, 2007) 중 4장 참조], 푸코는 법을 전근대적인 주권 권력의 핵심으로 파악할 뿐, 그것에 대해 근대 권력의 장 속에 고유한 위상 내지 기능을 부여하지 않는다. 이 점에 관해서는 진태원, 『을의 민주주의 : 새로운 혁명을 위하여』, 그린비, 2017 중 7장 참조.

46 자크 데리다, 『법의 힘』, 16~17쪽.

47 더 자세한 논의는 진태원, 「폭력의 쉬볼렛 : 벤야민, 데리다, 발리바르」, 『세계의 문학』 135호, 2010년 가을호 참조.

48 Jacques Derrida, "Spéculer — sur Freud", in *La Carte postale*, Paris: Flammarion, 1980. 이 논문의 제목은, 데리다의 다른 많은 글이나 제목과 마찬가지로 너무 다의적이어

서 제기한 '죽음 충동'Todestrieb, pulsion de mort에 관해 엄밀하게 살펴본 바 있으며, 약 20년 뒤에는 다시 한번 이 문제로 돌아가 '죽음 충동'과 결부되어 있는 'Bemächtigungstrieb', 곧 "권력 충동 내지 주권적 장악의 충동"pulsion de pouvoir ou maîtrise souveraine의 문제를 제기한다.[49]

하지만 데리다가 이처럼 갈등과 투쟁, 힘과 폭력, 권력 등의 불가피성을 긍정한다고 해서 그가 칼 슈미트처럼 실존적 현실주의에 머무르는 것은 아니다. 앞에서 본 것처럼 슈미트는 적과 동지의 구별을 규준으로 삼는 "정치적 대립은 가장 강도 높고 극단적인 대립"이라고 주장하며, "적, 동지, 그리고 투쟁이라는 개념들은 …… 물리적 살해의 현실적 가능성과 …… 관련된다는 점에서 현실적 의미를 가진다"[50]고 말한 바 있다. 그렇다면 정치적인 것은 결국 전쟁으로 귀착된다고 생각할 수도 있지만, 슈미트는 "전쟁이란 적대 관계의 가장 극단적인 실현에 불과하다"고 말하면서 자신의 의도는 "정치적인 실존이 유혈 투쟁에 불과하"다거나 정치적인 것의 정의가 "호전적이거나 군국주의적인 것"[51]을 본질적으로 포함한다고 말하려는 것은 아니라고 지적한다.[52] 곧 그의 논

서 한두 가지 표현으로 충분히 의미를 살리기 어렵다.

49 Jacques Derrida, *États d'âme de la psychanalyse*, Paris: Galilée, 2000, p. 14. 이 책의 제목 역시 거의 번역이 불가능한 것이다.

50 Carl Schmitt, *Der Begriff des Politischen*, p. 20; 45~46쪽.

51 같은 책, p. 20; 46쪽.

52 슈미트가 정치적인 것의 본질을 '전쟁'으로 환원한다는 비판에 대한 반비판으로

점은 사람을 살해하는 것, 특히 집단적으로 살해하는 것은 "어떠한 합리적 목적, 얼마나 정당한 규범, 또 얼마나 이상적인 강령, 얼마나 아름다운 사회적 이상, 어떠한 정당성이나 합법성"도 정당화할 수 없는 것이지만, 정치적인 것이란 "존재적 의미에서 현실적으로 적이 존재"한다는 전제 위에서 성립하는 것이며, 이때에는 "타인을 살해하고 자신도 죽을 각오"를 할 수밖에 없다는 것이다. 요컨대 "전쟁 …… 그것은 규범적 의미가 아니라 실존적 existenziellen 의미에 불과한 것"[53]이다.

하지만 데리다는 슈미트의 이러한 주장의 근저에는 목적론이 개입되어 있다고 주장한다. 우리가 살펴본 것처럼 슈미트는 "정치적인 것의 현상은 오직 적과 동지의 편 가르기의 현실적 가능성 reale Möglichkeit과 관련을 가짐으로써만 파악되거나 포착될 수 있다"고 주장하고 있으며, "물리적 살해의 현실적 가능성"과 같이 여러 군데에서 되풀이해서 '현실적 가능성'이라는 말을 사용하고 있다. 여기에 대해 데리다는 다음과 같은 질문을 던진다.

어떻게 이러한 '현실적 가능성'이 현존화되거나 현실화되는가, 가능태로서 아니면 현실태로서? 어떻게 이러한 현실이 때로는 현존으로, 때로는 가능태 자체를 표시하는가? 전쟁에서. 아무튼 극단

는 특히 에른스트 볼프강 뵈켄회르데, 「카를 슈미트 국법학 저작의 열쇠로서의 정치적인 것의 개념」, 헬무트 크바리치 엮음, 『반대물의 복합체 : 20세기 법학과 정신과학에서 카를 슈미트의 위상』, 김효전 옮김, 산지니, 2014 참조.

53 Carl Schmitt, *Der Begriff des Politischen*, p. 36; 66쪽.

으로서의 전쟁, 예외 상태의 극단적 한계로서, '극단적 사건성'으로서의 전쟁에서. …… 이러한 현실적이거나 가능적인 현존은 사실이나 사례의 현존이 아니라, 목적의 현존이다. 정치적 목적, 이런저런 정치적 목표 또는 이런저런 정치의 목표가 아니라, 정치적인 것의 텔로스(목적)의 현존이다.[54]

요컨대 슈미트 자신은 전쟁은 정치적인 것의 "목적"이 아니라 "전제" 또는 "그것의 극단적인 실현"에 불과하다고 말하고 있지만, 전쟁과 정치적인 것 사이에 거리를 두려는 슈미트의 시도는, 그것에 본래적인 목적론으로 인해 실패하고 마는 것이다.

데리다는 20세기 자유민주주의의 규범적 질서의 한계를 드러내 주는 이러한 갈등과 투쟁, 폭력과 권력의 범람에 직면하여 그 너머가 어떻게 가능한지 사유하는 것을 자신의 과제로 제기하고 있다.

나의 질문은 오히려, 그리고 뒤에서 더 논의하겠지만, 사유에 대하여, 도래할 정신분석적 사유에 대하여 (이렇게 말할 수 있다면) 또 다른 너머un autre au-delà가 존재하는가, 잔혹성이 고지되는 곳이면 어디에서든 실행되는 것으로 보이는 쾌락 원리와 현실원리, 그리고 죽음 충동 내지 주권적 장악의 충동, 그리고 다른 것들과 같은 이러한 **가능태들** 너머에 있는 어떤 너머가 존재하는가 하는 것이

---

54 Jacques Derrida, *Politiques de l'amitié*, p. 155.

다. 다르게 말하면, 전혀 다르게 말하면, 이 외관상 불가능한 것, 하지만 다르게 불가능한 것을 사유하는 것이 가능한가? 곧, 죽음 충동 내지 주권적 장악의 충동의 너머, 따라서 잔혹성 너머, 충동들과도 원리들과도 아무런 관계가 없을 어떤 너머를 사유하는 것이 가능한가?[55]

정신분석과 죽음 충동, 따라서 잔혹과 주권을 가능성과 불가능성 또는 불-가능한 가능성의 관점에서 살펴보는 일은 또 다른 심층적 논의의 대상이 되어야 마땅할 것이다. 간단히 논점만 언급해 둔다면, 데리다는 책의 마지막 부분에서 이 너머를 "불가능한 무조건적인 것l'inconditionnel impossible의 다수의 형상들"[56]에 입각하여 사유할 것을 제안한다. 그러한 형상들에는 "환대, 선물, 용서, 그리고 무엇보다도 예견 불가능성, '아마도', 사건의 '그리고 만약', 도래, 타자 일반의 도래, 타자의 도착함"[57]이 있다. 또한 『법의 힘』에서 데리다가 말한 '정의', 그리고 『마르크스의 유령들』에서 제시한 바 있는 '메시아주의 없는 메시아적인 것'도 데리다가 언급한 '불가능한 무조건적인 것의 형상들'에 포함될 것이다.

---

55 Jacques Derrida, *États d'âme de la psychanalyse*, p. 14.
56 같은 책, p. 83.
57 같은 곳.

3) 주권과 자기 면역

데리다는 『불량배들』에서 민주주의가 **자기의 권력, 자기의 힘**에 기반해 있다고 말한다. 이때의 '자기'는 그리스어로는 'autos', 라틴어로는 'ipse'에 해당하는 것으로, 데리다는 민주주의의 핵심적인 원리 내지 가치를 이루는 자유, 평등, 인민 등과 같은 개념들이 모두 이러한 의미의 '자기', 또는 '자기성'ipséité의 성립 가능성을 전제한다고 말한다.

> 나는 '자기성'이라는 말을, 모종의 '나는 할 수 있다'je peux로, 또는 적어도, 모임 내지 회합/의회assemblée, 함께-있음, (또는 흔히 말하듯) '함께 살아가기'의 동시성 속에서 자신을 재전유하면서 **자신에게** 자신의 법, 자신의 법의 힘, 자신의 자기 표상/자기 대표représentation de soi, 주권적 모임rassemblement을 **선사하는** 힘/권력으로 이해하겠다.[58]

그것은 민주주의에서 이루어지는 일체의 정치적 행위, 곧 선언하고 발언하고 투표하고 선택하고 결정하는, 또 때로는 저항하고 봉기하고 변혁하는 모든 행위는 다른 사람의 권위나 도움, 또는 강제나 제약 없이 자기 스스로, 자기 자신의 힘으로 이를 수행하는, 따라서 자기 자신으로서 성립하고 실존하고, 유지될 수 있는 어떤 '자기'의 가능성에 근거를 두고 있기 때문이다. 따라서 이러한 '자

---

[58] Jacques Derrida, *Voyous*, p. 30.

기'가 전제되지 않은, 그것이 성립할 수 있으며 작동할 수 있다고 가정하지 않는 민주주의는 정의상 불가능하다. 그리고 데리다는 이러한 자기의 권력이 주권이라는 개념에 집약되어 있다고 본다. "모는 국가 주권 이선에, 국민국가, 군주정의 주권 이전에, 또는 민주주의에서는 인민주권 이전에, 자기성은 적법한 주권 원칙, 어떤 권력이나 힘, 크라토스kratos, 크라티cratie가 지닌 인정되거나 신임이 부여된 지배권suprématie을 명명한다."[59] 그것은 주권이야말로 분할 불가능한 일자, 곧 '자기'의 상징이자, 지고한('sovereign'이라는 단어에는 이런 뜻이 담겨 있다) 힘, 자율적 결정의 심급을 나타내기 때문이다. 따라서 자기가 없이 민주주의가 성립 불가능하다면, 또한 주권 없이도 민주주의는 성립 불가능하다.

하지만 데리다가 주권을 마냥 긍정하는 것은 아니다. 데리다 사상의 논리에 익숙한 사람들이라면, 그것은 있을 수 없는 일이라는 점을 잘 알고 있을 것이다. 사실 데리다의 주권 개념은 그의 후기 사상의 핵심 개념 중 하나인 자기 면역autoimmunité 개념과 긴밀하게 결합되어 있다.[60] 1993년 저작인 『마르크스의 유령들』에 처음 등장했을 때 이 개념은 다음과 같은 의미를 지니고 있었다.

살아 있는 자아는 자기 면역적이지만, 그들[마르크스와 슈티르너 -인

---

59 같은 책, p. 31.

60 이 개념은 생물학이나 의학에서는 보통 '자가면역'이라고 번역되는데, 이 개념의 접두어 'auto-'는 어원적인 의미에서만이 아니라 철학에서도 대개 '자기'라는 뜻을 담고 있기 때문에, 언어적 일관성을 위해 이 글에서는 '자기 면역'이라고 번역한다.

용자]은 이를 알려고 하지 않는다. 자신의 생명을 보호하기 위해, 자신을 살아 있는 유일한 자아로 구성하기 위해, 자기 자신을, 동일한 것으로서 자기 자신과 관련시키기 위해, 살아 있는 자아는 필연적으로 자기 내부로 타자를 영접하게 되며(기술 장치들의 차이差移, 되풀이 (불)가능성, 비유일성, 보철, 합성 이미지, 허상과 같은 죽음의 여러 가지 모습들. 그리고 이 모든 것은 언어와 함께, 언어 이전에 시작된다), 따라서 외관상으로는 비자아, 적, 대립자, 적수를 위해 존재하는 것처럼 보이는 면역적인 방어기제를, 자기 자신을 위해서 그리고 동시에 자기 자신에 맞서서 작동시켜야 한다.[61]

그리고 이 개념은 그 이후 『신앙과 지식』,[62] 『테러 시대의 철학』[63] 등에서 활용되었다가 『불량배들』에서는 특히 다음과 같이 재규정된다.

내가 자기 면역적인 것이라고 부르는 것은 단지 자기 자신에 대해 해를 끼치거나 약화하는 것, 심지어 자기 자신의 보호장치를 파괴

---

61 자크 데리다, 『마르크스의 유령들』, 275쪽.

62 Jacques Derrida, *Foi et savoir suivi de Le siècle et le pardon*, Paris: Seuil, 2000, p. 67; 『신앙과 지식/세기와 용서』, 최용호·신정아 옮김, 아카넷, 2016, 205~206쪽, 주 23.

63 Jacques Derrida, "Autoimmunity: Real and Symbolic Suicides: A Dialogue with Jacques Derrida", in Giovanna Borradori, *Philosophy in a Time of Terror: Dialogues with Jürgen Habermas and Jacques Derrida*, p. 107; 「데리다와의 대화: 자가-면역, 상징적이고 실재적인 자살」, 지오반나 보라도리, 『테러 시대의 철학: 하버마스, 데리다와의 대담』, 206쪽.

하는 것 …… 그리하여 자살에 이르거나 자살의 위협을 가하는 것
만으로 성립하지 않으며, 또한 좀 더 심각하게는 …… **나 또는 자
기, 에고 또는 자기autos, 자기성 자체를 손상시키는entamer 것, 자기의
면역성 자체를 손상시키는 것이다.** 단지 자기 자신을 손상시키는
것이 아니라, 자기를, 따라서 또한 자기성을 손상시키는 것이다.
단지 자살하는 것이 아니라, 자기 지시성/자기 준거성sui-référentialité
을, 자살의 자기soi를 위태롭게compromettre 만드는 것이다.[64]

원래 생물학 및 의학에서 유래한 이 개념은 원래의 맥락에서 본다
면 질병을 가리키며, 따라서 매우 부정적인 의미를 지니는 것이
다. 하지만 데리다에게 아포리아, 결정 불가능한 것 또는 차이差移
등이 일방적으로 부정적이거나 긍정적인 성격을 띨 수 없는 것처
럼 자기 면역의 경우도 마찬가지다. 데리다에게 자기 면역은 민주
주의의 원리 자체에 내재한 민주주의의 난점 또는 아포리아를 뜻
한다. 자기 면역이 가리키는 것은 첫째, 민주주의는 보편적인 평
등과 자유, 권리를 주장함에도 불구하고 자기 자신을 보호하고 유
지하기 위해 항상 인민들 가운데 일부를 배제할 수밖에 없다는 점
이다.[65] 둘째, 또한 민주주의는 자신을 보호한다는 명목으로 민주

---

64 Jacques Derrida, *Voyous*, p. 71. 강조는 인용자.
65 "공간 속에서 작동하기 때문에, 자기 면역적 위상학은 항상 민주주의를 다른 곳으로
보내도록/면직하도록/연기하도록renvoyer 명령한다. 민주주의로부터 민주주의
의 적들을 밖으로 보내고 밀어내고 배제함으로써 내부에서 민주주의를 보호한다는
구실 아래 민주주의를 밀어내거나 축출하고 배제한다. …… 자기 면역적 논리와 연

주의를 지연시킨다. "하지만 보냄은 또한 시간 속에서 작동하기 때문에, 자기 면역은 또한 민주주의의 선거와 도래avenement를 나중으로 **지연할**renvoyer 것을 명령한다. 이러한 이중의 랑부아renvoi (타자에게, 타자를 보내기, 지연하기)는 민주주의 **자체 속에** 기입된 자기 면역적 숙명성이다."[66] 이러한 배제와 지연의 필연성을 고려한다면, 민주주의적인 자기 면역은 부정적인 것이라고, 민주주의의 온전한 실현, 민주주의의 이상을 구현하는 데 방해가 되고 장애가 되는, 따라서 원칙적으로 제거하고 뿌리 뽑아야 할 질병이라고 할 수 있을지 모른다. 하지만 데리다는 **자기 면역에 바로 민주주의의 '기회'가 존재한다**고 말한다.

데리다가 민주주의는 자기의 권력에, 곧 주권에 기반을 두고 있다고 말할 때, 이는 민주주의는 본원적으로, 그 개념, 그 원리 자체 내에서 면역적인 성향을 띠고 있음을 함축한다. 곧, 민주주의는 자기 자신을 보호하기 위해 "비자아, 적, 대립자, 적수"를 몰

계된 결정 불가능성 때문에, 우리가 알고 있는 바와 같은 근대의 자유주의적인 의회 민주주의 …… 내에서 우리는 결코 이민자들, 특히 국민적 영토 안으로 들어와서 노동을 하고 있는 이민자들에게 투표권을 허가하거나 거부하는 것, 따라서 그들을 배제하는 것이 더 민주주의적인지 아닌지 입증할 수 없을 것이다. …… 이른바 다수자 투표가 비례 투표에 비해 더 민주주의적인지 덜 민주주의적인지도 입증할 수 없을 것이다. 두 가지 투표 형태는 민주주의적이면서도 동시에 배제를 통해, 보냄/면직/연기renvoi를 통해 자신의 민주주의적 성격을 보호한다"(Jacques Derrida, *Voyous*, p. 60). 『불량배들』에서 랑부아renvoi 또는 동사인 랑부아예renvoyer는 다의적으로 산종되어 있다. 그것은 '보내기', '반송하기'를 의미하지만, 또한 '지연'을 뜻하기도 하고, '해고' 내지 '면직'이라는 의미도 포함하고 있다.

66 Jacques Derrida, *Voyous*, pp. 60~61.

아내고, 민주주의의 **자기의 논리**, **자기의 권력**을 강화하려는 성향을 지니고 있다. 그런데 자기-면역은 바로 이러한 면역의 경향, 곧 자기의 논리, 자기의 권력을 고수하려는 경향이 불가능한 것이라는 점, 민주주의가 사기를 고수하고 이를 위혜 티자를 절대적으로 배제하고 몰아내려고 하면 할수록 민주주의는 자기 파괴, 자살에 이를 수 있다는 점을 가리킨다. 따라서 자기 면역은 민주주의의 구조 자체 속에 함축되어 있는 '자기'의 논리, 주권의 논리를 약화하고, 그 속에 이질성, 타자성의 여지를 마련해 주는 것이다.

하지만 이러한 타자성은 민주주의의 외부로부터 도래하는 것이 아니다. 그러한 타자성은 **민주주의의 또 다른 진리**로서, 항상 이미 민주주의 자체 내에 기입되어 있으며, 자기의 권력으로서의 민주주의와 양립 불가능하면서도 **또한** 분리될 수 없게 결부되어 있다.

나를 괴롭혀 온 것, 나를 의문에 빠뜨린 질문은 어떤 민주주의의 공리계를 구조화하는 것, 곧 전체, 원과 구의 자기 복귀, 따라서 일자의 자기성, 자율성의 자기, 대칭성, 동질성, 유사성, 닮은 것 또는 비슷한 것, 심지어 결국에는 신, 다시 말해 민주주의적인 것의 또 다른 진리, 타자, 이질적인 것, 타율적인 것, 비대칭적인 것, 산종적 다수성, 익명적인 '아무나', '누구나', 비규정적인 '각자'의 진리와 양립 불가능한 것으로, 심지어 충돌하는 것으로 남아 있는 것과 어떤 관련을 맺고 있으리라는 점을, 아마도 고백해 두어야 할 것 같다.[67]

---

67 같은 책, p. 35.

데리다에게 타자 또는 타자성, 이질성은 민주주의**의 외부**를 뜻하는 것이 아니라, "자기"의 논리와 마찬가지로, 민주주의의 진리, "민주주의의 또 다른 진리"를 가리킨다. 그리고 그 진리는 "익명적인 '아무나', '누구나', 비규정적인 '각자'"의 진리다. 이는 내가 다른 글에서 말한 것처럼 데모스의 이중적 측면, 곧 보편적이면서 독특한 데모스라는 측면과 관련되어 있다.[68] 데모스의 보편적 측면이 평등과 자유, 권리 등의 보편성을 뜻한다면, 데모스의 독특한 측면은 "정체성을 갖지 않을 권리"를 뜻한다. 곧, 데모스로서의 시민은 다른 시민들과 평등한 권리와 자유, 행복을 누릴 권리를 갖지만, 다른 한편으로 독특한 존재로서의 시민은 "아무런 공동체에도 속하지 않을 권리, **익명적인 누군가로 존재할 권리, 비밀을 지닌 존재자로 살아갈 권리**"[69]를 갖는다. 이것은 아마도 달리 말하면 **주권자가 아닐 권리**를 뜻할 것이다. 따라서 데모스는 주권자이면서 동시에 주권자가 아닌 존재자, 주권자로 존재하고 주권자로서의 권리를 누릴 자격과 능력을 갖추어야 하지만, 동시에 그 데모스는 주권자에 속하지 않을 권리, 주권자가 아닐 권리도 갖는 것이다.

이러한 데리다의 관점은 슈미트처럼 정치적인 것이라는 개념을 "적과 동지의 구별"이라는 "가장 강도 높은 극단적인 대립"에서 찾으려고 하는 입장에서 볼 때 자유주의의 또 다른 변종처럼

---

68 이 문제에 관한 더 상세한 논의는, 진태원, 『을의 민주주의』 5장 「부록」 참조.
69 같은 책, 216쪽. 강조는 원문.

비칠 수도 있을 것이다. 하지만 데리다의 입장에서 보면 슈미트의 '현실주의적' 또는 '실존적' 관점은 국민국가라는 단위(또는 그 국민국가들의 체계)를 정치의 본래적 단위로 전제하게 되며, 더욱이 국민적인 것을 주권으로 환원한다. 그리고 이때 주권적인 것은 다시 루소적인 인민주권과 달리 (또는 그것에 거슬러) **인격화된 주권자**의 형상으로 환원된다. 따라서 이는, 슈미트 자신이 원하든 원치 않든 간에 '인민' 또는 '국민'에 본질적인 갈등성과 이질성을 폭력적으로 억압하거나 환원하는 것을 전제할 수밖에 없다. 이러한 순환성에서 벗어나는 한 가지 길이 민주주의의 자기 면역 및 데모스의 이중성이라는 데리다의 관점이다. 내가 보기에는 데리다 주권 이론의 의미 중 하나는 여기에서 찾을 수 있다.

따라서 데리다가 (옳든 그르든 간에) 주권이라는 개념을 폐기했다고 할 수는 없을 것이다.[70] 더 나아가 주권이라는 것이 단지 잔

---

70 아감벤에게 이는 데리다가 실패한 메시아주의자라는 것을 보여 주는 분명한 징표 중 하나일 것이고(Giorgio Agamben, *Homo Sacer: Il potere sovrano e la nuda vita*, Torino: Einaudi, 1995; 『호모 사케르』, 박진우 옮김, 새물결, 2008), 반대로 자유주의적 이론가들에게는 다행스러운 일일 것이다. 데리다 주권 개념에 대한 자유주의적 해석으로는 Paul Patton, "Deconstruction and the Problem of Sovereignty", *Derrida Today*, vol. 10, no. 1, 2017 참조. 또한 약간 다른 맥락이기는 하지만 데리다 정치철학을 자유주의적(또는 네오 칸트주의적) 세계시민주의의 논리 속에서 (제한적으로) 수용하려는 시도로는 Seyla Benhabib, *The Rights of Others: Aliens, Citizens and Residents. The John Seeley Memorial Lectures*, Cambrdge: Cambridge University Press, 2004; 『타자의 권리 : 외국인, 거류민 그리고 시민』, 이상훈 옮김, 철학과 현실사, 2008 중 5장; *Another Cosmopolitanism*, Oxford: Oxford University Press, 2006 중 pp. 45~75를 각각 참조. 하지만 데리다가 보기에 여전히 형이상학, 특히 서양 형이상학의 논리에 빠져 있는 것은 바로 아감벤일 것이며(Derrida, *Séminaire. La bête et le souverain*, tome I, 여러

재라든가 불가피한 악 내지 차악이라는 의미에서만 명맥을 유지한다고 볼 수도 없다. 주권이 자기성을 함축하고 자기성이 모든 주체성의 조건이라면, 자기성으로서의 주권은 정치 일반, 더 나아가 민주주의 정치의 본질적인 조건이라고 할 수 있다. 하지만 이것이 자기성으로만 존재할 때, 자기성의 요소만을 보존하고 강화하려고 할 때, 그것은 면역 및 더 나아가 자기 면역에 빠질 수 있는 것이다.

4. 국민적인 것을 넘어서 : 국경의 민주화

데리다의 논리를 조금 더 현실적으로 구체화하는 의미에서 주권 개념의 정치적 함의의 하나로서 국민 또는 국민적인 것의 문제를 살펴보자. 국민, 국민국가 또는 국민주의의 문제는 그동안 아주 많은 논의의 대상이 되어 왔지만, 이상하게도 국민적인 것의 가장 중요한 제도라고 할 수 있는 **국경**frontière, border의 문제는 거의 주목을 끌지 못했다. 국경에 관해 일찍부터 주목하고 흥미로운 주장을 제시한 사람이 에티엔 발리바르인데,[71] 그는 국경을 민주

곳 참조), 그가 명시적으로 지적하지는 않지만, 자기 면역의 역설 내지 이율배반(이는 곧 정치 그 자체의 역설 내지 이율배반)을 중화하려는 자유주의적 시도는 이러한 역설을 거부함으로써 오히려 그 역설 속으로 깊이 빠져들 수밖에 없다. 이 점에 관해서는 Bonnie Honig, *Emergency Politics: Paradox, Law, Democracy*, 1장 참조.

71 에티엔 발리바르, 『우리, 유럽의 시민들?』; Etienne Balibar, *Europe, constituion, front-*

주의의 반反민주주의적 조건이라고 규정한 바 있다. "국경은 '정상적인' 법질서에 대한 통제와 보증이 **중지되는** 대표적인 장소(국경이야말로 진정으로 근대 법치국가에서 민주주의의 반민주주의적 조건을 이루고 있다), '폭력의 합법직 독짐'이 **예방적인 대항 폭력**의 형태를 띠는 장소다."[72] 슈미트와 아감벤은 예외 상태와 주권이라는 개념을 현대 정치철학의 중심 개념으로 부각한 바 있는데, 발리바르는 이들을 염두에 두면서도 이들과 다소 다르게 예외 상태의 대표적인 장소를 국경이라는 정치제도에서 찾는다. 그는 특히 적과 동지, 예외 상태에서의 결정을 본질로 지니는 슈미트 주권 개념의 실질적 핵심은 국경 개념에 있다고 주장한다.

> 슈미트에게 주권은 항상 국경 위에서 설립되고 무엇보다도 국경의 부과로 실행된다고 말할 수 있을 것이다. 이렇게 되면 결국 주권 이론과, 친구와 적의 관점에서 정치를 정의하는 것(또한 이런 정의의 연장으로서, 내부의 적의 범죄화. 이는 외부의 적, 정당한 적justus hostis에 대한 정당화와 맞짝을 이루고 있다) 사이의 연관성이 무엇인지 이해할 수 있게 된다. 국경은 '정상적인' 법질서에 대한 통제와 보증이 **중지되는** 대표적인 장소(국경이야말로 진정으로 근대 법치국가에서 민주주의의 반민주주의적 조건을 이루고 있다), '폭력의 합법적 독점'이 **예방적인 대항 폭력**의 형태를 띠는 장소다. 따라서 대지의 노모스는

---

ière, Gironde: Éditions du Passant, 2005를 각각 참조.
72 에티엔 발리바르, 『우리, 유럽의 시민들?』, 329쪽.

국경들의 질서 자체, 곧 국가적 합리성에 봉사하게 함으로써 폭력을 길들이는 것으로 간주되는 폭력이다.[73]

국경이 민주주의의 반민주주의적 조건이라는 것은 우선 국경이 정치 공동체, 특히 근대국가의 헤게모니적인 형태인 국민국가가 성립하고 존속하기 위한 본질적인 조건이라는 것을 의미한다. 국경의 설정을 통해 국민적 정체성이 물질적으로 실현될 수 있기 때문이다. 하지만 국경은 자신과 타자, 국민과 비국민을 구별하기 위한 본질적인 조건이며, 따라서 국민적 경계 바깥으로 외국인들을 배척하고 더 나아가 국민 성원들 중 일부를 이방인들(또는 외국인들의 첩자 내지 내통자. 우리나라의 경우는 '빨갱이', '종북', '친일파' 등)로 표상하여 억압하고 배제하기 위한 제도다. 이런 의미에서 국경은 탁월한 배제의 제도라고 할 수 있다.

세계화의 진전에 따라 본격화된 국민국가의 위기는 국경의 약화를 낳지만, 다른 한편으로는 이를 **상상적으로 강화**하기도 한다. 초국적 자본의 힘에 의해 국민국가의 경제 및 사회질서가 좌우되고 미국을 비롯한 초강대국의 군사적·정치적 힘에 약소 국민국가들의 안보가 좌우되는 상황에서 대중들은 **심각한 정체성 위협**을 느끼며, 이런 공포 내지 외상을 상상적으로 해결할 수단을 찾는다. 이 때문에 극우 정당들이 조장하는 극단적 국민주의가 쉽게 먹혀 들게 되며, 특히 사회의 가장 아래쪽에 위치한 개인들 및 집

---

[73] 같은 책, 329쪽.

단들에게 더욱더 쉽게 수용된다. 이들은 사회권 축소(곧 실업수당 삭감, 복지 예산 축소 등과 같은)의 직접적인 피해자이며, 이런 피해의 원인이 이주 노동자를 비롯한 외국인들에 있다고 간주하기 때문이다. 전반적인 포퓰리즘의 확산 속에서 이런 대중적인 국민주의 및 인종주의는 국가정책이 점점 더 제도적 인종주의를 구현하는 방향으로 나아가게 만든다. 이것은 다시 국민과 외국인의 차별 및 배제 경향을 강화하며, 유럽적인 수준에서(또는 더 나아가 지구 전체의 수준에서) 아파르트헤이트의 경계를 구축하는 결과를 낳는다.

더 나아가 발리바르는 오늘날 국경은 더 이상 국가의 지리적 한계, 곧 한 국가와 다른 국가가 지리적으로 맞닿은 지점에만 놓여 있는 것이 아니라, **각각의 국민국가의 중심으로 이동하는 경향**이 있다고 지적한다. 이는 일차적으로 경제 영역과 문화 영역에서 사적인 관계들 및 사회적 관계들이 점점 더 관貫-국민적trans-national이고 관-국경적인trans-border 차원에서 전개되는 반면, 대부분의 공적 제도는 여전히 국민국가의 틀을 유지하는 데서 생겨나는 결과다. 이에 따라 세계화된 거대 도시들의 근교에서 다양한 인종들 간의 민족적인 경계들이 재생산되는 현상이 나타난다. 또한 아감벤이 특히 주목했던 것처럼 주요 국제공항에서 볼 수 있는 구류지대 및 검색 체계가 탁월한 예외 상태, 곧 개인의 자유를 비롯한 권리들이 정지되는 장소가 되는 현상도 생겨난다.

이런 경향에 어떻게 대응할 수 있을까? 발리바르의 답변은 크게 두 가지로 나뉜다. 하나는 장기적인 제도적 창조의 과제로, 인민과 주권, 시민권과 공동체 사이의 관계를 근원적으로 개조하는 것이다. 그것은 국경이 영토와 인구, 주권 사이의 관계가 물질적·

제도적으로 집약되어 있는 상징적 장소이며, 따라서 세계화가 강화하고 있는 국경의 모순과 갈등을 근본적으로 해결하기 위해서는 국민국가의 틀에 대한 변혁이 필요하기 때문이다. 하지만 이것은 고대 도시국가에서 제국으로, 또한 제국에서 국민국가로 이행하는 과정과 비견될 만한 것이기 때문에 장기적이고 갈등적인 과정이 될 수밖에 없다. 발리바르가 그 제도적 창안의 실마리 중 하나로 제시하는 것은 소속의 시민권을 거주의 시민권 내지 '이산적 시민권'diasporic citizenship으로 대체하는 것이다. 전자가 혈통이나 언어, 문화, 국적 등과 같은 공통적인 기원과 소속을 중심으로 시민권을 사고하고 제도화하는 방식이라면, 후자는 출신의 차별 없이 외국인들에게도 정치체에 대한 권리를 부여하는 것이다.

다른 하나의 대응 방안은 '국경의 민주화'에서 찾을 수 있다. 발리바르는 특히 국경의 강화 경향에 맞서기 위한 정치의 방향을 여기에서 찾고 있다. 이것은 국경의 무조건적인 철폐라는 무정부주의적 주장(이것의 다른 표현은 이른바 '유목주의'다)과 분명하게 구별되어야 하는 테제다. 국경의 무조건적인 철폐는 오히려 "경제적 세력들의 야만적인 경쟁에 좌우되는 '만인에 대한 만인의 전쟁'"[74]을 불러올 수 있다. 이런 섣부른 해법 대신 발리바르는 "국경에 대한 표상을 탈신성화하고 국가와 행정 기관이 개인들에 대하여 국경을 활용하는 방식을 쌍무적인 통제의 대상으로 만드는"것을 핵심으로 하는 국경의 민주화를 가능한 현실적인 해법으로 제시한

---

74 같은 책, 230쪽.

다. 내가 생각하기에 국경의 민주화라는 발상은, 데리다가 말하는 환대의 법칙, 곧 무조건적 환대와 조건적 환대 사이의 아포리아적인 협상의 논리와도 부합하는 발상이다.

국경의 민주화와 관련해 좀 더 구체적으로 문화의 문제를 생각해 볼 수 있다. 알다시피 우리 사회에서 '다문화주의'multiculturalism라는 용어는 이제 상당히 보편화된 용어이며, 동시에 그 자체가 매우 차별적이고 내적 배제의 의미를 함축하는 용어로 작용하고 있다. 한편으로 보면 대외적으로 개방되어 있는, 곧 세계화의 과정속에 참여하고 있는 모든 사회는 정의상 다-문화적인 사회라고 할수 있다. 우리 사회도 지난 20여 년 사이에 더 이상 외국인들이 낯선 존재자들이 아닌 사회가 되었다. 그런데 이런 상황에서 '다문화주의'라는 것이 차별과 배제의 기표로 작용한다면, 이는 두 가지이유 때문이라고 할 수 있다.[75] 첫째, 다문화주의는 한편으로 문화에 대해 매우 **정태적인** 관념을 함축하고 있다. 곧, 문화라는 것은어떤 집단의 고유한 생활양식이자 관습, 사고방식이자 행태이며, 따라서 정의상 변화하지 않는 것이라고 간주한다. 한국의 문화는한국인들(한국 '민족')의 고유한 생활양식과 관습, 사고방식, 행태를 표현하는 것이며, 중국 문화는 중국인들, 일본 문화는 일본인들, 미국 문화는 미국인들, 프랑스 문화는 프랑스인들 등과 같이문화 자체의 불변성을 가정하고 있다. 둘째, 따라서 이는 어떤 문

---

75 Etienne Balibar, "Europe: Provincial, Common, Universal", *Annali di scienze religiose, Turnhout*, no. 10, 2017 참조.

화의 **내적** 다양성 내지 혼종성hybridity을 처음부터 배제하고 있다. 마치 한국 문화라는 것은 단군 이래 수천 년 동안 불변적인 정체성 내지 동일성을 지니고 있는 것처럼, 따라서 김치는 단군 이래 한국인들이 계속 섭취해 온 음식인 것처럼, 제사의 관습은 적어도 조선 시대 이래 아무런 변화 없이 계속되어 온 것처럼, 한국어는 처음부터 오늘날의 한국어로 존재해 온 것처럼 간주하는 것이다. 중국이나 일본, 미국이나 프랑스도 마찬가지다. 하지만 알다시피 오늘날 우리가 섭취하는 김치는 역사가 그리 오래되지 않은 것이며, 오늘날 통용되는 여러 제사의 관습도 일제강점기 또는 해방 이후에 형성된 기형적인 혼종이다. 중국의 문화적 정체성이라는 것 역시 매우 혼종적일뿐더러 최근의 것이라고 할 수 있다.

이런 두 가지 전제에 입각해 보면, 다문화주의란 불변적이고 단일한 한국의 문화, 한국의 정체성이라는 것을 전제하고, 이러한 기본적인(정당하면서 보편적인) 문화의 바탕 위에, 오늘날의 조건에 맞춰 이러한 문화를 보존하고 강화하기 위한 행정적·치안적 수단이 되고 있음을 짐작할 수 있다. 따라서 다문화주의는 사실 국민주의의 한 변형이자 그 방편인 셈이다. 이런 조건에서 다문화주의가 한국 문화에 이질적인 것들을 위계적으로 포섭하거나 차별적으로 배제하는 수단으로 작용하는 것은 놀라운 일이 아니다.

따라서 우리가 국민적인 것의 논리 및 그것이 수반하는 폭력을 넘어서고 싶다면, 문화 자체에 대한 새로운 상상과 실천, 제도화가 필요하다. 그것을 '상호 문화'interculturalism라고 할 수도 있겠고, 아니면 '다중 문화'poly-culturalism라고 할 수도 있겠지만, 중요한 것은 기존의 다문화주의가 기반한 두 가지 전제를 깨뜨리는 것이다.

가령 한국어가 한국 사회의 유일한 보편적 언어로 기능한다면, 상호 문화나 다중 문화의 여지는 불가능할 것이다. 따라서 한편으로 한국어를 습득하고 한국어를 잘 사용할 수 있는 기반을 확장하는 것도 중요하지만, 다른 한편으로 한국어 이외에 다른 언어들이 또 다른 공용어로 사용될 수 있게 만드는 노력도 중요할 것이다.[76] 더 나아가 국적과 상관없이 더 많은 시민 대중들이 공론장에 접근할 수 있는 통로를 열어 놓는 것도 매우 중요한 일이다. 지금 텔레비전에서는 외국인들이 출연하는 여러 프로그램들이 제작되고 방영되고 있지만, 이것은 매우 제한적일뿐더러 예능적인 성격에 한정되어 있다. '특별한 외국인'이 아닌 이들은 우리 사회에 존재하고 있지만 사실은 부재하는 유령과 같은 삶을 살아가고 있다. 이들이 스스로를 표현하고 재현/대표할represent 수 있는 통로를 만드는 것이 중요한 문제다.

이것은 한편으로 국민적인 것의 경계에 갇혀 있는 시민성을 좀 더 보편화할 수 있는 계기를 마련해 줄 뿐만 아니라, 다른 한편으로는 국민적인 것의 논리가 전제하는 획일적 정체성의 논리에서 벗어나 국민적인 것을 내적으로 더 다양하고 혼종적인 것으로, 따라서 관-국민적이고, 관-국경적인 것으로 전화할 수 있다. 이런 의미에서 이는 데리다가 말하는 주권의 자기 면역, 데모스의 이중성에 대한 실천적 번역의 한 사례가 될 수 있다.

---

76 이 점에 관해서는 Jacques Derrida, *Le monolinguisme de l'autre ou la prothèse de l'origine*, Paris: Galilée, 1996 참조.

참고문헌

나종석, 「정치적인 것의 본질과 칼 슈미트의 자유주의 비판」, 『헤겔연구』 25권, 2009.

베노 테슈케, 「결정과 비결정 : 칼 슈미트의 지적·정치적 수용」, 『뉴레프트리뷰』 4호, 도서출판 길, 2012.

_____, 「지정학의 물신 : 고팔 발라크리시난에 대한 답변」, 『뉴레프트리뷰』 4호, 도서출판 길, 2012.

에른스트 볼프강 뵈켄회르데, 「카를 슈미트 국법학 저작의 열쇠로서의 정치적인 것의 개념」, 헬무트 크바리치 엮음, 『반대물의 복합체 : 20세기 법학과 정신과학에서 카를 슈미트의 위상』, 김효전 옮김, 산지니, 2014.

이성원, 「해체의 철학과 문학비평」, 이성원 엮음, 『데리다 읽기』, 문학과지성사, 1997.

주재형, 「데리다 : 혁명의 탈-구축」, 『마르크스주의 연구』 15권 2호, 2018.

진태원, 「폭력의 쉬볼렛 : 벤야민, 데리다, 발리바르」, 『세계의 문학』 135호, 2010년 가을호.

_____, 『을의 민주주의 : 새로운 혁명을 위하여』, 그린비, 2017.

_____, 「유사초월론 : 데리다와 이성의 탈구축」, 서강대학교 철학연구소 편, 『철학논집』 53집, 2018.

Agamben, Giorgio, *Homo Sacer: Il potere sovrano e la nuda vita*, Torino: Einaudi, 1005 (『호모 사케르』, 박진우 옮김, 새물결, 2008).

Althusser, Louis, *Sur la reproduction*, Paris: PUF, 1995 (『재생산에 대하여』, 김웅권 옮김, 동문선, 2007).

Arditi, Benjamin, "Tracing the Political", *Angelaki: Journal of the Theoretical Humanities*, vol. 1, no. 3, 1996.

_____, "On the Political: Schmitt contra Schmitt", *Telos*, no. 142, 2008.

Balibar, Etienne, *Nous, citoyens d'Europe?*, Paris: Éditions La Découverte, 2001 (『우리, 유럽의 시민들? 세계화와 민주주의의 재발명』, 진태원 옮김, 후마니타스, 2010).

_____, *Europe, constituion, frontière*, Gironde: Éditions du Passant, 2005.

_____, "Europe: Provincial, Common, Universal", *Annali di scienze religiose, Turnhout*, no. 10, 2017.

Benhabib, Seyla, *The Rights of Others: Aliens, Citizens and* Residents. *The John Seeley Memorial Lectures*, Cambrdge: Cambridge University Press, 2004 (『타자의 권리 : 외국인,

거류민 그리고 시민』, 이상훈 옮김, 철학과 현실사, 2008).

_____, *Another Cosmopolitanism*, Oxford: Oxford University Press, 2006.

Derrida, Jacques, *L'écriture et la différence*, Paris: Seuil, 1967 (『글쓰기와 차이』, 남수인 옮김, 동문선, 2001).

_____, "Spéculer — sur Freud", in *La Carte postale*, Paris: Flammarion, 1980.

_____, *Spectres de Marx*, Paris: Galilée, 1993 [『마르크스의 유령들』, 진태원 옮김, 그린비, 2014(수정2판)].

_____, *Force de loi*, Paris: Galilée, 1994a (『법의 힘』, 진태원 옮김, 문학과지성사, 2004).

_____, *Politiques de l'amitié*, Paris: Galilée, 1994b.

_____, *Le monolinguisme de l'autre ou la prothèse de l'origine*, Paris: Galilée, 1996.

_____, *Foi et savoir suivi de Le siècle et le pardon*, Paris: Seuil, 2000a (『신앙과 지식/세기와 용서』, 최용호·신정아 옮김, 아카넷, 2016).

_____, *États d'âme de la psychanalyse*, Paris: Galilée, 2000b.

_____, "Autoimmunity: Real and Symbolic Suicides — A Dialogue with Jacques Derrida", in Giovanna Borradori, *Philosophy in a Time of Terror: Dialogues with Jürgen Habermas and Jacques Derrida*, Chicago: The University of Chicago Press, 2003a (「데리다와의 대화 : 자가-면역, 상징적이고 실재적인 자살」, 지오반나 보라도리, 『테러 시대의 철학 : 하버마스, 데리다와의 대담』, 손철성 외 옮김, 문학과지성사, 2004).

_____, *Voyous*, Paris: Galilée, 2003b.

_____, *Sovereignties in Question: The Poetics of Paul Celan*, ed. Thomas Dutoit, New York: Fordham University Press, 2005.

_____, *Séminaire. La bête et le souverain*, tome I(2001~2002), Paris: Galilée, 2008.

_____, *Séminaire. La bête et le souverain*, tome II(2002~2003), Paris: Galilée, 2009.

_____, & Dufourmantelle, Anne, *De l'hospitalité*, Paris: Calmann-Lévy, 1997 (『환대에 대하여』, 남수인 옮김, 동문선, 2004).

de Ville, Jacques, "The Foreign Body Within the Body Politic: Derrida, Schmitt and the Concept of the Political", *Law and Critique*, vol. 26, no. 1, 2015.

Dusenbury, David Lloyd, "Carl Schmitt on Hostis and Inimicus: A Veneer for Bloody-Mindedness", *Ratio Juris*, vol. 28, no. 3, 2015.

Fritsch, Matthias, "Antagonism and Democratic Citizenship(Schmitt, Mouffe, Derrida)", *Research in Phenomenology*, vol. 38, 2008.

Honig, Bonnie, *Emergency Politics: Paradox, Law, Democracy*, Princeton: Princeton University Press, 2009.

Huysmans, Jef, "The Jargon of Exception: On Schmitt, Agamben and the Absence of Political

Society", *International Political Sociology*, no. 2, 2008.

Marchart, Oliver, *Post-Foundational Political Thought*, Edinburgh: Edinburgh University Press Ltd, 2007.

Meier, Heinrich, *Carl Schmitt, Leo Strauss und "Der Begriff des Politischen"* (1988), Stuttgart: J.B. Metzler, 2013.

Moyn, Samuel, "Concepts of the Political in Twentieth Century European Thought", in Jens Meierhenrich & Oliver Simons eds., *The Oxford Handbook of Carl Schmitt*, Oxford: Oxford University Press, 2016.

Norton, Anne, "Pentecost: Democratic Sovereignty in Carl Schmitt", *Constellations*, vol. 18, no. 3, 2011.

Patton, Paul, "Deconstruction and the Problem of Sovereignty", *Derrida Today*, vol. 10, no. 1, 2017.

Scheuerman, William E., *Carl Schmitt: The End of Law*, Lanham, Maryland: Rowman & Littlefield, 1999.

Schmitt, Carl, *Theorie des Partisanen*, Berlin: Duncker & Humbolt, 1963 (『파르티잔: 그 존재와 의미』, 김효전 옮김, 문학과지성사, 1998).

_____, *Der Nomos der Erde im Völkerrecht des Jus Publicum Europaeum* (1950), Berlin: Duncker & Humbolt, 1974 (『대지의 노모스: 유럽 공법의 국제법』, 최재훈 옮김, 민음사, 1995).

_____, *Der Begriff des Politischen* (1932), Berlin: Duncker & Humbolt, 1979 (『정치적인 것의 개념』, 김효전·정태호 옮김, 살림, 2012).

_____, *Politische Theologie* (1923), Berlin: Duncker & Humbolt, 2004 (『정치신학』, 김항 옮김, 서울: 그린비, 2010).

Strauss, Leo, "Anmerkungen zu Carl Schmitt, Der Begriff des Politischen", *Archiv für Sozialwissenschaft und Sozial Politik*, vol. 67, no. 6, August-September, 1932 (「카를 슈미트『정치적인 것의 개념』에 대한 주해」, 카를 슈미트, 『정치적인 것의 개념』 수록).

하이데거 『존재와 시간』은
윤리학인가? :
아리스토텔레스
『니코마코스 윤리학』과
비교를 통해

1. 하이데거에서 윤리학의 가능성

『존재와 시간』을 출판한 직후, 한 젊은이가 하이데거에게 이렇게 물었다. "선생님, 윤리학은 언제 쓰실 겁니까?"[1] 그러나 하이데거가 그 청년에게 무엇이라고 답했는지는 알 수가 없다. 대신에 그는 「휴머니즘 서간」에서 스스로 다음과 같은 문제를 제기한다. "인간다움이 존재 사유에 대해 그렇게 본질적이라고 할 때, 그렇다면 '존재론'은 '윤리학'으로 보완되어야 하는 것은 아닌가?"[2] 하이데거에 따르면, 인간이란 존재론적 차원에서 존재 물음에 봉사하며 자신의 본질을 '찾는' 존재다. 하지만 일상적 삶을 사는 존재라는 사실도 부정할 수 없다. 따라서 "구속력 있는 지침에 대한 요구 및 …… 역사 운명적으로 어떻게 살아야 하는가를 말하는 규칙에 대한 요구, 윤리학에 대한 소망은 더 열렬하게 그것의 충족을 향해 줄달음친다".[3] 이런 하이데거의 언급을 볼 때 그가 윤리학의 필요성에 대해서 완전히 외면하고 있었던 것은 아니라고 할 수 있다. 더 나아가 우리는 하이데거가 그 청년에게 어떤 대답이든 했을 것이라 상상할 수 있다. 이 글은 바로 그 지점에서 출발한

---

* 이 글은 2019년 10월 24일 인천대학교 인문학연구소의 제24회 학술 세미나, 11월 30일 한국하이데거학회와 경북대학교 철학과 공동 학술 대회에서 발표한 글을 수정 보완했으며, 『인문학 연구』 32집, 2019에 게재된 바 있다.

1 Martin Heidegger, *Wegmarken*, Frankfurt am Main, 1976, p. 353.

2 같은 책, p. 352.

3 같은 책, p. 353.

다. 하이데거는 윤리학에 대해 어떤 생각을 하고 있었을까? 특히 『존재와 시간』을 윤리학적 관점에서 이해해도 좋을까?

　『존재와 시간』에서 윤리 문제를 연구하는 것은 무엇보다 하이데거와 아리스토텔레스의 비교를 통해서 시작된다.[4] 이러한 사실은 많은 연구자가 하이데거와 아리스토텔레스에 관해서 보여 준 성과물에서 알 수 있다.[5] 그리고 대체로 『존재와 시간』과 『니코마

---

4 만약 '아리스토텔레스가 우리 시대에 살았다면 어디서 무엇을 하고 있을까?'라는 가정에 F. 볼피는 당연히 독일의 슈바르츠발트(흑림)에서 하이데거와 함께 철학을 논했을 것이라고 말한다. F. Volpi, "Being and Time: A 'Translation' of the Nicomachean Ethics?", *Reading Heidegger from the Start*, translated by John Protevi, State University of New York Press, 1994, p. 195. 그만큼 하이데거의 철학은 아리스토텔레스와 떼려야 뗄 수가 없다. 무엇보다 하이데거는 "아리스토텔레스주의자"라는 명칭을 받을 만큼 아리스토텔레스와 밀접한 관계를 맺고 있다. G. Figal, "Heidegger als Aristoteliker", *Heidegger und Aristoteles*, Verlag Karl Alber, 2007, p. 53.

5 주로 이들은 하이데거의 제자들로서 하이데거의 아리스토텔레스 연구에 영향을 받아 결국은 아리스토텔레스 연구자가 되기도 했다. C. Weigelt, *The Logic of Life: Heidegger's Retrieval of Aristotle's Concept of Logos*, Almqvist & Wiksell International, 2002, pp. 12~13 참조. C. 바이겔트가 언급한 이들은 다음과 같다. R. Bernasconi, "Heidegger's Destruction of Phronesis", *The Southern Journal of Philosophy* 28, 1989, pp. 127~147; R. Boehm, *Das Grundlegende und das Wesentliche: Zu Aristoteles' Abhandlung* "Über das Sein und das Seiende" (Metaphysik Z), Hildesheim, Olms Verlag, 1862; W. Bröcker, *Aristoteles*, Frankfurt am Main, Klostermann, 1935; H.-G. Gadamer, "Praktisches Wissen", *Gesammelte Werke 5* Tübingen, Mohr Siebeck, 1985/1999, pp. 230~248; T. Sheehan, "Heidegger's Interpretation of Aristotle: Dynamis and Ereignis", *Philosophy Research Archives* 4, 1978, pp. 278~314; E. Tugendhat, *TI KATA TINOS. Eine Untersuchung zu Struktur und Ursprung aristotelischer Grundbegriffe*, Freiburg/München, Alber, 1958; F. Wiplinger, *Physis und Logos: Zum Körperphänomen in seiner Bedeutung für den Ursprung der Metaphysik bei Aristoteles*, Freiburg, Alber, 1971.

코스 윤리학』에 대한 비교 연구는 그런 맥락에서 행해진다. F. 레제에 따르면 이런 비교는 세 가지 측면으로 나눌 수 있다. 첫 번째, F. 볼피의 견해로서 하이데거의 『존재와 시간』을 아리스토텔레스의 『니코마코스 윤리학』의 변형으로 보는 입장이다. 이렇게 양자가 어느 정도 밀접한 관련을 맺고 있다는 전제에서 두 번째, 세 번째 견해가 드러난다. 즉, 두 번째는 J. 타미니오의 견해로서 하이데거의 아리스토텔레스 해석(실천적 지혜)을 아리스토텔레스 관점에서 비판하는 입장이다. 그리고 세 번째는 W. 브로건의 견해로서 전적으로 하이데거의 관점에서 하이데거의 아리스토텔레스 해석을 지지하는 입장이다. 그는 아리스토텔레스를 하이데거의 선구자로 본다.[6] 한국 연구자들의 입장을 보자면, 박찬국은 M. 리델을 근거로 하이데거가 근원학으로서 철학을 아리스토텔레스의 실천적 지혜의 우위 속에서 실현하려고 했고 동시에 아리스토텔레스의 윤리학이 전제하고 있는 존재관을 대신 드러내고 발전시키고 있다고 한다.[7] 한편 김재철은 하이데거가 아리스토텔레스를 "이기적으로 취사선택"하여 자신의 철학에 이용하고 있다고 말한다. 하지만, 그는 이런 비판에 대한 하이데거의 "변명"을 대신하기도 한다.[8] 즉, 하이데거는 아리스토텔레스 윤리학을 해체하

6 F. Rese, "Handlungsbestimmung vs. Seinsverständnis. Zur Verschiedenheit von Aristoteles' Nikomachischer Ethik und Heideggers Sein und Zeit", *Heidegger und Aristoteles*, Verlag Karl Alber, 2007, p. 170 참조.

7 박찬국, 『하이데거와 윤리학』, 철학과 현실사, 2002, 162~163쪽 참조.

8 김재철, 「하이데거의 아리스토텔레스 : 해석」, 『존재론 연구』 제22집, 2010, 34쪽.

고 재구축하며 아리스토텔레스에서는 아직 숨겨진 존재에 대한 시원적 사유 흔적을 찾아낸다. 박찬국과 김재철은 공통적으로 아리스토텔레스 철학 속의 존재론적 근원을 하이데거가 찾아 발전시켰다고 본다. 『존재와 시간』은 말하자면 『니코마코스 윤리학』의 근원적 해석이라고 할 수 있다.

그러나 F. 레제는 그런 하이데거와 아리스토텔레스의 긍정, 부정의 모든 연관성을 분리해 놓고자 한다. 그에 따르면 하이데거는 확실히 『존재와 시간』을 하나의 윤리학으로 보는 것을 원하지 않았다.[9] 그러나 나는 『니코마코스 윤리학』과 『존재와 시간』이 밀접한 연관을 맺고 있으며 심지어 『존재와 시간』은 근원 윤리학이라고 주장한다. 다만, 근원 윤리학으로서 『존재와 시간』에 대한 주장을 F. 레제의 견해, 즉 『니코마코스 윤리학』과 『존재와 시간』은 서로 관련이 없다고 하는 점에 근거해서 펼쳐 보이려고 한다. 그리하여 하이데거의 『존재와 시간』이 아리스토텔레스의 『니코마코스 윤리학』보다 어떻게 더 근원적인지 구체적으로 드러내 보일 것이다. 다시 말해 나는 『존재와 시간』과 『니코마코스 윤리학』이 완전히 다른 두 저작이라고 하더라도 하이데거가 윤리학을 자신의 철학에서 전적으로 외면한 것이 아니라면, 『존재와 시간』은 근원 윤리학의 위상을 가질 수 있다고 생각한다.

따라서 이 글은 『존재와 시간』과 『니코마코스 윤리학』을 바라보는 두 가지 대립한 입장으로부터 근원 윤리학의 가능성을 살펴

---

9 F. Rese, "Handlungsbestimmung vs. Seinsverständnis", p. 172 참조.

보는 것을 목적으로 삼는다. 결론적으로『존재와 시간』이『니코마코스 윤리학』을 토대로 정립된 것이라는 주장에 동의한다. 하지만 그렇다고 해서『존재와 시간』이『니코마코스 윤리학』의 '번역'이라고 할 수는 없다. 오히려『존재와 시간』의 취지를 살펴봤을 때, 기초 존재론은 덕윤리로서『니코마코스 윤리학』에 선행되어야 할 근원적 윤리학이다.

근원적 윤리학의 규정은 하이데거의「휴머니즘 서간」에 보면 잘 나타나 있다. 여기서 하이데거는 "사유"Denken를 근원적 윤리학으로 명명한다.[10] 따라서 이 글의 고유성은 바로 하이데거와 아리스토텔레스의 저작을 직접 비교하여 그 관계 속에서 근원적 윤리학이 무엇인지 밝혀 보이려는 데 있다. 궁극적으로 근원적 윤리학으로서 현존재의 존재 이해가 행위 규정으로서 덕윤리와 같은 윤리학을 규정한다는 것을 주장한다.

겉으로 보면 완전히 다른 용어와 내용 때문에 언뜻 두 저작이 약 2500년의 세월을 넘어 어떤 내적 유사성을 가진다는 사실을 믿기가 쉽지 않다. 더군다나『존재와 시간』이『니코마코스 윤리학』보다 '앞선다'라는 사실은 더욱 그렇다. 따라서 나는 각각의 저작을 구조적으로 파악·해체·구성하는 것을 보여 주고자 한다. 다시 말해 2절에서『존재와 시간』과『니코마코스 윤리학』을 구조적으로 살펴볼 것이다(2.『**존재와 시간**』과『**니코마코스 윤리학**』의 **핵심 구조**). 이렇게 살펴본 뒤에는 두 철학자 사이에 영향 관계를, 특히

---

10 Martin Heidegger, *Wegmarken*, p. 356.

아리스토텔레스가 하이데거에게 미친 영향을 무엇보다 중요하게 생각하는 F. 볼피의 의견을 살펴볼 것이다(3. **『존재와 시간』과 『니코마코스 윤리학』의 유사성**). 이로써 양자 사이의 구조적 유사성을 내용상으로 더욱 확고히 확인할 수 있다. 다음으로 『존재와 시간』과 『니코마코스 윤리학』은 엄연히 서로 다른 저작임을 강조하는 F. 레제의 의견을 살펴볼 것이다(4. **『존재와 시간』과 『니코마코스 윤리학』의 상이성**). 이는 두 저작의 독립성을 확인해 줄 것이다. 마지막으로 이렇게 독립적인 두 저작을 다시 한번 연관 지어 보려고 한다. 즉, 『니코마코스 윤리학』은 시간상으로 『존재와 시간』에 앞서 있을 뿐이다. 『존재와 시간』의 기초 존재론이 근원적 윤리학이라고 한다면, 오히려 규범윤리학으로서 『니코마코스 윤리학』은 학문적으로 나중에 와야 할 것이다(5. **하이데거의 근원 윤리학**).

2. 『존재와 시간』과 『니코마코스 윤리학』의 핵심 구조

1) 『존재와 시간』에서 세계-내-존재의 구조

2절에서 우리는 『존재와 시간』의 기초 존재론에 대해서, 즉 세계-내-존재In-der-Welt-sein가 무엇인지 살펴볼 것이다. 하이데거가 보기에 세계Welt는 기계적으로 시간과 공간 그리고 그 안에 존재하는 것들로 이루어진 세상이 아니다. 우선 세계에 대한 이해는 세계성 개념에서 출발해야 한다. 세계성은 다음 세 가지 존재자들의 관계개념이다. 즉, 손안존재자Zuhandenes, 눈앞존재자Vorhandenes 그리고 현존재Dasein. 이른바 세계 내부에서 만나게 되는 다른 두

존재자는 인간 현존재에 의해 발견되어 존재한다.

첫 번째, 인간 현존재는 우선 대개 둘러보며 손안존재자를 발견한다. 이러한 행위를 일러 하이데거는 배려함Besorgen이라고 한다. 제작이나 사용이라는 뜻의 배려함 속에서 손안존재자는 도구로서 발견되어 '있다'. 그런데 이런 배려함이 더는 제작이 아니고 사용이 아니게 될 때, 하이데거는 이를 "결함"Defizienz이라고 표현하는데,[11] 그때 우리는 그 존재자를 순수하게 겉모습에서 만나게 된다. 하이데거는 바라봄Hinsehen으로 눈앞의 존재자가 인지되어 존재한다고 한다. 눈앞존재자는 한국어 해석 그대로 눈으로 바라보는 관찰 대상인 사물을 말한다. 이렇게 결함이 생긴 쓸모없는 도구는 하나의 사물로 존재하게 된다.

그러나 관찰 대상이 되기 전 손안존재자로서 도구의 본질은 목적을 위한 수단이다. 이를 하이데거식으로 말하면, "무엇을 하기 위한 어떤 것"etwas, um zu...이다.[12] 그리고 그런 도구 존재자들은 모두 하나의 목적을 가지는데, 다시 말해 자기 자신을 위해 더는 사용되는 일이 없는 "무엇 때문에"Worum-willen 자체로서 현존재와 연관된다.[13] 이렇게 도구 전체는 유일한 "무엇을 위하여"Wozu로 소급되는 구조를 가진다. 이 구조 속에서 그 목적 자체는 "그의 존재에서 본질적으로 이 존재 자체가 문제시되는" 현존재의 존재

---

11 Martin Heidegger, *Sein und Zeit*, Tübingen, 1967, p. 61 참조.
12 같은 책, p. 68 참조.
13 같은 책, p. 84 참조.

가 된다.[14] 현존재는 그 밖에 어떤 목적을 가지지 않고 스스로가 자기의 목적인 존재자로 존재한다.

이렇게 우리는 세계성을 구성하는 세 종류의 존재를 구별했다. 바로 이런 세계성이 우리가 흔히 인간이라고 하는 현존재가 무엇인지 설명해 준다. 인간은 이미 존재하는 세계 속에 한갓 존재자가 아니라, 그 자신이 목적이 되는 세계를 구성하는 존재다. 그런데 이 세계성은 세계-내-존재로서의 인간 현존재를 규정하는 요인 중 하나일 뿐이다. 이제 우리는 세계-내-존재의 다른 한 부분인 내-존재In-sein를 살펴볼 필요가 있다.

내-존재는 현존재의 자기 자신과의 관계 방식 혹은 세계에 자신을 드러내는 고유한 방식을 말한다. 전통 형이상학이 인간의 고유한 특징을 정신과 육체의 결합이나 지성과 감성의 연합으로 보았다면, 하이데거는 이해Verstehen, 처해 있음Befindlichkeit, 말Rede이 인간을 구성하고 있다고 말한다. 이해는 전통 인식론에서 말하는 대상을 관찰하여 얻은 바를 개념적으로 포획하는 것과는 다르다. 이해는 어떤 지식을 갖기 위한 능력이 아니라 '내가 존재할 수 있다'는 가능성을 말한다. 그런데 이런 이해는 언제나 기분 잡혀 있다.[15] 여기서 기분이란 내가 처해 있는 상황이다. 즉, '나는 매 순간 현 상황 속에 존재한다'는 뜻이다. 마지막으로 '말'에 대해서

---

14 같은 곳. 원문은 다음과 같다. "dem es in seinem Sein wesenhaft *um* dieses Sein selbst geht."

15 같은 책, p. 142 참조.

표 3-1 **세계-내-존재의 존재 방식**

세계-내-존재						
세계성			+	내-존재		
눈앞존재자	손안존재자	일상적 현존재		말	처해 있음	이해

보자면, 하이데거는 인간을 단적으로 "말하는 존재자"Seiendes, das redet로 규정한다.[16] 그는 그리스인들이 규정한 로고스를 가진 생명체로서 인간이 나중에 이성적 동물animal rationale로 해석된 것을 그리 탐탁지 않게 여긴다. 왜냐하면 이렇게 해석되면서 현존재의 규정이 근거하는 현상학적 토대로서 '말'이 숨겨지게 되었기 때문이다. 이때 말이란 현존재가 세계와 현존재 자신을 발견하며 존재한다는 것을 표현한다. 어떻게 보면, 말은 인간 현존재가 세계와 관계하고 있다는 것을 드러내는 가장 중요한 방식인 셈이다.

지금까지 우리는 기초 존재론에서 세계-내-존재의 구성 요소를 살펴보았다. 이를 정리하면 〈표 3-1〉과 같다.

그런데 세계-내-존재는 이런 본질로 머물러 있는 것이 아니고, 끊임없이 변화하며 존재한다. 우선 대개 현존재는 남들의 말에 따라 자기 자신을 이해하며 즐거움과 괴로움을 느끼며 살아간다. 이러한 것을 하이데거는 용어상 빠져 있음Verfallenheit이라고 한다.[17]

---

16 같은 책, p. 165 참조.

17 빠져 있음이란 다음과 같은 현존재의 일상성을 가리킨다. "현존재는 본래적 자기 존재 가능으로서 그 자신으로부터 우선 항상 이미 떨어져 나와 '세계'에 빠져 있다." 같은 책, p. 175. 자기 자신이 아니라 사람들-자신으로 익명적으로 존재한다.

이때 현존재는 사람들Das Man을 따라[18] 그들-자신으로 비본래적으로uneigentlich 살아간다. 이른바 비본래적 현존재는 애매한 호기심으로 잡담만 한다.

그러던 중 불안Angst 속에서 현존재는 양심의 부름Gewissensruf을 듣는다. 이것은 친숙한 세계에 빠져 있는 현존재에게 섬뜩함Un-heimlichkeit을 일깨운다. 이 불안이 현존재가 양심을 갖고 싶도록 만든다.[19] 여기서 양심이란, 윤리적으로 '착한 마음'이라기보다 삶 전체에 대한 '앎'이다. 그러한 양심에 대한 의지는 다른 누구 때문이 아니라 아무것도 아닌 것(죽음)이 될 수밖에 없는 "자기 자신 때문임"eigenstes Schuldigsein[20]을 현존재는 인정하며 이를 통해 본래적 존재가 될 수 있다. 한편 평상시 "가장 고유하고 무연관적인 확실한" 죽음을 외면하던 비본래적 현존재는 불안 속에서 자기 죽음을 맞닥뜨리기를 선택한다.[21] 이로써 현존재는 자기 존재 전체를 확보한다. 하이데거식으로 말해서, 앞질러 달려가 보는 결단vorlau-fende Entschlossenheit으로 본래적인 현존재의 존재 전체가 개시된다.[22] 이렇게 부분에서 전체로 전환하여 개시되는 것을 하이데거는 용

---

18 여기서 듣는다는 것은 곧 따른다는 것을 의미한다. 이런 의미 확장은 독일어 '들음'hören에서 파생된 말 '(종)속하다'gehören라든가 '예속하는'hörig이라는 말에서도 알 수 있다.

19 Martin Heidegger, *Sein und Zeit*, p. 234.

20 같은 책, p. 269.

21 같은 책, p. 264.

22 같은 책, p. 302 참조.

표 3-2 **현존재의 염려와 시간성**

현존재의 비본래적 일상 존재		
잡담(말)	애매성(처해 있음)	호기심(이해)
↓	↓	↓
양심(말)	불안(처해 있음)	죽음(이해)
양심-갖길-원함		죽음에로 앞질러 감
결단성(본래성)		앞질러 가봄(전체성)
앞질러 가보는 결단성		
↓		
현존재의 본래적 전체 존재(염려)		
↑		
시간성		

어상 현존재의 존재로서 염려Sorge라고 부른다.[23] 다르게 말하면, '인간이란 무엇인가'라는 대답에 이성적 존재라는 말 대신에 하이데거는 염려하는 존재라고 말한다. 이 염려가 우리 인간의 본질인 셈이다.

그런데 흔히 영원불변을 속성으로 가지는 다른 본질과 달리 이 염려라는 본질은 완전히 다른 성격을 가지는데, 바로 시간이다. 이 시간 때문에 우리 인간은 자신을 염려하며 존재할 수 있게 된다. 단적으로 영원한 존재인 신은 자기에 대한 염려라는 것을 하지 않는다. 시간적 존재인 인간만 염려를 할 수 있다. 이를 하이데거는 시간성Zeitlichkeit에서 염려가 가능하게 된다고 말한다.[24] 죽을

---

23 같은 책, §41 참조.
24 같은 책, p. 326 참조.

수밖에 없는 유한한 존재에게게만 염려라는 것이 생기고 그런 유한
성(시간성)에서 비롯한 염려는 우리에게 도구를 이용하고, 사물을
관찰하고, 타인과 함께 있도록 한다. 지금까지 염려와 시간성을
간단하게 〈표 3-2〉로 나타낼 수 있다.

2) 『니코마코스 윤리학』에서 영혼의 구조

『니코마코스 윤리학』의 6권을 중심으로 영혼의 구조와 기능에
대해서 살펴보자. 그리스어 로고스는 아리스토텔레스의 윤리학에
서 영혼을 구분할 때 중요한 기준이 된다. 영혼psychê은 '로고스를
가지고 있는'lôgon êchon 부분과 '로고스가 없는'alogon 부분으로 나
뉜다. 로고스가 없는 부분 중에서 한 부분은 모든 생물의 영양과
성장의 원인이 된다.[25] 다른 한 부분은 로고스가 '없지는 않은' 것
이다. '없지는 않다'라는 말은 바로 욕구orexis가 로고스에 의해 설
득될 수 있다는 뜻이다.[26]

로고스를 가지고 있는 부분도 둘로 나뉜다. 영원한 것을 성찰
하는 부분과 변하는 것을 성찰하는 부분이다.[27] 전자를 학문적 인
식 부분epistêmonikon이라고 하고 후자를 로고스적으로 헤아리는 부
분logistikon이라고 할 수 있다. 이렇게 영혼은 학문적 인식 부분, 헤

---

25 Aristoteles, *Nikomachische Ethik*, Nach der Übersetzung von Eugen Rolfes/ bearbeitet
von Günther Bien, Hamburg, 1995, 1102a 26~33 참조.
26 같은 책, 1102b 31~32 참조.
27 같은 책, 1139a 4~9 참조.

아리는 부분, 욕구, 영양 섭취 및 생장으로 나뉜다.[28]

이 네 가지 영혼 부분들에 따라 각각 다른 인간의 능력이 나타난다. "학문적 인식 부분에는 영원한 것을 관조theôria할 수 있는 능력이 있다. 이 관조는 세부적으로 학문적 인식epistêmê, 철학적 지혜sophia, 직관적 지성nous으로 이루어진다. 우선 학문적 인식은 '다르게 있을 수 없는 것' 그리하여 필연적으로 영원한 것을 대상으로 삼는다. 학문적 인식은 말하자면 귀납 및 연역 등 추론하는 능력이다. 우리는 이것으로 증명 및 설명을 할 수 있다.[29] 그런데 학문적 인식이나 철학적 지혜는 그 원리에 대해서는 알지 못한다. 이런 원리를 대상으로 삼는 것은 직관적 지성이다.[30] 마지막으로 철학적 지혜를 가진 사람은 원리로부터 추론이 어떻게 일어나는지 잘 알아야 한다. 따라서 철학적 지혜는 직관적 지성과 학문적 인식을 합친 것이라고 할 수 있다. 철학적 지혜는 바로 관조를 위한 영혼의 탁월성[31]이다. 반면 실천적 지혜phronêsis는 로고스적으

---

28 같은 책, 1102b 13~15 참조. 이 네 부분을 아리스토텔레스는 간단히 세 부분, 즉 감각aisthêsis, 지성, 욕구로 나누기도 한다. 이때 지성은 넓은 의미에서 사유를 뜻한다고 볼 수 있다. 따라서 여기에는 로고스를 가지고 있는 부분 전체가 속한다.

29 같은 책, 1139b 19~34 참조.

30 같은 책, 1141a 7 참조.

31 예전에는 아레테aretê를 덕이라고 번역했으나 최근에는 그리스 어의를 최대한 살려 탁월성이라고 한다. 왜냐하면, 덕이라고 하면 인간에게만 해당하지만, 사실 아레테는 존재자가 가지고 있는 기능ergon이 발현된 것을 말하기 때문이다. 즉, 의자에도 아레테는 존재한다. 사람들이 앉는 데 문제가 없을 때 탁월성을 가지고 있다고 할 수 있다.

로 헤아리는 영혼 부분에 속한다. 더 자세하게 말해 실천적 지혜
는 행위praxis를 할 수 있게 해주는 요인이다. 행위 외에 헤아리는
부분에는 제작poiêsis이 속한다.[32]

제작은 기예technê를 통해 어떤 성과물을 만들고 생산하는 것을
말한다. 이것은 인위적인 것이며, 목적이 자기 밖에 있으므로 자
기 목적적인 행위와 구별된다.[33] 이 점에서 제작 영역과 행위 영역
의 구별이 두드러진다. 제작은 제작 자체와는 다른 목적을 갖지
만, 행위의 목적은 '잘 행위하는 것' 자체이기 때문이다.[34] 이런 자
기 목적을 가진 선한 행위는 실천적 지혜로 실현된다.[35]

실천적 지혜를 가지고 탁월성에 도달해야 한다고 했을 때, 숙
고와 선택의 과정을 겪게 된다. 일반적으로 숙고함으로 번역되는
'bouleusis'는 "우리에게 달린 것, 그리고 우리의 행위에 의해 성취
가능한 것"에 관한 숙고다.[36] 실천적 지혜를 통한 숙고는 합리적
선택에 이른다고 할 수 있다.[37] 그리고 이 합리적 선택prohairesis이
탁월성을 나타낸다.[38]

---

32 같은 책, 1140a 1 참조.
33 같은 책, VI 4, 1139b 36~23 참조.
34 같은 책, 1140b 5~7 참조.
35 "실천적 지혜는 무엇을 행해야만 하고 무엇을 행하지 말아야만 하는지에 대해 명
   을 내리는 것이며, 이것이 실천적 지혜의 목적이다." 같은 책, 1143a 6~10.
36 같은 책, 1112a 32~b 12 참조.
37 같은 책, 1113a 3~5 참조. 합리적 선택, 앞서-선택된 것pro-haireton은 말 그대로 미
   리 숙고했던 것probebouleumenon과 연관이 있다. 같은 책, 1111b 11~16 참조.
38 같은 책, 1106a 2~3 참조.

표 3-3 **탁월성**

로고스가 있는 부분				로고스가 없는 부분
학문적 인식 부분 (영원한 것)	헤아리는 부분 (변하는 것)	로고스가 없지 않은 부분		영양 섭취 및 생장
		지성적 욕구		
관조	직관적 지성 (원리)	제작(기예)	↑	
	학문적 인식 (추론)	행위 (실천적 지혜) →	숙고와 선택	
	철학적 지혜			
지적 탁월성		성격적 탁월성		

그런데 아리스토텔레스에 따르면 이러한 숙고와 선택을 통해 도달하려는 최종 목적은 바로 행복이다. 물론 그는 행복을 '즐거운 기분' 같은 것으로 생각하지 않는다. 행복으로 번역되는 'eudaimonia'는 '잘 사는 것'eu zên과 '잘 행위하는 것'eu prattein을 말한다.[39] 이런 행복에 결정적인 것은 탁월성에 따르는 활동이다.[40] 그리고 이 탁월성은 지적 탁월성과 성격적 탁월성으로 나뉜다. 철학적 지혜나 실천적 지혜는 지적 탁월성이고 절제와 용기 같은 것은 성격적 탁월성이다.[41] 그런데 성격적 탁월성은 욕구가 로고스의 말을

---

39 같은 책, 1095a 18 참조.

40 같은 책, 1100b 9 참조.

41 같은 책, 1103a 2~7 참조. 이런 언급이 중요한 것은 이 지점에서 아리스토텔레스는 소크라테스의 주지주의를 비판하고 있기 때문이다. 소크라테스는 로고스가 곧 탁월성이라고 보았지만, 아리스토텔레스는 그뿐만 아니라 올바른 로고스에 따라 일어나는 것도 탁월성이라고 보았다. 같은 책, 1144b 26~29 참조. 다시 말해 소크라테스는 로고스의 활동, 특히 학문적 인식 혹은 앎으로서 에피스테메만이 탁월성이지만, 아리스토텔레스는 실천적 지혜를 가지고 도달하는 것도 탁월성이라고 보았다.

듣는 데서 비롯한다. 예를 들어 어떤 사람이 욕구를 충족하기보다는 실천적 지혜를 가지고 숙고의 과정을 통해 그것을 자제하게 되면 "자제력 있는 사람"[42]이 된다.[43] 이렇게 지적 탁월성과 성격적 탁월성을 잘 발휘하는 것이 아리스토텔레스의 행복 개념이다.[44]

3. 『존재와 시간』과 『니코마코스 윤리학』의 유사성

3절에서는 F. 볼피의 견해를 중심으로 하이데거의 『존재와 시간』과 아리스토텔레스의 『니코마코스 윤리학』이 얼마나 유사한지 살펴볼 것이다. 그 전에 하이데거의 전략, 즉 방법론에 대해 알아보자. 하이데거의 전통 철학에 대한 접근 방법은 현상학적 해체, 환원 그리고 구성의 단계를 거친다.[45] 예를 들어 아리스토텔레스의 『니코마코스 윤리학』을 구조적으로 해체하여 각 개념에 걸맞게 새로이 환원하여 재구성한다. F. 볼피에 따르면 『존재와 시간』은 『니코마코스 윤리학』의 재구성인 셈이다. 이 절에서는 다음 다섯 가지 유사성을 살펴볼 것이다. 첫째, 탁월성과 개시성, 둘째,

---

42 그리스어로 enkratês이며, 행위를 위한 숙고를 잘하는 사람을 실천적 지혜가 있는 사람phronimos이라고 한다. 같은 책, 1140a 24~31 참조.

43 같은 책, 1102b 13~15 참조.

44 물론 세세하게 행복을 지적 탁월성이냐, 성격적 탁월성이냐로 구분할 수도 있겠지만, 하이데거의 철학과 비교하는 이 글에서는 탁월성을 실천적 지혜와 연관된 성격적 탁월성에만 집중하여 논의할 것이다.

45 F. Volpi, "Being and Time", p. 196 참조.

행위와 현존재, 셋째, 지성적 욕구와 염려, 넷째, 정동-지성과 기분-이해, 다섯째, 실천적 지혜와 양심.

1) 탁월성과 개시성

하이데거의 진리 개념은 사물과 말의 일치, 주어와 술어의 일치로서 진술문 속에 있는 전통적 진리 개념과 다르다.[46] 그렇다고 이러한 전통적 진리 개념을 하이데거는 폐기하지 않는다. 전통적 진리 장소로서 진술은 그 자체로 의미가 있다. 진술 진리에서 진술Aussage은 그리스어 apophansis이며 이것은 '그 의미를 보여 줌'sehen lassen이라는 뜻이다. '대상과 말이 일치한다'는 진술은 진술자에게 의미를 보여 주면서 근원적 진리로 이끌어 주는 역할을 한다. 그렇게 진술자가 도달한 근원적 진리는 바로 존재론적 차원의 '발견됨'Entdecktsein이다. 이러한 존재론적 진리를 통해서만 일치 이론적 진술 진리가 비로소 입증될 수 있다. 이렇듯 하이데거에게 진리는 **순수 논리적 진리**와 **존재론적 진리**로 나누어진다. 이것은 마치 하이데거가 아리스토텔레스의 진리 개념을 축소해서, 더욱 포괄적인

---

[46] 하이데거는 아리스토텔레스적 진리 개념을 "일치 이론적 진리 개념"으로 규정한다. 조홍준,「하이데거 존재 진리의 시간으로서 우연성」,『동서철학연구』제87호, 한국동서철학회, 2018, 297쪽. 그런데 이러한 진리 개념은 다음 세 가지 특징을 가진다. 1) 진리의 장소는 진술(판단)이다. 2) 진리의 본질은 대상과 판단의 일치 속에 있다. 3) 이러한 규정은 아리스토텔레스로부터 나온다. 그는 판단에 진리의 속성을 부여하고 진리 규정도 "일치"라고 한다. Martin Heidegger, *Sein und Zeit*, p. 214 참조.

표 3-4   **아리스토텔레스와 하이데거의 진리**

아리스토텔레스	지적 탁월성으로서 진리	성격적 탁월성
	↓	↓
하이데거	인식론적 진술 진리	존재론적 실존 진리

진리 개념에 포섭하는 것처럼 보인다.

그런데 F. 볼피는 하이데거가 아리스토텔레스의 특정한 텍스트, 『니코마코스 윤리학』 6권을 적극적으로 해석하여 그와 같은 진리 개념을 얻은 것으로 본다. 다시 말해 6권에서 로고스는 **지적 탁월성**과 **성격적 탁월성**으로서 이해된다. 이것은 각각 하이데거가 말한 인식론적 진술 진리와 존재론적 실존 진리에 해당한다고 볼 수 있다. 그리하여 로고스에 속하는 영혼의 능력을 통해 아리스토텔레스가 존재론적 차원의 진리 개념을 미리 기획하고 있었다는 것이다.[47]

이렇듯 하이데거는 아리스토텔레스의 진리 이론을 해체하고 재구성함으로써 존재론적 진리 개념의 지평을 확보한다. 이렇게 현상학적 접근 방법과 아리스토텔레스의 실천철학을 통해서 자신만의 독특한 기초 존재론으로서 현존재 분석론을 완성한다.[48]

---

47 그리하여 F. 볼피는 하이데거가 다음을 확신했다고 생각한다. "[진술 진리와 존재 진리의] 구별이 아리스토텔레스에서 예시豫示된 것으로 발견될 수 있다." F. Volpi, "Being and Time", p. 198 참조.

48 그런데 왜 하이데거는 아리스토텔레스의 『니코마코스 윤리학』 그리고 행위praxis

2) 행위와 현존재

하이데거는 『니코마코스 윤리학』에 나오는 영혼의 활동을 인간의 삶의 방식으로 해석한다. 예를 들어 관조, 행위 그리고 제작을 세계-내-존재로서 현존재의 다양한 존재 양식으로 환원하여 재구성한다. F. 볼피는 하이데거가 "아리스토텔레스의 실천철학의 여러 가지 기본적 개념들을 재적용하고 재설정하고 재가동시키고" 있다고 말한다.[49] F. 볼피는 이러한 사태를 두 가지로 설명한다. 첫 번째는 아리스토텔레스의 **관조, 제작** 그리고 **행위**가 각각 **눈앞존재, 손안존재** 그리고 **현존재**로 환원되어 해석된다.[50] 각각을 살펴보면, 무엇보다 관조는 철학적 지혜를 통해 대상을 관찰하고 묘사하는 태도로서 영원한 것의 이해를 목표로 가진다. 그리고 이것에 해당하는 하이데거 용어는 눈앞존재다.[51] 둘째, 제작은 어떤 사물을 생산하고 조작하는 활동이다. 그것의 목적은 기예를

개념을 중요하게 생각했는가? F. 볼피에 따르면, 하이데거는 그 자신이 확실히 후설의 초월론적 주관성 개념으로 이끌려 가고 있다는 것을 문제시했고 거기서 벗어나고 싶었기 때문에 아리스토텔레스에게 의지했다. 같은 책, p. 199 참조.

49 같은 책, p. 201.

50 같은 곳 참조.

51 이렇게 적용할 수 있는 근거로서 F. 볼피는 아리스토텔레스의 『형이상학』 1권 2장의 구절을 근거로 든다. "가깝게 있는 당황스러운 것ta procheira"(Aristoteles, *Metaphysik*, Nach der Übersetzung von Bonitz, H., Bearbeitet von Seidl, H., Hamburg, 1995, 982b 12~13)이 바로 눈앞존재로 환원된 것이라고 말한다. F. Volpi, "Being and Time", p. 201 참조.

가지고 어떤 인공물을 만드는 것이다. 이 제작에 해당하는 것이 하이데거의 손안존재다. 마지막으로 행위는 자기 자신을 위해서 일어나며 그것의 목적은 "잘 행동하는 것"이다.[52] 실천적 지혜는 바로 그런 목적에 부합하는 앎이다. 행위는 그리하여 하이데거의 현존재를 가리킨다.

그런데 이런 식의 재적용에는 하이데거가 의도적으로 아리스토텔레스의 개념들을 존재론화하고 있다는 사실이 숨겨져 있다. 다시 말해 하이데거의 관심은 각각의 개별적 "행위들, 제작들 그리고 관조들"이 아니다.[53] 사실상 이러한 구별은 존재론적 차원에서는 의미가 없어진다.[54] 각각의 구별은 존재의 다양한 방식(**현존재**, 손안**존재**, 눈앞**존재**)을 나타낼 뿐이다.[55]

또 하나 이러한 전환에서 드러나는 중요한 두 가지 특징이 있다. 첫째, 영혼에 속하면서 드러나는 방식 중에서 관조는 더 이상 인간에게 최우선적인 것이 아니다. 하이데거가 의도하는 존재론적 맥락에서는 그보다는 오히려 행위가 인간의 본질이 된다.[56] 그리하

---

52 같은 책, p. 201.

53 같은 곳.

54 같은 책, pp. 201~202 참조.

55 F. 볼피는 이를 설명하기 위해 다음의 예를 든다. 연설이라는 것은 "(어떤 발언자에 의한 발표의 생산이라는 의미에서) 어떤 제작의 존재 방식"이다. 그러나 한편 이것은 "(어떤 정치적 연설이라는 의미에서) 행위의 존재 방식"이기도 하다. 그러나 "존재적 수준에서 이 차이는 나타나지 않는다". 같은 책, p. 202.

56 여기서 관조theôria와 행위praxis의 이분법적 구별과 그 역전만 중요한 것이 아니다. 행위와 제작poiêsis의 차이도 드러나야 한다. 물론 행위와 제작에 관한 구별을 전혀

표 3-5　**아리스토텔레스와 하이데거의 개념적 환원 관계**

아리스토텔레스			환원	하이데거	
로고스	학문적 부분	관조(철학적 지혜)		현존재	
	헤아리는 부분	제작(기예)		손안존재	세계-내-존재
		행위(실천적 지혜)		눈앞존재	

여 각각 제작과 관조에 대응되는 손안존재와 눈앞존재는 현존재적이지 않은 존재자의 존재 방식을 나타내게 된다. 둘째, 행위에 대응되는 현존재로부터 비로소 다른 두 가지 존재 방식이 파생된다. 이런 전환에서는 또 다른 계층적 변화가 나타난다. 먼저 관조와 제작은 서로 하나로 연결된 것이다. 하지만 이것은 제작이 관조를 파생시킨다는 의미에서 연결이다. 〈표 3-5〉에서 보듯 하이데거는 아리스토텔레스의 개별적 개념들을 존재론적으로 환원한다.

3) 지성적 욕구와 염려

하이데거에게 찍힌 아리스토텔레스의 실천철학이라는 워터마

찾아볼 수 없는 것은 아니다. 하지만 관조에 대해서 양자는 동일한 것처럼 보인다. 이에 하이데거는 행위와 제작의 차이를 시간성의 차이로 분명하게 드러내 보여 준다. 특히 행위는 일반적인 물리적 시간에서가 아니라 보다 근원적인 현존재의 시간성에서 발생한다. 근원적 시간성과 일상적 시간성이 다르듯이 행위와 제작은 분명하게 구별된다. 이동수, 「하이데거의 프락시스 해석 : 프락시스의 시간성을 중심으로」, 『한국정치학회보』 33(1), 1999, 137쪽 참조.

크는 하이데거의 실존분석이 아리스토텔레스의 영향하에 있다는 사실을 의미한다.[57] 다시 말해 『존재와 시간』은 아리스토텔레스의 실천적 의미로 충분히 해석될 수 있다는 것이다. 특히 『존재와 시간』 4절과 9절에서 현존재의 존재 양태를 '존재-해야 함'Zu-sein이라고 말하는 부분에서 확신할 수 있다.[58] 다시 말해 존재-해야 함이라는 당위는 인간이 자기 자신의 삶을 단지 관조하고 이론화하는 것이 아니라, 차라리 실천-도덕적 태도로 존재한다는 말이다. 즉, 인간은 무엇을 할지 결정하고 선택한 다음 그것을 실현하기 위해 존재해야 한다.

"현존재의 기본적인 실천-도덕적 구조"의 통일적 맥락에서만 하이데거가 왜 현존재의 염려로부터 나온 개시성을 기획했는지 이해할 수 있다.[59] 그가 후설의 지향성Intentionalität으로 특징지어진 현상을 하필 염려라는 개념으로 대체 기획한 것[60]은 F. 볼피에 따르면, 아리스토텔레스의 지성적 욕구orexis dianoetike를 존재론적으로 해석한 것일 뿐이다.[61]

---

57 F. Volpi, "Being and Time", p. 203 참조. 워터마크watermark란, 예술품이나 저작물의 불법 복제를 막기 위한 원본 표시를 하는 기술의 명칭이다.

58 같은 책, p. 203 참조.

59 같은 곳.

60 F. 볼피는 여기서 하이데거의 염려가 후설의 지향성에 상응하는 것이라고 전제하고 있다. 후설과 하이데거 사이의 직간접적 연관 또한 아리스토텔레스와 하이데거의 연관 못지않게 흥미롭고 중요한 주제다. 다만 여기서는 F. 볼피의 말을 따라 인정하고 넘어가도록 하겠다.

61 같은 곳 참조.

이렇게 현존재가 아리스토텔레스적 행위인 이유를 F. 볼피는 크게 세 가지로 설명한다. 첫째, 형이상학적 존재의 시간적 특성은 현재다. 영원히 현재하는 것을 존재라고 생각한다. 그러나 현존재는 도래하는 죽음을 앞질러 가보기로 결단함으로써 이미 있어 왔던 사실로 되돌아와 비로소 현재 상황을 만나게 된다. 그래서 하이데거는 다른 시간 양태보다 "도래의 우위"를 주장한다.[62] 이와 마찬가지로 아리스토텔레스의 『니코마코스 윤리학』에서 숙고와 결정은 앞으로 있을 일, 미래와 관련을 맺고 있다.[63]

둘째, 『존재와 시간』에서 현존재의 본질은 어떤 무엇이 아니고 ".[현존재]가 그때마다 그 자신의 것으로서 존재해야 하는 그 존재를 가지고 있다"는 것이다.[64] 현존재란 이렇게 '나 자신의 것'이라는 특징을 가진다. 『존재와 시간』에서 하이데거는 이를 "각자성" Jemeinigkeit이라는 용어로 말하기도 한다.[65] 이에 F. 볼피는 아리스토텔레스의 실천적 지혜 역시 '자기 자신에 대한 앎'이 주요한 특징이라고 하면서,[66] 현존재와 행위가 공통점을 가진다고 주장한다.[67]

셋째, F. 볼피가 보기에 현존재는 다른 존재자와 다르다. 그것

---

62 Martin Heidegger, *Sein und Zeit*, p. 329.

63 F. Volpi, "Being and Time", p. 204 참조.

64 Martin Heidegger, *Sein und Zeit*, p. 12. 독일어는 다음과 같다. "daß es je sein Sein als seiniges zu sein hat."

65 같은 책, p. 42.

66 Aristoteles, *Nikomachische Ethik*, 1140a 26~27, 1141b 34 참조.

67 F. Volpi, "Being and Time", p. 204 참조.

표 3-6 **올바른 욕구와 현존재의 존재**

아리스토텔레스	올바른 욕구	미래 우위	자기 앎	영혼 우위	지성적 욕구
하이데거	↓ 염려	도래 우위	각자성	현존재 우위	처해 있는 이해

은 형이상학적 자기의식이 아닌 "분명하게 실천-도덕적 의미에
서" 다르다.[68] 이러한 차이를 근거로 하이데거는 기존의 형이상학
이 주장하는 인간과 자연, 주체와 객체, 의식과 세계 사이의 "불
충분하고" 과격한 구별을 비판한다.[69] F. 볼피가 볼 때 하이데거적
현존재의 정체성은 자기 자신의 앎에서만 찾을 수 있는 것은 아니
다. 현존재는 자기 행동, 즉 존재-해야 함에서 스스로를 발견하면
서 정체성을 구성한다. 그래서 현존재의 본질은 이성적 합리성에
서뿐만 아니라 어떤 기분에서도 일어난다.[70]

4) 정동-지성과 기분-이해

  현존재의 내-존재에서 중요한 개념은 개시성이다.[71] 전통 형이
상학에서 인간을 이성과 감성으로 정의했다면, 하이데거는 인간
현존재를 존재할 수 있다는 이해와 이미 처해 있는 기분 그리고

---

68 같은 책, p. 204.
69 같은 곳.
70 같은 곳 참조.
71 Martin Heidegger, *Sein und Zeit*, p. 133 참조.

그것을 해석하는 말로 규정한다. 물론 F. 볼피의 주장에 따르면 이것도 인간의 도덕적 존재에 대한 아리스토텔레스의 이해에서 비롯된 것이다.[72] 여기서 하이데거는 아리스토텔레스의 인간에 대한 몇몇 규정을 행위하는 존재로 존재론적 맥락에서 재구성한다.

처해 있는 기분이란 수동적으로 '기분잡힌 것'이다. 하이데거는 이를 처해 있음으로 표현한다. 전통적 이론에서 이것은 행위자의 "수동성, 수용성, 유한성 그리고 물질성" 등으로 이해됐던 것이다.[73] 이러한 주장을 위해 F. 볼피는 하이데거가 「시간의 개념」이라는 논문에서 아우구스티누스의 『고백록』 일부를 옮기면서 정동affectio을 정확히 처해 있음으로 의역하고 있음을 근거로 든다.[74] 그리고 이해란 "생산성과 자발성의 능동적으로 기투하는 순간"을 존재론적으로 해석한 것이라고 한다.[75]

F. 볼피에 따르면, 하이데거가 처해 있음을 강조하는 이유는 바로 인간 삶의 정체성 실현이 비단 이성적 투명성에서 나오는 자기 이해에서뿐만 아니라 접근하기 어려운 모호한 기분에 의해서도 일어난다는 것을 드러내기 위함이다. 그리고 이 개념이 아리스토텔레스에서 온 개념임을 『존재와 시간』의 29절에서 설명되는

---

[72] F. Volpi, "Being and Time", p. 205 참조.

[73] 같은 책, p. 206.

[74] 원문을 옮기면 다음과 같다. "사물이 아니라 처해 있음을 나는 현재하는 현존재 안에서 측정한다"Die Befindlichkeit messe ich in dem gegenwärtigen Dasein, nicht die Dinge. Martin Heidegger, *Der Begriff der Zeit; Vortrag von der Marburger Theologenschaft Juli 1924*, Tübingen, 1995, p. 11.

[75] F. Volpi, "Being and Time", p. 206.

처해 있음의 개념을 언급하며 주장한다.[76] 확실히 하이데거는 29
절에서 아리스토텔레스의 『수사학』 2권에서 언급되는 정동들pathe
을 언급하고 있다.[77]

　현존재의 내-존재 구성의 하나로서 이해의 본질은 현존재가
능동적이고 자기 결정적이면서 기투하는 성격이라는 데에 있다.
이것은 인식론적 지혜로서 지식이 아니고 현존재의 실존성에서
'무엇인가를 할 수 있음'이라는 존재론적 양태로 규정된다. F. 볼
피는 바로 이 점에서 이해 개념이 실천적 지평과 관련해서 해석될
수 있다고 말한다.[78] 이러한 이해 개념은 기투와 봄Sicht으로 구조
화된다. 봄은 기투의 방향을 결정한다. 현존재는 투명성Durchsich-
tigkeit을 가진다. 이것은 전통적 자기-의식 이론에서 언급되는 "지
각, 개념 파악, 검사, 직관" 등으로 현존재가 오해되는 것을 막기
위해 하이데거가 사용하는 개념이다.[79] 이런 이해 개념에는 아리
스토텔레스의 "실천적 이성"nous praktikos이 함축되어 있다.[80]

　F. 볼피가 보기에 하이데거는 아리스토텔레스의 개념을 '존재
론적으로 과격하게 해석한다'ontologically radicalize. 예를 들어 아리스
토텔레스의 『니코마코스 윤리학』 6권에는 인간이란 동시에 지성
적 욕구와 욕구적 지성의 원천archê이라는 말이 있다.[81] 이것을 하

---

76 같은 곳 참조.

77 Martin Heidegger, *Sein und Zeit*, p. 138 참조.

78 F. Volpi, "Being and Time", p. 206 참조.

79 같은 책, p. 207.

80 같은 곳.

이데거는 처해 있는 이해로서 존재론적으로 해석한다. 이 실천적 이성은 이해가 항상 처해 있는 이해이듯이 욕구와 연결된다.

5) 실천적 지혜와 양심

실천적 이성은 곧 실천적 지혜를 의미한다. 아리스토텔레스의 실천적 지혜를 하이데거는 양심으로 번역한다. 그런데 이것을 양심으로 번역하는 것이 얼마나 독특한 것인지 가다머의 말을 들어보면 알 수 있다. 가다머는 1923년 하이데거의 『니코마코스 윤리학』 세미나에 참석했다. 하이데거는 아리스토텔레스의 텍스트를 가지고 기예에 관해 설명하고 난 다음, 그런 앎들과 순수한 의견과 실천적 지혜의 차이를 언급했다고 한다. 학생들이 아리스토텔레스의 문장에서 낯선 그리스 말을 이리저리 해석하며 헤매자 하이데거는 무뚝뚝하고 퉁명스럽게 이렇게 말했다. "그것은 양심입니다!"[82]

『존재와 시간』 54절에서 60절까지는 양심을 다루고 있다. 하

---

81 전체 내용은 다음과 같다. "그리고 선택은 욕구적 지성이거나 지성적 욕구이기에 지성과 욕구를 모두 연결하는 원리는 인간이다"dia hê orektikos nous hê orexis dianoêtikê, kai hê toiautê archê anthrôpos. Aristoteles, *Nikomachische Ethik*, 1139b 4~5.

82 당시 학생들이 봤던 아리스토텔레스의 글은 다음과 같다. "lêthê tês men toiaytês hekseôs estin, phronêseôs de ouk estin"(같은 책, 1140b 29; H.-G. Gadamer, *Heideggers Wege*, Tübingen, 1983, p. 32). 그 밖에 하이데거는 'phronêsis'를 양심이라고 그의 책에서 직접 말하기도 한다(Martin Heidegger, *Platon: Sophistes*, Fankfurt am Main, 1992, p. 56 참조).

이데거의 양심이란, "본래적 존재 가능의 현존재적 증명"을 가리
킨다.[83] 이 증명은 현존재가 양심의 소리를 듣고 양심을 갖기 원하
면서 본래적으로 존재할 때 일어난다. 아리스토텔레스의 실천적
지혜는 좋은 행위가 가능하도록 하는 지평을 형성한다. 따라서 아
리스토텔레스의 실천적 지혜가 카이로스Kairos에 대한 지식이 필요
한 것처럼 하이데거에서 양심도 본래적 시간성으로서 순간Augen-
blick을 요구한다.[84]

이런 간접적 근거 외에도 양심이 실천적 지혜의 존재론적 번역
임을 증명할 만한 것이 텍스트에서도 보인다. 특히 『니코마코스
윤리학』 6권 5장에 잘 나타나 있다. 여기서 아리스토텔레스는 스
스로 실천적 지혜의 규정[85]이 불충분하다고 생각한다. 왜냐하면
실천적 지혜는 품성상태(습관) 그 이상이어야 하기 때문이다. 사
람들은 습관을 잊을 수도 있지만, 실천적 지혜는 결코 잊을 수 없
다. F. 볼피는 이렇게 실천적 지혜가 잊히지 않는 것으로서 습관
이상이라면, 영혼 그 자체의 특징이 될 수 있고 존재론적으로도
이해되어야 한다고 주장한다.[86] 이런 아리스토텔레스의 의도를 하

---

83 Martin Heidegger, *Sein und Zeit*, p. 267.

84 F. Volpi, "Being and Time", p. 208 참조.

85 "로고스를 동반한 어떤 참된 실천적 습관"hexin einai meta logou alêthê. Aristoteles,
Nikomachische Ethik, 1140b 20.

86 F. Volpi, "Being and Time", p. 209 참조. 그 밖에 F. 볼피는 하이데거의 다양한 개
념을 아리스토텔레스 개념과 연결하고 있다. 아주 간략히 보자면, "각자성"(Martin
Heidegger, *Sein und Zeit*, p. 42)은 아리스토텔레스의 "자기 자신의 앎"hauto eidenai이
고, 현존재의 "무엇을 위하여"Worum-willen(같은 책, p. 84)는 아리스토텔레스의 행

표 3-7 실천적 지혜와 양심의 의미

아리스토텔레스	실천적 지혜 + 숙고 – 선택	성격적 탁월성
하이데거	↓ 양심 + 결단성	개시성

이데거가 잘 파악한 것이다. 그렇게 하이데거는 이를 존재론적 양심 개념으로 해석한다.

4. 『존재와 시간』과 『니코마코스 윤리학』의 상이성

F. 레제에 따르면, 아리스토텔레스의 『니코마코스 윤리학』과 하이데거의 『존재와 시간』은 '인간의 삶'에 중점을 두고 있다는 공통점을 가진다. 그러나 아리스토텔레스는 인간의 삶을 어떤 특정한 형식으로 규정Bestimmung할 수 있다는 관점을 가지고 있지만, 하이데거는 인간의 삶이 어떤 특정한 방식으로 존재한다는 이해 Verständnis의 관점을 가진다. 그렇게 F. 레제는 그의 논문에 "행위 규정 vs. 존재 이해"라는 제목을 붙였다.[87] 4절에서는 바로 아리스

위의 "무엇을 위하여"hou heneka의 존재론적 해석이다. 그리고 "결단성"Entschlossen-heit(같은 책, p. 270)은 아리스토텔레스의 "결정"prohairesis을 번역한 것이다. 이는 하이데거가 직접 1926년 여름 학기 "고대 철학의 근본 개념들"이라는 강의에서 아리스토텔레스의 『형이상학』 감마 2장에서 나온 것을 그렇게 번역하고 있다(F. Volpi, "Being and Time", p. 209).

토텔레스의 『니코마코스 윤리학』과 하이데거의 『존재와 시간』 사이의 핵심적인 차이점을 밝혀 보일 것이다.

아리스토텔레스의 행위결정은 **선**das Gute의 문제와 연관되어 있다. 왜냐하면, 아리스토텔레스 윤리학에서는 좋은 삶eudaimonia이 중요하기 때문이다. 반면 하이데거의 존재론에서는 인간 고유의 존재 방식이 문제가 되기 때문에 특별히 선의 문제는 고려되지 않는다. 다시 말해 『존재와 시간』의 기초 존재론에서는 현존재가 **자기 자신을 이해**하는 것이 중요하기 때문에 '어떻게 행동해야 하는지' 묻지 않는다. 자기 자신에 대한 이해에서는 '어떻게 존재할 수 있는지'가 중요할 뿐이다. 심지어 F. 레제는 『존재와 시간』에서 윤리 문제가 있다면, 아리스토텔레스의 윤리와 별개로 이루어질 수 있을 뿐이라고 말한다.[88]

F. 레제는 『니코마코스 윤리학』 전체가 인간의 삶에 대한 문제를 다루고 있는 반면, 『존재와 시간』은 부분적으로 현존재 분석만 그 주제에 해당한다고 말하면서 아리스토텔레스적 최고 삶의 형태, 예를 들어 관조적 삶 및 정치적 삶이 현존재 분석과 연관이 있다는 사실을 어느 정도 인정한다.[89] 이렇게 양자의 비교 범위를 일

---

87 F. Rese, "Handlungsbestimmung vs. Seinsverständnis", p. 171 참조.

88 같은 책, p. 172 참조. 나는 이 '별개'를 규범윤리학으로서 『니코마코스 윤리학』과 근원 윤리학으로서 『존재와 시간』의 구별이라고 보며, 그렇기 때문에 그가 말한 '별개'는 '완전히 순수한 별개'가 아니라고 생각한다. 무엇보다 F. 레제 역시 『존재와 시간』의 윤리적 해석을 완전히 배제하지 않고 있다는 사실이 중요하다.

89 같은 책, p. 173 참조.

치시킨다면 "놀랍게도 많은 유사점들"이 있음을 언급한다.[90] 그 유사점 중 무엇보다 중요한 것은 바로 양자가 공히 이론 이전의 앎의 단계, 즉 **인간의 일상적 해석**을 출발점으로 삼고 있다는 것이다. 다시 말해 『니코마코스 윤리학』은 삶에 대한 이론 이전의 앎에서 탐구를 시작한다.[91] 현존재 분석 역시 존재 의미를 이해하기 위한 일상적 삶에 기초한다. 그러나 이런 유사점으로부터 한 가지 중요한 차이점이 나타난다. 현존재 분석에는 『니코마코스 윤리학』에서 보이지 않는 독특한 이중성이 있다는 것이다. 현존재는 비본래성과 본래성의 존재 양태를 가진다. 그런데 본래성의 경우에만 현존재의 존재 전체 구조가 발견된다. 따라서 비본래성이 본래성에 근거한다고 할 수 있다.[92]

이러한 근본적 차이점에서 세 가지 세부적 차이점이 드러난다. 첫째, 아리스토텔레스는 일상적 해석을 기준으로 행복을 규정하지만, 현존재는 본래적인 전체 존재를 '기준'으로 일상성을 벗어나는 것을 목적으로 삼는다(1. 삶의 목표와 방향). 둘째, 아리스토텔레스의 옳은 결정은 구체적이고 현실적인 활동을 목적으로 삼지만, 하이데거의 본래적 결단은 무의 자각으로 인한 내적 전환을 의미한다(2. 탁월성과 개시성). 따라서, 셋째, 아리스토텔레스의 실천적 지혜가 추구하는 올바른 욕구의 실천적 진리는 하이데거의

---

90 같은 곳.

91 같은 책, p. 174 참조.

92 같은 책, p. 176 참조.

고유 존재를 위한 양심과 죽음 현상에서 드러나는 실존적 진리와
다른 것이다(3. 실천 진리와 실존 진리).

1) 삶의 목표와 방향

하이데거와 아리스토텔레스는 인간의 일상적 해석을 출발점으
로 삼는다. 그러나 이런 일상성을 평가하고 처리하는 방법은 아리
스토텔레스와 하이데거가 다르다. 아리스토텔레스의 경우에는 **일
상적 해석**endoxa**은 출발점이자 진리의 기준점**이 된다. 일반적으로
참인 의견들은 일상적 의견과 비교하여 검토되고 진리로 인정받
게 된다. 반면 하이데거의 경우에는 일상성에서 출발하기는 하지
만 **진리의 완성은 일상성과 단절을 통해서만 가능**하다.[93] 이와 같
은 아리스토텔레스와 하이데거의 차이는 삶의 목표가 달라서 일
어난다. 이런 목표의 차이는 삶의 방향을 결정한다.

인간의 삶이라는 공통된 주제를 가진 『니코마코스 윤리학』과
『존재와 시간』은 모두 목적론적으로 써졌다는 공통점이 있다. 아
리스토텔레스의 '위하여'hou heneka[94]와 하이데거의 '위하여'Worum

---

93 이런 차이점을 F. 레제는 흥미롭게도 플라톤적 견해의 영향이라고 말한다. 즉, "독
　사에 대한 회의Skepsis gegenüber doxa와 독사를 넘어선 진정한 에피스테메를 향한 요
　구" 등 플라톤적 계기들이 하이데거에게 드러난다는 것이다(같은 책, p. 177).
94 『니코마코스 윤리학』에서는 이 개념이 그대로 표현되지는 않는다. 그러나 이것은
　목표나 목적telos을 나타낸다. 그리고 『니코마코스 윤리학』에서는 여러 목적 중에서
　가장 좋은 것으로서 완전한 것으로 에우다이모니아를 의미한다(Aristoteles, *Nikoma-
　chische Ethik*, 1097a 18~b 2 참조).

willen는 같은 개념이다. 그러나 그 목적 자체는 서로 다르다. 아리스토텔레스에게서 인간의 최고 삶은 행복이다. 반면 하이데거에게서 존재의 목적은 현존재 그 자체다.

우선 아리스토텔레스의 행복 개념을 살펴보자. 행복이란, 인간만이 가진 고유한 성과물로서 로고스에 따른 영혼의 활동이다. 이러한 활동은 둘로 나뉘는데, 하나는 "로고스에 따른 활동"으로서 관조하는 삶을 의미한다. 이것은 사고의 활동만을 가리킨다. 다른 하나는 "로고스가 없지 않은 영혼의 활동"으로 정치적(윤리적) 삶의 형태다.[95] 이것은 사고 외에 영혼의 다른 계기들과 관계하며 일어난다.[96] 아리스토텔레스에서 인간의 최고 삶이란 가장 일반적인 삶이며 이러한 일반적인 삶을 개인이 잘 숙고하여 결정할 때 좋은 행위가 된다.[97]

바로 이 점에서 아리스토텔레스와 하이데거의 차이점이 드러난다. 아리스토텔레스는 최고의 삶을 **내용적인 측면에서 접근**한다. 반면 하이데거의 현존재는 **존재의 형식 규정**일 뿐이다. F. 레제가 보기에 현존재의 목적은 실존으로서 가능성이다.[98] 이 말인즉슨 인간이 본질에 의해서가 아니라 자기 자신의 존재 때문에 스스로를 규정할 수 있다는 것이다. 따라서 하이데거에게서 중요한

---

95 Aristoteles, *Nikomachische Ethik*, 1098a 7~8.

96 F. Rese, "Handlungsbestimmung vs. Seinsverständnis", p. 179 참조.

97 여기서 말하는 일반적인 삶이란, "일반적으로 참이라고 간주되는 견해들을 검토하여 찾아낸 참된 핵심"을 기준으로 삼는 삶을 가리킨다(같은 책, p. 176 참조).

98 같은 책, p. 180 참조.

표 3-8 **목적의 차이**

목표 : 아리스토텔레스의 행복(현실태)		
행위 규정	→	인간 본성(의견)

일상적 현존재	→	현존재의 자기 이해
목표 : 하이데거의 현존재(가능성)		

개념은 '존재 가능'이다. 다시 말해 아리스토텔레스에게는 **현실
태**, 즉 어떤 활동이 행복의 정의라면, 하이데거에게는 **가능성**이
현존재의 제일 규정인 셈이다.

　F. 레제는 여기서 양자의 차이를 방향성으로 설명한다. 아리스
토텔레스가 로고스를 가진 인간 본성에 따라 행복을 규정한다면
하이데거는 차라리 인간의 본질과 같은 일반적인 규정을 극복할
것을 요구한다.[99]

　아리스토텔레스가 지향하는 바는 사람들의 의견이지만, 하이
데거는 사람들의 의견을 벗어나서 현존재 자기 자신에 대한 이해
로 나아가는 것을 추구한다.

2) 탁월성과 개시성

　앞에서 우리는 아리스토텔레스와 하이데거의 차이를 서로 다
른 방향성을 통해서 설명했다. 여기에서는 아리스토텔레스에게서
행위자의 규정 요인들과 하이데거에게서 현존재의 개시성을 통해

----

99 같은 책, p. 181 참조.

서 차이점을 드러내 볼 것이다.

아리스토텔레스의 행위자는 지적 탁월성(실천적 지혜)을 가지고 숙고하여 결정하며 행동한다. 어떤 구체적인 상황에서 좋은 행위를 하기 위해서 행위자는 실천적 지혜를 고려해야 한다. 그렇게 추론하고 목적에 다다를 수 있도록 결정한다(성격적 탁월성). 이러한 전 과정은 하이데거에게서 양심을 가지길 원하며 결단하는 현존재의 과정과 유사해 보인다. 그러나 F. 레제는 아리스토텔레스에게서 '결정'은 하이데거에게서 '결단성'과 같게 볼 수 없다고 주장한다.[100] 특히 하이데거의 결단성 개념을 아리스토텔레스의 결정 개념으로 환원해 보는 일은 경계해야 한다고 말한다. 왜냐하면 하이데거의 결단성은 전통적 결정에서처럼 단호한 행동을 의미하는 것이 아니다. 이것은 자기 자신의 존재에 대한 행위 개념이기 때문이다.

이러한 주장을 F. 레제는 하이데거의 개시성 개념을 통해 설명한다. 현존재의 존재가 드러나도록 하는 내적 요소로서 처해 있음, 말 그리고 이해는 불안 속에서 양심을 가지길 원하며 자신의 죽음을 선취하여 결단하는 현상으로 드러난다. 불안은 자기 존재의 가능성을 경험할 수 있도록 한다. 자기 자신의 죽음에 대한 선취는 자기 존재 사실성과 대체 불가능한 존재와 대면토록 한다. 그러나 이러한 전환은 영구적이지 않기 때문에 매번 양심의 부름을 통해서 상기시켜야 한다.[101]

---

100 같은 책, p. 183 참조.

이런 점에서 아리스토텔레스와의 차이점이 드러난다. 아리스토텔레스의 실천적 지혜를 가진 자 역시 생 전반에 걸쳐 그때마다 결정을 내릴 수 있는 능력이 있지만, 그것이 죽음에로 앞서 달려가 그 끝에서부터 존재 가능성을 결정하는 것은 아니다. 실천적 지혜를 가진 자는 차라리 선악 문제와 행복 문제 등 현실적 활동에 방향을 잡고 행동을 결정한다.[102] 더군다나 하이데거의 본래성은 어떤 구체적 상황에서의 행위가 아니라 자기 자신에 대한 현존재 자신의 "태도"Haltung로서 "관점의 전환"Perspektivwechsel을 의미한다. 따라서 불안 속에서 자기 자신의 죽음을 선취하고 삶 전체를 고려하는 현존재의 가능성은 "단지 내부 관점에서만" 이해할 수 있다.[103]

이를 다음 두 가지로 요약할 수 있다. 첫째, 하이데거의 양심은 탓이 있음을 일깨운다. 탓이 있음이란, 현존재의 존재가 무의 심연에 근거함을 의미한다. 그러나 아리스토텔레스의 실천적 지혜는 이러한 **무개념**을 가지지 않는다. 둘째, 하이데거의 비본래성에서 본래성으로의 전환은 **내적 태도의 문제**다. 이에 비해 아리스토텔레스의 실천적 지혜는 **구체적인 실천 행위**를 일으킨다. 후자의 차이는 진리 개념에서 확실히 대비된다.

---

101 아리스토텔레스에서 실천적 지혜는 욕구를 올바른 욕구orthe orexis로 바꿀 수 있게 한다. 『니코마코스 윤리학』과 『존재와 시간』을 동일하다고 보는 태도에서는 이 올바른 욕구가 양심-가지길-원함이라고 할 수 있다.

102 F. Rese, "Handlungsbestimmung vs. Seinsverständnis", p. 191 참조.

103 같은 책, p. 191.

3) 실천 진리와 실존 진리

일반적으로 아리스토텔레스의 진리는 진술 진리를 말한다. 이러한 진술 진리는 하이데거의 실존적 진리에 포섭된다. 그러나 F. 레제는 이러한 아리스토텔레스적 진술 진리 외에 다른 진리, 실천 진리를 제안한다. 그리고 이러한 실천 진리와 하이데거의 실존적 진리의 비교를 시도하고 그 차이를 드러내 보인다.

아리스토텔레스적 실천적 진리란, 좋은 삶을 살기 위해 좋은 결정을 내리는 것이다. 이것은 몇 가지 조건을 가진다. 먼저 참된 숙고와 올바른 욕구여야 한다. 그리고 이 숙고와 욕구는 일치해야 한다.[104] 이때 참된 숙고는 실천적 지혜의 활동이다. 따라서 실천적 지혜는 **참되고 올바른 선을 향하게** 된다. 이에 비해서 실천적 지혜와 대응되는 하이데거의 양심, 특히 양심-가지길-원함은 구체적 상황에 행동을 선택하는 것이 아니라 **그런 선택을 할 수 있기를 원함**이다. 그리고 또한 이러한 양심을 통한 결단은 어떤 구체적 행동을 결정하는 것이 아니라 자기 자신을 이해하는 수준에 놓여 있을 뿐이다.

하이데거의 실존론적 진리는 이제 개시성이라는 명칭으로 설명된다. 현존재가 불안과 죽음의 선취 그리고 양심으로 도달한 본래적 진리 안에서 사물과 도구, 타인들 그리고 자기 자신의 관계가 본래적 방식으로 발견된다.[105] 이러한 본래적 진리는 진술적 진

---

104 F. Rese, "Handlungsbestimmung vs. Seinsverständnis", p. 195 참조.

표 3-9 **탁월성과 개시성의 차이**

탁월성	실천적 지혜를 통한 결정 → 구체적인 행위 촉구	무(죽음)개념 없음	구체적 선을 향한 올바른 욕구 결정 : 실천 진리
개시성	양심을 통한 결단성 → 내적 태도 변화	무(죽음)개념을 일깨움	선한 결정을 하기를 결단 : 실존 진리

리 이전에 있으며 진술 진리를 포괄한다. 또한 개시성으로서 실존 진리는 아리스토텔레스적 실천적 진리와 개념적으로 구분된다. 왜냐하면 실천적 진리는 선으로 방향을 잡고 있으며 선한 행위를 위해 욕구한다. 하지만 하이데거의 실존론적 진리는 선에 대한 방향이 없다. 세 가지 현상(불안, 죽음, 양심)을 통해 도달되는 고유한 존재를 위한 전향 자체일 뿐이다.[106]

5. 하이데거의 근원 윤리학

지금까지 나는 『존재와 시간』과 『니코마코스 윤리학』을 유사하다고 보는 견해와 다르다고 보는 견해를 살펴보았다. F. 볼피의 의견을 통해 우리는 『존재와 시간』이 『니코마코스 윤리학』의 '존재론적 번역'으로 충분히 읽힐 수 있음을 알았다. 그러나 F. 레제

---

105 Martin Heidegger, *Wegmarken*, pp. 132~133 참조.

106 F. Rese, "Handlungsbestimmung vs. Seinsverständnis", p. 198 참조.

의 논의를 보면 그런 유사성에도 불구하고 두 저작은 엄연히 다른 것임이 확인된다. F. 볼피는 존재 이해의 토대가 '존재-해야 함'에 있다고 본다. 이를 그는 현존재가 자기 자신과 '실천-도덕적 의미에서' 관계 맺음으로 해석한다. 이러한 관점에서야 현존재가 비-현존재적 존재자와 구별되며 그때마다 자기 자신을 이해해야 하는 이유도 마련될 수 있다. 다시 말해 자기 자신이 이성뿐만 아니라 기분이라는 처해 있음으로도 구성되어 있다는 사실이 드러난다. 바로 이 점에서 『존재와 시간』은 윤리적 기초 위에 서있다고 주장할 수 있다.[107] 그러나 F. 레제에 따르면 하이데거나 아리스토텔레스 모두 삶에서부터 출발하지만, 목표하는 방향이 다르다. 아리스토텔레스 윤리학은 행복이 목표이고 그 기준이 일반적인 삶의 방식에 있다면, 하이데거 존재론은 현존재의 존재 이해가 목표이고 그 기준은 일상적 삶을 벗어나는 데 있다.

그런데 F. 레제가 주장하듯이 하이데거의 목적 추구 방향이 단지 아리스토텔레스의 반대 방향인 것만은 아니다. 하이데거의 자기 존재 이해는 현존재의 일상성을 모두 포함한다. 즉, 본래성은 비본래성을 포함한다. 하이데거의 개념은 종종 유아론solipsism이라

---

107 박찬국은 하이데거 철학을 포함하여 실존철학 전체를 "기초 윤리학"이라고 부른다. 실존철학이 전통 윤리학을 근원적으로 반복하여 계승하면서 동시에 그 근거를 드러내고 있기 때문이다. 구체적으로 말해 전통 윤리학에서 감성적 존재와 이성적 당위의 분열이 하이데거 기초 존재론에서는 근본기분을 통해 해소되어 있기 때문이다(박찬국, 「키에르케고르, 야스퍼스, 하이데거와 초월의 윤리학」, 『처음 읽는 윤리학』, 동녘, 2013, 198쪽).

표 3-10 아리스토텔레스의 행복에 대한 하이데거의 현존재의 존재 우위

표 3-10 아리스토텔레스의 행복에 대한 하이데거의 현존재의 존재 우위

비본래성 : 아리스토텔레스의 행복(실천 진리)		
행위 규정 →	일반 의견/일상성 →	현존재의 자기 이해
본래성 : 하이데거의 현존재 전체(실존 진리)		

주 : 여기서 비본래성을 본래성이 포함하는 식으로 표가 그려진 것은 본래성은 전체성으로서 비본래성을
　　포괄하고 있기 때문이다. 또한 이 〈표 3-10〉은 앞서 〈표 3- 8〉에서 나누어진 두 표를 합쳐 그린 것이다.

는 비난을 받는다. 언뜻 하이데거의 인간은 자기 존재 이해만을
추구하는 것처럼 보이기 때문이다. 그러나 분명히 유아론은 아니
다. 왜냐하면 현존재는 다른 존재자들에 대한 관계 속에 살기 때
문이다.[108] 손안존재자와 환경세계Umwelt를, 공동현존재와 공동세
계Mitwelt를, 그리고 자기 자신과 자기세계Selbstwelt를 가진다. 그리
고 세 가지 세계는 모두 세계-내-존재를 구성한다.[109] 그런데 흥
미롭게도 이런 아리스토텔레스와의 차이점에서 '하이데거적 윤리
학'의 가능성이 나온다. 즉, 나와 세계(타인)와의 관계 규정을 엿
볼 수 있다.

　나는 여기서 '존재-해야 함'이라는 개념을 어떻게 볼 것인가에
따라서 두 입장이 구별되며 또한 연결될 수 있을 것이라 본다. F.
볼피는 실천-도덕적 의미에서 이 '당위'를 두 철학자의 공통점으
로 생각한다. 하지만 나는 두 당위가 서로 같지 않다고 생각한다.

---

[108] F. Rese, "Handlungsbestimmung vs. Seinsverständnis", pp. 181~182 참조.

[109] Martin Heidegger, *Grundprobleme der Phänomenologie*, (Winter Semester 1919~20),
　　GA. 58, Frankfurt am Main, 1993, p. 33 참조.

하이데거에게 이 당위는 실천-도덕적 의미 이전의 차원에 놓여 있다고 봐야 한다. 다시 말해 F. 레제의 말처럼 하이데거의 존재 당위는 내적 태도의 전환에만 해당하기 때문이다. 그에 반해 아리스토텔레스의 실천 당위는 행위에 따라 외적으로 드러나는 활동을 목적으로 가진다.

하이데거는 존재론과 윤리학을 구별하며 묻는다. "인간다움이 존재 사유에 대해 그렇게 본질적이라고 할 때, 그렇다면 '존재론'은 '윤리학'으로 보완되어야 하는 것은 아닌가?"[110] 같은 곳에서 그의 언급을 통해 그가 생각하는 규범윤리학을 간접적으로 추측해 보자면, '일상적 삶 속에서 어떻게 살아야 하는가에 대한 구속력 있는 지침(규칙)'이라고 할 수 있다.[111] 그런데 하이데거는 『니코마코스 윤리학』을 해석하면서 "인류를 당연히 더 좋게 만들 만한 선천적 윤리학, 즉 일반적인 군대 명령 같은 것은 아니"라고 말한다. 그가 생각하는 규범윤리학은 바로 "그때마다 자기 자신을 위해 그 순간 자기와 관련되는 것에 주목해야" 하는 것이다.[112] 그런데 이런 하이데거의 규범윤리학에 대한 규정이 아리스토텔레스의 『니코마코스 윤리학』은 물론 『존재와 시간』의 기초 존재론까지 포함한다고 단정지을 수는 없다. 차라리 우리는 여기서 실천-도덕적 행위를 규정하는 '당위의 당위'로서 '존재해야 함'을 떠

---

110 Martin Heidegger, *Wegmarken*, p. 352.

111 같은 곳 참조.

112 Martin Heidegger, *Grundbegriffe der aristotelischen Philosophie*, Frankfurt am Main, 2002, p. 182.

올리는 것이 좋겠다. 다시 말해 존재론적 당위로서 이런 '윤리학'은 어떤 삶의 규칙을 제시하는 규범윤리학이 아니라, 그런 규범을 규정하고 따라야 한다(당위)는 존재론적 당위를 요구하는 '윤리학'이라고 할 수 있다.

이런 윤리학을 우리가 명칭상 **근원 윤리학**이라고 부르기 위해서는 무엇보다 「휴머니즘 서간」을 살펴볼 필요가 있다. 하이데거는 "존재의 진리를 '탈존하는 자로서의 인간의 시원적 본령'으로서 사유하는 그러한 사유는 이미 그 자체가 근원적 윤리학ursprüng-liche Ethik"이라고 말한다.[113] 이 사유의 대상은 존재 진리다. 그러므로 이런 사유가 없이는 존재론 일반도 그 토대를 잃게 된다. 하이데거는 이어서 바로 『존재와 시간』에서 "사유"를 언급한다. 그것은 바로 "존재의 진리를 앞서 사유하려고 했던 시도"로서 기초 존재론을 말한다.[114] 전기의 기초 존재론이 바로 후기의 근원적 윤리학임을 주장할 수 있는 대목이다. 그렇다면 앞서 밝혀 보였던 '당위의 당위'를 여기서 어떻게 해석할 수 있을 것인가? 전자의 당위는 행위 규정을 만드는 것이고 후자의 당위는 현존재의 자기 이해라고 할 수 있다. 이것은 다시 말해 존재해야 함이라는 자기 이해가 있어야 행위 규칙을 제정하고 행동할 수 있다고 주장하는 것이다. 이런 맥락에서 이해할 수 있는 하이데거의 말은 다음과 같다. "인간이 존재의 진리를 향해 탈-존하면서 존재에 귀속하는 한에

---

113 Martin Heidegger, *Wegmarken*, p. 356.
114 같은 책, p. 357.

서만, 인간을 위해 마땅히 법칙과 규칙이 되어야 할 그런 지침들이 존재 자체에 입각해 인간에게 할당될 수 있다. …… 규칙의 건립보다 더 본질적인 것은, 인간이 존재의 진리 안에 체류하는 길을 발견하는 것이다."[115] 여기서 '존재의 진리 안에 체류하는 길'이 하나의 당위로서 바로 근원적 윤리학이라고 할 수 있다.

　나는 아리스토텔레스의 탁월성 윤리와 같은 규범 윤리로, 하이데거의 『존재와 시간』이 이해되어야 한다고 생각하지 않는다. 그러나 그것이 F. 볼피의 주장이 단편적이고 단지 그럴듯하게 구성되어 있을 뿐이기 때문만은 아니다. 그렇다고 F. 레제의 주장처럼 양자의 상이성이 분명하게 드러나고 있기 때문도 아니다. 『존재와 시간』은 확실히 일반 존재론의 출발점이면서 동시에 윤리학 일반의 출발점이기 때문이다. 『존재와 시간』은 윤리의 근원에 대한 이해라고 해도 과언은 아니다. 이로써 우리는 하이데거의 『존재와 시간』을 명칭상 근원 윤리학이라고 불러도 무방할 것이다. 따라서 아리스토텔레스의 『니코마코스 윤리학』을 토대로 구축된 저작으로서 『존재와 시간』이 시간상 후기 저술이기는 하지만, 내용상 『니코마코스 윤리학』보다 이전에 놓여 있다고 할 수 있겠다.

---

115 같은 책, pp. 360~361.

참고문헌

김재철, 「하이데거의 아리스토텔레스 : 해석」, 『존재론 연구』 제22집, 2010, 1~40쪽.

박찬국, 『하이데거와 윤리학』, 철학과 현실사, 2002.

_____, 「키에르케고르, 야스퍼스, 하이데거와 초월의 윤리학」, 『처음 읽는 윤리학』, 동녘, 2013, 173~198쪽.

이동수, 「하이데거의 프락시스 해석 : 프락시스의 시간성을 중심으로」, 『한국정치학회보』 33(1), 1999, 129~147쪽.

조홍준, 「하이데거 존재 진리의 시간으로서 우연성」, 『동서철학연구』, 제87호, 한국동서철학회, 2018, 295~320쪽.

서양 일차 문헌

Aristoteles, *Nikomachische Ethik*, Nach der Übersetzung von Eugen Rolfes/ bearbeitet von Günther Bien, Hamburg, 1995 (『니코마코스 윤리학』, 강상진·김재홍·이창우 옮김, 도서출판 길, 2018).

_____, *Metaphysik*, Nach der Übersetzung von Bonitz, H., Bearbeitet von Seidl, H., Hamburg, 1995.

Heidegger, Martin, *Der Begriff der Zeit; Vortrag von der Marburger Theologenschaft Juli 1924*, Tübingen, 1995.

_____, *Die Grundbegriffe der Antiken Philosophie*, (Sommer Semester 1926), GA. 22, Frankfurt am Main, 1993.

_____, *Grundbegriffe der aristotelischen Philosophie*, Frankfurt am Main, 2002.

_____, *Grundprobleme der Phänomenologie*, (Winter Semester 1919~20), GA. 58, Frankfurt am Main, 1993.

_____, *Platon: Sophistes*, Fankfurt am Main, 1992.

_____, *Sein und Zeit*, Tübingen, 1967 (『존재와 시간』, 이기상 옮김, 까치, 2001).

_____, *Wegmarken*, Frankfurt am Main, 1976 (『이정표』, 이선일 옮김, 한길사, 2005).

Platon, *Platon Werke VI/ Theaitetos, Sophistes, Politikos*, Bearbeitet von Staudacher, P., Griechischer Text von Dies, A., Deutsche Übersetzung von Schleiermacher, F., WBG, 2011.

서양 이차 문헌

Bernasconi, R., "Heidegger's Destruction of Phronesis", *The Southern Journal of Philosophy* 28, 1989, pp. 127~147.

Boehm, R., *Das Grundlegende und das Wesentliche: Zu Aristoteles' Abhandlung* "Über das Sein und das Seiende" (Metaphysik Z), Hildesheim, Olms Verlag, 1862.

Bröcker, W., *Aristoteles*, Frankfurt am Main, Klostermann, 1935.

Figal, G., "Heidegger als Aristoteliker", *Heidegger und Aristoteles*, Verlag Karl Alber, 2007, pp. 53~76.

Gadamer, H.-G., *Heideggers Wege*, Tübingen, 1983.

_____, "Praktisches Wissen", *Gesammelte Werke 5* Tübingen, Mohr Siebeck, 1985/1999, pp. 230~248.

Luckner, A., "Wie es ist, selbst zu sein. Zum Begriff der Eigentlichkeit (§§ 54-60)", *Sein und Zeit*, Akademie Verlag, Berlin, 2001, pp. 149~168.

Rese, F., "Handlungsbestimmung vs. Seinsverständnis. Zur Verschiedenheit von Aristoteles' Nikomachischer Ethik und Heideggers Sein und Zeit", *Heidegger und Aristoteles*, Verlag Karl Alber, 2007, pp. 170~198.

Sheehan, T., "Heidegger's Interpretation of Aristotle: Dynamis and Ereignis", *Philosophy Research Archives* 4, 1978, pp. 278~314.

Tugendhat, E., *TI KATA TINOS. Eine Untersuchung zu Struktur und Ursprung aristotelischer Grundbegriffe*, Freiburg/München, Alber, 1958.

Volpi, F., "Being and Time: A 'Translation' of the Nicomachean Ethics?", *Reading Heidegger from the Start*, translated by John Protevi, State University of New York Press, 1994, pp. 195~211.

Weigelt, C., *The Logic of Life: Heidegger's Retrieval of Aristotle's Concept of Logos*, Almqvist & Wiksell International, 2002.

Wiplinger, F., *Physis und Logos: Zum Körperphänomen in seiner Bedeutung für den Ursprung der Metaphysik bei Aristoteles*, Freiburg, Alber, 1971.

Justice 4

폭력과 윤리 :
4·3을 생각함

1. 프롤로그 : 제주4·3의 이름

제주시 봉개동에 위치한 4·3평화공원 내의 4·3기념관, 동굴처럼 이어지는 컴컴한 관람로를 따라 걷다 보면 문득 환하게 하늘로 뚫린 공간이 나온다. 가까이 다가가서 보면 바닥에 흰 비석이 누워 있다. 비석엔 아무것도 새겨져 있지 않다. 무슨 사연일까? 발앞에 검은 표지판을 보면 이렇게 씌어 있다.

"언젠가 이 비에 제주4·3의 이름을 새기고 일으켜 세우리라."
4·3백비, 이름 짓지 못한 역사
Unnamed Monument
백비白碑, 어떤 까닭이 있어 글을 새기지 못한 비석을 일컫는다.
봉기, 항쟁, 폭동, 사태, 사건 등으로 다양하게 불려 온 제주4·3은
아직까지도 올바른 역사적 이름을 얻지 못하고 있다. 분단의 시대를 넘어 남과 북이 하나가 되는 통일의 그날, 진정한 4·3의 이름을 새길 수 있으리라.

나그네 마음에 파문이 인다. 4·3은 이름조차 없구나! 갑자기 눈이 침침해졌기 때문일까, 그 흰 비석 위로 서귀포시 안덕면 사계리의 백조일손묘지에서 보았던 봉분들이 파도처럼 어른거린다. 거기도 100개도 넘는 무덤 앞에 묘비석이 하나도 없었다. 무거운 걸음을 옮겨 밖으로 나오면 기념관 뒤로는 4·3평화공원이 마치 태초의 낙원과도 같이 순진무구하게 펼쳐진다. 광주 5·18 사망자들을 모신 망월동은 공식 명칭이 5·18민주-**묘지**인데, 제주는 4·

3 영령들을 추모하기 위해 조성된 장소를 4·3평화-**공원**이라 한다. 왜 공원일까? '시간의 길'을 따라 천천히 걸으면 가운데 위령탑이나 각명비가 서있고 언덕 위론 무지개처럼 솟은 제단이 있을 뿐, 묘지가 없다. 각명비 앞에 다가서면 지역별로 희생자 이름이 빼곡히 새겨져 있는데, 놀랍게도 그중엔 열 살짜리도 있고 다섯 살짜리도 세 살짜리 아니 한 살배기까지 있다. 그런 젖먹이 희생자들 가운데는 아직 이름조차 채 얻지 못했던 어린 영혼도 있다. 그럼 4·3이 이름이 없는 까닭은 그렇게 이름도 못 얻고 죽어 간 죄 없는 영혼들의 저주 때문일까.

어지러운 마음으로 언덕길을 오르면 한가운데 커다란 제단 옆으로 끝난 것 같던 길이 이어지는데, 그 앞으로 다시 펼쳐진 너른 들판엔 묘비석도 없이 묻혔던 원혼들의 한을 풀어 주기라도 하려는 듯, 초원에 까맣게 내려앉은 까마귀 떼처럼 줄지어 선 사각의 검은 돌들이 보인다. '묘비석임에 틀림없다'는 생각에 종종걸음으로 다가가면, 비석 뒤엔 아무것도 없다. 자세히 보면 다 헤아릴 수도 없이 많이도 늘어선 작은 비석들은 모두 4·3사건 당시에 육지 형무소로 끌려가 행방불명되어 돌아오지 못한 원혼들의 이름을 새긴 표석이다.

그 많은 사람들이 살해당했는데, 무덤이 있으면 비석이 없고, 이름을 새긴 비석이 있으면 무덤이 없다. 이 어긋남은 무슨 뜻일까? 도대체 무슨 일이 일어났던 것일까? 임산부도, 이름조차 없는 젖먹이도, 닥치는 대로 아무나 죽이고, 아무 데서나 죽이고, 아무 데나 파묻고, 아무 데서나 수장시켜 시신조차 찾지 못하게 한 살인자들은 도대체 누구였을까?

2. 폭력과 희생

1) 물음의 제시

"제주4·3사건이라 함은 1947년 3월 1일을 기점으로 하여 1948년 4월 3일 발생한 소요 사태 및 1954년 9월 21일까지 제주도에서 발생한 무력 충돌과 진압 과정에서 주민들이 희생당한 사건을 말한다."[1] 이것은 2000년 1월 12일 처음 제정된 〈제주4·3사건 진상규명 및 희생자 명예회복에 관한 특별법〉(아래에선 4·3사건법으로 줄임) 제2조에 명시된 4·3사건의 공식적 정의이다. 다소 길기는 하지만 나름 분명하게 4·3사건이 무엇인지 정의되어 있다. 그런데 왜 이름이 없다 하는가?

생각하면 광주 5·18의 경우도 이름은 여럿이다. 광주민주화운동이 공식 명칭이기는 하지만, 예전엔 '광주사태'라 불리기도 했고 지금은 '광주민중항쟁'이라고 부르는 사람도 많이 있다. 하지만 그것이 치명적인 문제로 보이지는 않는다. 하나의 역사적 사건을 두고 이름이 달라지는 건 같은 사건을 두고도 다르게 보기 때문이지만, "존재는 다양한 방식으로 말해진다"[2]는 아리스토텔레스의 상투어를 상기하면 그것이 그리 이상한 일은 아니다. 같은 5·18이라도 이리 보면 민주화운동이고 저리 보면 민중 항쟁이겠

---

1 제주4·3사건진상규명 및 희생자명예회복위원회, 『화해와 상생 : 제주4·3위원회 백서』(아래에선 『백서』로 줄임), 2008, 520쪽.

2 아리스토텔레스, 『형이상학』, 조대호 옮김, 도서출판 길, 2017, 1003a 32 외 여러 곳.

지만, 그것 때문에 싸울 일도 없고, 5·18이 이름이 없다고 슬퍼할 일도 없다. 굳이 극단적인 경우를 거론하자면, 5·18과 북한군의 연계성을 주장하면서 애써 폭동으로 몰아가려는 사람도 있으나,[3] 이건 아무런 증거도 제시하지 못하면서 무턱대고 하는 주장이므로 5·18을 악의적으로 매도하려는 의도를 가진 사람이라면 모를까 학문적으로는 귀담아 들을 가치가 없는 소음에 지나지 않는다.

그런데 제주는 다르다. 어느 편에 서서 보느냐에 따라 객관적 사실 인식에서부터 가치 평가에 이르기까지 그 판단이 극단적으로 대립한다. 그 까닭은 4·3이 폭력에서 시작해 폭력으로 끝난 사건이기 때문이다. 1948년 4월 3일 남로당 무장대의 무장봉기에서 시작된 4·3사건은 항쟁 주체의 폭력에 대해 그것을 진압하는 경찰과 군대의 폭력이 만들어 낸 미증유의 비극이었다. 제주4·3이 쉽게 합의된 이름을 얻지 못하는 까닭은 그것이 이처럼 폭력과 폭력이 부딪힌 사건이었기 때문이다. 모든 폭력은 피해자를 낳는다. 그런데 제주4·3처럼 하나의 사건 속에 두 가지 상반된 폭력이 충돌할 때, 국가 폭력에 의한 피해자의 자리에서 보느냐, 항쟁 폭력에 의한 피해자의 자리에서 보느냐에 따라, 4·3의 얼굴은 달라질 수밖에 없다. 전자의 경우라면 4·3은 항쟁이겠지만, 후자의 경

---

3 지만원의 주장이다. 그의 주장을 다른 사람도 아니고 1980년 5·18 당시 부산의 국제신보 기자로 광주에서 사건을 취재했던 조갑제가 자기 자신의 경험에 입각해서 분명하게 반박했으니, 우리로서는 굳이 더 거론할 필요는 없을 것이다. 반론문은 조갑제닷컴에서 읽을 수 있다. http://www.chogabje.com/board/view.asp?C_IDX=51365&C_CC=AZ

우라면 그것은 폭동일 것이다.

그런데 이 적대적 대립과 폭력의 역사가 완전히 종결된 것이라면, 굳이 4·3을 성찰해야 할 절실하고 절박한 이유까지는 없었을 것이다. 그러나 적대성도 폭력도 지금은 은폐되고 억압되어 있을 뿐 완전히 사라진 것은 아니다. 한반도에서 남과 북 사이에 언제라도 다시 전쟁이 일어날 수 있는 가능성이 완전히 없어진 것이 아니듯이, 남한 사회 내에서도 4·3 당시 제주에서 일어난 폭력적 대립의 가능성도 사라진 것이 결코 아닌 것이다. 70년 전의 사건을 우리가 지금 우리 자신의 일로 돌아보아야 하는 까닭도 여기에 있거니와, 이처럼 사건이 일어난 당시의 상황에서도 그리고 무려 70년이 지난 지금에 이르러서도, 폭력적 대립은 제주4·3사건의 가장 본질적인 정체성에 속한다.

어떤 사물의 이름이란 그 사물의 정체성에 따라 결정되게 마련이다. 그런데 지금까지 4·3에 붙여진 여러 이름이나, 상이한 이름들을 두고 벌어진 논의들을 살펴보면, 이상하게도 이 사건에서 폭력적 충돌과 대립이라는 가장 중요한 요소를 아예 무시하거나, 그렇지 않다 하더라도 거의 비본질적인 요소로 치부하는 경우가 대부분이었다. 제주4·3 또는 4·3을 떼고 그 뒤에 붙는 이름들만 한 번 나열해 보자면, "무장투쟁",⁴ "무장봉기",⁵ "폭동",⁶ "무장 반

<hr />

4 김봉현·김민주 공편, 『제주도인민들의 《4·3》무장투쟁사 : 자료집』, 文友社, 1963, 5쪽.

5 같은 책, 9쪽; 제주4·3평화기념관, 전시 내용 중. 『백서』, 227쪽.

6 김점곤, 『한국전쟁과 노동당 전략』, 박영사, 1973. 양한권, 「제주도4·3폭동의 배

란",[7] "민중항쟁",[8] "학살사건"[9] 등이 있는데, 여기서 4·3사건을 긍정적으로 보든 부정적으로 보든, 그리고 이 사건을 남로당 무장대의 관점에서 보든 군경 토벌대의 관점에서 보든 아니면 좌도 우도 아닌 희생자의 관점에서 보든지 간에 분단 상황 속에서 대립하는 두 세력이 적대적으로 대립하고 충돌했다는 인식 또는 관점은 거의 배제되어 있다.

그 대신 대부분의 서술은 서로 폭력적으로 충돌했던 어느 한쪽의 폭력성이나 불법성만을 일면적으로 강조한다. 토벌대에 대해 비판적인 관점에서 4·3을 서술하는 사람들은 대개, 4월 3일의 무장봉기가 경찰과 서북청년단의 테러에 대한 반작용인 동시에, 남한만의 단독 정부 수립을 위한 5·10선거를 막기 위한 봉기였다고 서술한다.[10] 이 경우 분단의 고착화에 대한 책임은 미군정과 이

경에 관한 연구」, 서울대학교 정치학과 석사 학위논문, 1988.

7 현길언, 『섬의 반란, 1948년 4월 3일』, 백년동안, 2014. 38쪽.

8 박명림, 「제주도 4·3민중항쟁에 관한 연구」, 고려대학교 정치외교학과 석사 학위논문, 1988.

9 강성현, 「제주4·3학살사건의 사회학적 연구 : 대량 학살 시기(1948년 10월 중순~1949년 5월 중순)을 중심으로」, 서울대학교 사회학과 석사 학위논문, 2002.

10 허호준, 「제주4·3무장봉기 결정과정 고찰」, 『4·3과 역사』 제7호, 2008, 214~218쪽; 양정심, 『제주4·3항쟁 : 저항과 아픔의 역사』, 선인, 2008, 85쪽; 허영선, 『제주4·3을 묻는 너에게』, 서해문집, 2014, 76쪽. 이런 입장은 거슬러 올라가면 남로당 무장대가 4월 3일 봉기하면서 뿌렸던 도민에의 호소문 및 경찰에 대한 경고문의 내용과 크게 다르지 않다. 호소문 내용은 아래와 같다. "시민 동포들이여! 경애하는 부모 형제들이여! '4·3' 오늘은 당신님의 아들 딸 동생은 무기를 들고 일어섰습니다. 매국 단선 단정을 결사적으로 반대하고 조국의 통일 독립과 완전한 민족 해방을 위하여! 당신들의 고난과 불행을 강요하는 미제 식인종과 주구들의 학살

승만 일당에게 돌아간다. 반대로 남로당 무장대를 비판하는 입장
에서 4·3을 서술하는 사람들은 북한에서 김일성이 이미 1946년
부터 실질적인 단독정부를 수립한 상태였고 남북한 통합 선거를
스스로 거부했음을 지적하면서 이른바 좌파들이 남한의 5·10선
거에다 분단 고착화의 책임을 돌리는 것이 위선이라고 비판한
다.[11] 그런 다음, 쌍방은 각자의 입장에서 상대방의 살인 행위만을
두고 폭동이나 테러라고 비판하거나 학살이나 국가 폭력이라고
비판하는 것이다.

　물론 학살도 항쟁도 그리고 희생도 4·3을 이루는 불가결한 구
성 요소이다. 그러나 그것이 아무리 중요한 요소라고 하더라도 정
직하게 말하자면 그것은 4·3의 현상일 뿐, 결코 본질이 아니다. 만
약 남북 분단 및 적대적 세력들의 대립을 우리가 도외시할 수 있다
면, 적어도 남한 사회에서 보자면 4·3을 촉발한 국가기구의 폭력
과 학살도 그리고 그에 저항해서 일어난 무장 항쟁도 모두 다시는
일어나기 어려운 과거의 일이라고 생각할 수도 있다. 4·19 시위대
에 대해 발포했던 이승만에서 시작해 광주에서의 학살극으로 집권
한 전두환까지, 해방 이후 한국의 역사 속에서 비무장 민간인을 향

만행을 제거하기 위하여! 오늘 당신님들의 뼈에 사무친 원한을 풀기 위하여! 우리
들은 무기를 들고 궐기하였습니다. [……]" 김봉현·김민주 공편, 『제주도인민들의
《4·3》무장투쟁사: 자료집』, 85쪽.

11 현길언, 『정치권력과 역사왜곡: 제주4·3사건진상조사보고서 비판』, 태학사, 2016,
　185~186쪽; 대한민국 재향경우회 제주도 지부 등, 「제주4·3사건 진상조사보고서
　에 대한 반론」, 『본질과 현상』 31호, 2013, 163~164쪽.

해 발포했던 권력은 반드시 몰락했다. 굳이 그런 특정 사례만이 아니라 한국의 민주주의의 발전 과정을 거시적으로 고찰할 때, 박정희처럼 군대를 동원해 민주적인 정부를 전복시키고 군부독재 정권을 수립하는 것은 최종적으로는 최근의 촛불 혁명을 통해 현실적으로 불가능한 일이 되었다고 보는 것이 공정한 판단일 것이다.

하지만 그런 역사의 진보에도 불구하고 70년 전과 똑같이 남아 있는 것은 분단 상황이다. 그런데 분단 상황이 우리에게 강요하는 적대적 대립 구도가 극복되거나 해체되지 않을 때, 과연 제주4·3 당시와 같은 학살극이 벌어지지 않는다고 장담할 수 있겠는가? 아마도, 아니 결코 그럴 수 없을 것이다. 그러니까 우리가 아무리 민주적이고 정의로운 정부를 소유한다 하더라도 분단 상황이 종식되지 않는 한 4·3의 비극은 언제라도 재발할 수 있는 것이다. 이런 의미에서 분단 상황 및 서로 대립하는 세력들의 적대적 충돌이야말로 4·3사건의 지속적 본질이다.

4·3을 생각한다는 것은 바로 이 대립과 충돌의 뜻을 생각한다는 것을 의미한다. 그 폭력은 어디서 왔는가? 그리고 그것은 어떻게, 어디까지 정당화될 수 있는가? 이것이 제주4·3에 대해 아래에서 우리가 생각해보려는 물음이다. 이 물음에 대답하기 위해, 먼저 우리는 양쪽의 목소리를 한번 들어볼 필요가 있다.

2) 1948년 4월 3일, 두 소녀의 죽음

『제주4·3사건의 진상』이라는 제목의 책이 있다. 책 표지엔 제목 아래 「노무현 정부에서 작성한 제주4·3사건 진상조사보고서는 허위보고서이며, 희생자 심사도 허위로 하였다」는 사나운 부제가 붙어 있다. 아래는 그 책의 한 구절이다.

제주4·3사건 특별법은 '제주4·3사건의 시점은 1947년 3월 1일'
로 규정하고 있다. 제주4·3사건과 3·1발포사건과의 관계는 위의
제주4·3사건 진상조사보고서의 잘못을 살펴본 바와 같이 관련이
없다. 제주4·3사건을 3·1발포사건이 기점이라고 주장하는 이유
는 제주4·3폭동을 무장봉기라고 하기 위하여 허위 및 좌편향적으
로 주장한 것이며, 이토록 제주4·3폭동을 무장봉기라고 주장하는
이유는 폭도들을 제주4·3희생자로 만들기 위한 것이다.[12]

앞서 본 대로 4·3사건법에 따르면 제주4·3사건은 1947년 3월
1일을 기점으로 한다고 되어 있다. 그런데 위의 인용문에 따르면
1948년 4월 3일에 시작된 제주4·3사건의 기점을 굳이 시간을 거
슬러 올라가 그것도 하필이면 1947년 3월 1일의 발포 사건으로
잡은 것은 폭동을 봉기로 만들고, 폭도들을 희생자로 만들어 주는
의도적인 역사 왜곡이라는 것이다. 이런 주장은 제주4·3사건을
군경 토벌대의 입장에 서서 불법적인 무장 폭동으로 비판하는 많
은 글 가운데 하나의 사례이다. 그렇다면 이런 말은 어디까지 정
당하고 어디서부터 부당한 것일까?
　잘 알려진 대로 1947년 3·1절 발포사건은 1947년 3월 1일 제

---

12 이선교, 『제주4·3사건의 진상』, 도서출판현대사포럼, 2012, 354쪽.

주 북국민학교에서 열렸던 3·1절 기념식이 끝나고 돌아가던 사람들을 향해 경찰이 발포하여 여섯 명이 사망한 사건을 가리킨다. 그 이후 제주도 전역에서 총파업이 일어났고, 그 파업을 진압하는 과정에서 수백 명이 검거되었다. 이 과정에서 경찰의 가혹행위가 계속되었는데, 이는 제주 미군 방첩대Counter Intelligence Corps, CIC가 "경찰 당국이 제주도 경찰에 대해 어떤 조치를 취하지 않는다면 유혈 사태가 일어날 수도 있다"고[13] 상부에 보고할 정도였다. 경찰폭력에 더하여 9월 이후에는 서북청년단원들에 의한 유무형의 폭력행위가 제주도민들을 자극했다. 그에 더하여 이듬해 3월에는 조천지서에서 취조받던 조천중학원생 김용철이 그리고 모슬포지서에서는 영락리 청년 양은하가 모두 고문으로 사망했다. 1948년 4월 3일 남로당 무장대가 봉기한 것은 아무 이유나 배경 없이 일어난 일이 아니고, 이런 일련의 사건의 결과였다. 간단히 말해 경찰에 의해 자행된 수많은 폭력행위가 4·3사건의 직접적인 원인이었던 것이다. 그러나 경찰 편에서 4·3을 서술하는 사람들은 그 배경을 지우고 싶어 한다. 그리고 4·3사건의 발단을 1948년 4월 3일의 무장봉기로 규정하려 한다. 그렇게 함으로써 그날 이후에 일어난 모든 폭력 행사를 48년 4월 3일의 폭력적 봉기에 뒤따른 결과로 서술하려 하는 것이다.

그렇다면 1948년 4월 3일에 어떤 일이 일어났던 것인가? 제주 4·3사건법에 따라 설치된 제주4·3사건진상규명 및 희생자명예회

---

13 『조사보고서』, 548쪽.

복위원회에서 펴낸 『제주4·3사건진상조사보고서』(아래에선 『조사보고서』로 줄임)에 따르면, 제주4·3사건이란 그 자체로서는 1948년 4월 3일 새벽 2시를 기해 남로당 제주도당 무장대 350여 명이 제주도 내 24개 경찰지서 가운데 12개 지서를 공격하고 우익 단체 요인의 집을 습격하여 경찰 네 명, 민간인 여덟 명을 살해한 데서 시작되었다.[14] 이 과정에서 무장대는 두 명이 사망하고 한 명이 생포되었다. 그런데 불의의 습격이었던 만큼 많은 사람들이 정상적인 교전 중에 사망한 것이 아니고 숙직을 하거나 숙소에서 잠을 자다 변을 당했다.[15]

4·3을 소개하는 많은 책들이 1948년 4월 3일 최초의 봉기의 상황을 상세하게 서술하지 않는다.[16] 그래서 보통 사람이라면 봉기

---

14 『조사보고서』, 167~174쪽.

15 경찰 사망자 네 명 가운데 한림지서 김록만 순경은 여관에서 습격을 받아 숨졌고, 남원지서 김장하 순경은 세 들어 살던 민가에서 습격을 받아 아내와 함께 숨졌다. 『조사보고서』, 171~172쪽.

16 먼저 이영권의 서술을 보면, "1948년 4월 3일 새벽 1시에 500명 안팎의 유격대가 11개 지서와 서청 등 극우 단체의 집을 습격하면서 시작된 4·3의 초기 모습은 이후 전개된 엄청난 양민 학살극에 비하면 대단한 것이 아닐 수도 있습니다. 당시 육지부에도 이 정도의 충돌과 유혈 사태는 종종 일어나고 있었기 때문입니다"(이영권, 『제주4·3을 묻습니다』, 신서원, 2007, 116쪽). 여기서 저자는 4월 3일 누가 얼마나 죽었는지 전혀 언급하지 않는다. 대신 그는 무장대의 공격과 나중의 군경에 의한 양민 학살을 비교하면서 일종의 가치 평가를 내리는데, 그에 따르면 남로당 무장대의 습격은 군경의 학살에 비하면 사소한 것에 지나지 않는다고 한다. 다음으로 양정심의 서술을 살펴보면, "제주4·3항쟁은 1948년 4월 3일 새벽 2시, 한라산과 주위의 각 오름들에서 일제히 봉화가 오르면서 시작되었다. 1500여 명(무장 500명, 비무장 1000명)의 인민자위대는 도내 24개 지서 가운데서 제1구 경찰서 관

첫날 사망한 민간인들이 어떤 사람들이었는지 정확하게 알기 어렵다. 그러나 4·3의 진상을 공정하게 인식하기 위해서는 이 첫날의 봉기가 어떻게 진행되었는지를 있는 그대로 살펴볼 필요가 있다.

그런데 민간인 사망자들은 대개 경찰서에 소속된 준 경찰이거나 우익 단체 인사들이었는데, 그 가운데는 경찰관의 아내도 있었다. 제주읍 화북지서 소속 김장하 순경은 육지 출신으로 화북의 자연부락들 가운데 하나였던 중마을에 세 들어 살았는데, 그의 아

내 화북, 삼양, 조천, 세화, 외도, 신엄, 애월, 한림지서와 제2구 경찰서 관내 남원, 성산포, 대정지서 등 11개 지서와 서북청년단숙사, 국민회, 독촉, 대동청년단 사무소 등을 습격했다"(양정심, 『제주4·3항쟁』, 86쪽). 양정심은 무장대가 우익 단체 요원의 집을 습격한 것은 언급하지 않는다. 그리고 그 역시 이영권과 마찬가지로 이날 무장대의 손에 살해당한 사람이 누구였는지, 그중 민간인이 몇 명이었는지에 대해서도 전혀 언급하지 않는다. 도리어 "유격대가 공격 대상으로 삼았던 경찰관, 공무원, 대청단원들"이라는(같은 곳) 표현을 통해 독자로 하여금 4월 3일 남로당 무장대가 무장하지 않은 민간인은 공격하지 않았으리라는 추측을 하게 만든다. 마지막으로 허영선의 경우를 보면, "봉화 신호가 떨어지자 무장대는 공격을 시작했다. 도내 24개 경찰 지서 가운데 12개 지서, 서북청년회 숙소 등 우익 단체 요인의 집과 사무실이 표적이었다"(허영선, 『제주4·3을 묻는 너에게』, 74쪽). 그러면서 저자는 "이날 공격을 한 무장대는 300명가량. 이들의 급습으로 민간인 8명과 경찰 4명, 무장대원 2명이 희생되었다"는(같은 책, 77쪽) 것을 명확히 밝히고 있다. 이를 통해 독자들은 무장대가 주로 경찰지서를 공격했다고 하지만 사망자는 민간인이 가장 많았다는 것을 알게 된다. 하지만 허영선은 그 까닭을 묻지도 않고 설명하지도 않으므로, 무장대가 경찰지서를 공격했다는데, 왜 민간인이 더 많이 죽었는지 알 수는 없다. 이 상황에서 저자의 뜻을 애써 호의적으로 미루어 짐작하려는 독자가 발휘할 수 있는 상상력의 한계는 아마도 그 악명 높은 서북청년단의 숙소에서 사망자가 발생했으리라 추측하는 정도일 것이다. 한 가지 덧붙인다면, 허영선은 자신의 석사 논문, 「제주4·3 시기 아동학살 연구 : 생존자들의 구술을 중심으로」(제주대학교 대학원 2006)에서 아동 학살의 실태, 유형과 특징 등을 다루었으나 토벌대에 의한 학살만 다루었으므로 4월 3일의 학살에 대해서는 언급하지 않았다.

내는 역시 화북의 자연부락 가운데 하나였던 거로마을 출신의 현씨였다고 전한다(정확한 이름까지는 알려져 있지 않음).[17] 그런데 부부가 모두 이날 함께 피살되었다. 그러니까 4월 3일 남로당 무장대는 비무장 상태의 순경을 습격, 살해한 것은 물론 그의 아내까지 함께 살해했던 것이다.

그런데 이날 민간인 여성이 군경이나 우익 단체 가족원이라는 이유만으로 살해된 경우는 이것만이 아니다. 무장대는 대표적인 우익 마을에 속했던 북제주군 애월면 구엄마을의 유지였던 문영백의 집을 습격했는데, 정작 살해하려 했던 문영백과 그의 아내는 피신해서 화를 면했으나, 그 딸들이었던 문숙자와 정자가 화를 입었다.[18] 무장대는 잠결에 끌려 나온 두 딸들을 칼과 죽창과 낫으로[19] 살해하고, 애기구덕에 눕혀 놓았던 두 살짜리 아들까지 죽창으로 찔렀는데, 아들은 죽창이 코를 스쳐 지나 구사일생으로 살았다고 한다.[20] 이때 살해된 두 딸들의 나이는 각각 14세 그리고 10세였다.[21]

---

17 제민일보4·3취재반 편, 『4·3은 말한다』 제2권, 전예원, 1994, 33~34쪽.

18 『조사보고서』, 171쪽.

19 『4·3은 말한다』, 28쪽.

20 같은 곳.

21 『조사보고서』는 171쪽에서 두 딸의 이름은 밝히지 않고 피살된 사실만 언급했다. 남로당 측 관점에서 저술한, 김봉현·김민주의 『제주도인민들의《4·3》무장투쟁사』에는 문영백의 집을 공격한 것은 기록되어 있으나, 문숙자와 정자 두 소녀의 학살은 구체적으로 언급되어 있지는 않다. 그러나 "반동들을 처단"했다는 표현 속에 그 날의 일이 어느 정도 암시되어 있다. 김봉현·김민주 공편, 『제주도인민들의《4·3》무장투쟁사 : 자료집』, 83~84쪽. "무장대는 '미제는 즉시 물러가라!', '매국 單選單政 절대 반대!', '유·엔 조선위원단은 철거하라!', '미제의 주구들을 타도하자!',

이 두 소녀의 죽음은 남로당 무장대에 의해 저질러진 최초의 민간인 학살이었다고 말할 수 있다. 좀 더 구체적으로 표현하자면 이 사안은 무장대가 원래 살해하려고 의도했던 당사자를 찾지 못하자 그 가족을 대신 죽인 것이므로, 나중에 군경 토벌대에 의해 광범위하게 저질러진 이른바 대살代殺과 같은 범주에 드는 학살이라고 규정할 수 있다.²² 이름을 무엇이라 부르든지 간에 이처럼 경찰이나 우익 인사의 가족을 살해하는 일은 그 뒤에도 계속되었는데, 4월 11일 제주 오라리에서는 송원화 순경의 아버지 송인규(58세)가, 18일에는 조천에서 경찰관 김성홍의 부친 김문봉(64세) 등이 희생되었다.²³ "무장대가 경찰 가족을 살해할 때에는 '경고

'조선 통일 독립 만세!' 등의 슬로칸을 내걸고 영웅성과 대담성, 기동성과 은밀성을 발휘하면서 소여의 거점을 급습했다. 인민의 자위대는 [······] 극악 반동인 [······] '김도현·김봉화·김두일·**문영백**(애월면)' [······] 과 같은 반역의 무리와 [······] 악질 관공리의 집과 '행정기관'들을 기습 파괴하였으며, 다수한 경찰원 관공리 극악 반동들을 처단 또는 생포하여 원한 많은 조선 인민의 이름으로 그들을 군중 심판에 부처 그들의 지은 죄악을 인민들 앞에 여지없이 폭로 규탄하였다." 강조는 인용자 (김상봉)에 의함.

22 원래 '대살'이란 "살인한 사람을 사형에 처함"을 뜻하는 말이지만(신기철·신용철 편저, 『새 우리말 큰 사전 (상)』, 삼성출판사, 1983, 826쪽), 제주에서는 4·3사건에서 다른 사람을 대신 살해하는 것을 가리키는 말로 널리 쓰이는 말이 되었다. 대개는 군경의 만행을 거론할 때 자주 언급되어 왔으나, 여기서 보듯이 4월 3일 이후의 과정만 놓고 보자면 대살을 먼저 자행한 쪽은 군경이 아니라 남로당 무장대임을 알 수 있다. 토벌대에 의한 대살에 대해서는 『조사보고서』, 299, 391, 535쪽 참고. 그 이외에도 대살이라는 표현을 쓰지 않았을 뿐, 군경에 의한 도피자 가족의 살해가 서술된 구절도 많으나 생략한다.

23 『4·3은 말한다 2』, 70~71쪽.

효과'를 높이기 위해서인지 시신을 참혹하게 훼손하는 사례들도 있었다"고[24] 한다.

그럼에도 불구하고 제주4·3사건에서 일반적으로 부각되어 있는 폭력은 남로당 무장대가 아니라 군경 토벌대의 민간인 학살이다. 그래서 제주4·3사건을 처음 접하는 제3자의 입장에서는 대개, 이 사건이 1948년 4월 3일 남로당 제주지부 무장대의 무장봉기에 의해 시작되긴 했으나, 사건의 비극적 핵심이라 할 수 있는 민간인 학살에 관해서 보자면 희생자의 대다수는 군경 토벌대에 의해 살해되었으므로, 무장대에 의한 살인은 마치 부수적이거나 우발적인 요소인 것처럼 생각하기 쉽다. 그러나 제주4·3사건이 남로당 무장대의 폭력적 봉기에서 시작되었고, 그 폭력이 무고한 인명을 살상하는 결과를 낳았으며, 이런 종류의 폭력이 나중에까지 계속되었던 것은 부인할 수 없는 사실이다. 단순히 피해 규모만을 놓고 본다면 무장대에 의한 학살과 토벌대에 의한 학살은 비교할 수 없을 만큼 차이가 크지만,[25] 무장대의 폭력이 단순히 우발

---

24 같은 책, 72쪽.

25 『조사보고서』, 537쪽. "희생자의 가해별 통계는 토벌대 78.1퍼센트(1만 955명), 무장대 12.6퍼센트(1764명), 공란 9퍼센트(1266명) 등으로 나타났다. 가해 표시를 하지 않은 공란을 제외해서 토벌대와 무장대와의 비율로만 산출하면 86.1퍼센트와 13.9퍼센트로 대비된다." 『백서』에 따르면, 정식으로 신고 되고 공식적으로 인정된 희생자들 1만 3564명 가운데 토벌대에 의한 희생자는 84.4퍼센트인 1만 1450명이고 무장대에 의한 희생자는 12.3퍼센트인 1673명이다. 『백서』, 187쪽. 『조사보고서』는 2003년, 『백서』는 2008년 간행되었다. 그러나 토벌대에 의한 사망자 가운데 신고되지 않은 피해자가 훨씬 더 많으리라고 합리적으로 추측할 수 있으므로 토벌대에 의한 희생자와 무장대에 의한 희생자의 차이는 공식적으로 알

적인 실수가 아니라 계획된 살인이었으며, 한 번으로 끝난 것이 아니고 지속적인 것이었다는 점에서, 단지 희생자들의 숫자의 차이에 의지하여 무장대의 학살을 무시하고 넘어간다거나 정당화하기는 어려울 것이다.

그럼에도 불구하고 제주4·3사건은 종종 국가 폭력에 의한 민간인 학살 사건으로만 묘사된다.[26] 이것은 특히 제주4·3사건 당시 군경의 민간인 학살에 대해 노무현 정부가 공식적으로 국가의 범죄로서 인정하고 대통령이 국가를 대표해서 사과함으로써 일종의 공인된 해석이 되었다.[27] 사과는 오직 잘못이 있을 때 하는 것이고

려진 것보다 훨씬 더 크리라고 생각된다. 만약 우리가 일반적으로 추산되는 4·3의 희생자를 3만 명이라고 상정하고 그 가운데 무장대에 의한 희생자로 신고된 자들을 제외한 모든 사람들을 토벌대에 의한 희생자라고 상정한다면, 무장대에 의한 희생자는 어림잡아 전체 희생자의 5퍼센트 정도였다고 추산할 수 있을 것이다. 물론 이것은 순전히 주관적인 추정에 지나지 않는다.

26 앞에서 인용한 이영권, 양정심, 허영선의 책 외에 최근 출판된, 김용옥의 『우린 너무 몰랐다 : 해방, 제주4·3과 여순민중항쟁』(통나무, 2019) 역시 이 점에서는 마찬가지이다. 제주4·3평화공원 내에 위치한 제주4·3평화기념관을 둘러보면, 4·3사건의 배경에서부터 봉기와 토벌의 과정 그리고 살아남은 자들의 아물지 않는 고통과 용감한 기억 투쟁에 이르기까지 이 사건의 전 과정을 소개해 주는 전시 내용에서 군경 토벌대에 의한 민간인 학살에 비해 남로당 무장대에 의한 학살은 너무 간략하게 소개되어 있다. 『백서』(2008, 238쪽)는 평화기념관 전시 내용을 모두 60쪽에 걸쳐 소개하고 있는데, 거기서 '무장대에 의한 희생'이라고 소개된 것은 한 페이지이다.

27 노무현 대통령은 2003년 10월 15일 진상조사위원회의 『조사보고서』가 최종적으로 확정된 뒤 같은 위원회의 건의를 받아들여 10월 31일 제주에서 열린 제주평화포럼, 제주도민과의 대화에서 발표했던 「제주4·3사건에 대한 대통령 발표문」에서 국가를 대표하여 4·3사건에서 군대와 경찰이 저지른 잘못에 대해 다음과 같이 사

또 잘못을 인정할 때만 할 수 있는 일인데, 대통령이 수십 년 전 군경의 **잘못**에 대해 **사과**함으로써 제주4·3사건은 세세한 차이들을 무시하고 큰 틀에서 보자면 한국 군경에 의한 대규모 민간인 학살로 성격이 규정되었다고 말할 수 있는 것이다.

3) 1949년 1월 17일, 북촌리 집단 학살

1948년 4월 3일의 무장대의 습격과 민간인 학살을 고려하면, 군경 토벌대의 관점에서 제주4·3사건을 기본적으로 공산주의자들의 폭동으로 간주하는 사람들이 이 사건에 대한『조사보고서』의 서술이나 평화기념관의 전시 내용 그리고 더 나아가 노무현 대통령의 사과에 대해 반발하는 것은 그 자체로서는 이해할 만하다. 하지만 그렇다고 해서 그들의 모든 주장이 이해할 만한 것은 아니다. 이를테면『조사보고서』에 대해 대한민국 재향경우회 제주도 지부 등이 제기하는 반론문을 보면 첫머리에서 여섯 개의 대 원칙을 제시하고 있는데, 그중 두 번째와 세 번째를 보면 다음과 같다.

2. 이 보고서를 작성하는 현 정부는 조선 민주주의 인민공화국 정부의 후계체가 아니고 1948년 8월 15일 수립된 대한민국 정부의

과했다. "저는 위원회의 건의를 받아들여 국정을 책임지고 있는 대통령으로서 과거 국가권력의 잘못에 대해 유족과 제주도민 여러분에게 진심으로 사과와 위로의 말씀을 드립니다. 무고하게 희생된 영령들을 추모하며 삼가 명복을 빕니다."『조사보고서』, 543쪽.

승계체라는 점을 인식하고 보고서가 작성되어야 한다.

3. 우리는 남북통일과 민족 화해를 지향해야 할 시대를 맞이했으나 그렇다고 해서 제주4·3사건의 진상을 규명함에 있어, 당시 좌익이 추구했던 근본적 목적과 수단 방법을 용인하거나 왜곡·미화해서는 안 되며, 건국 초기 혼란상을 도외시하고 진압 과정에서 발생한 상황을 오늘의 잣대로 재단해서도 안 된다.[28]

언뜻 보면 그다지 틀린 말도 아닌 것처럼 보인다. 하지만 하나씩 뜯어보면 문제가 한둘이 아니다. 우선 2번의 경우는 너무 당연한 말을 하는 까닭을 알 수가 없다. 4·3사건법의 제정도 『조사보고서』의 작성도 대통령의 사과도 대한민국 정부이기 때문에 필요했던 일이었다. 한국 군경의 범죄행위에 대해 한국 정부가 사과하지 않으면 누가 사과하겠는가? 행위의 궁극적 주체가 한국 정부였으므로 한국 정부가 진상 조사를 하고 사과도 했던 것이다. 이 당연한 이치를 왜 굳이 강조하는 것일까?

3번을 보면 감추어진 뜻이 무엇인지 조금 분명해진다. 여기서는 크게 두 가지가 요구되고 있는데, 하나는 당시 좌익의 활동상을 미화하지 말라는 것이고, 다른 하나는 진압 과정에서 발생한 상황을 오늘의 잣대로 재단하지 말라는 것이다. 앞의 요구는 지당한 요구이다. 그러나 좌익의 활동상을 미화하지 않아야 한다고 해

---

28 대한민국 재향경우회 제주도지부 등, 「〈제주4·3사건 진상조사 보고서〉에 대한 반론」, 136쪽.

4장 폭력과 윤리

서, 군경 토벌대의 잘못까지 두둔해야 하는 것은 아니다. 마찬가지로 남로당 무장대의 범죄가 군경의 민간인 학살이라는 범죄를 정당화해 주는 것도 아니다. 마치 최후의 심판 날에 '신 앞에서'coram Deo 모든 것이 숨길 수 없이 드러날 때 각자가 자기 자신의 죄악에 대해 변론하듯이, 남로당 무장대는 자기 자신의 살인에 대해 그리고 군경 토벌대는 자기들의 대량 학살에 대해 할 수 있는 한 그 정당성을 제시하면 되고 또 제시해야 할 것이다. 그런데 군경 토벌대의 입장에서 저술된 「반론문」은 토벌과 학살의 정당성을 자기 자신의 내적 근거로부터 제시하는 것이 아니고, 남의 잘못을 자기 정당성의 근거로 삼는다.

> 제주 4·3사건의 발생 원인은 근본적으로 남로당 등 공산 계열이 경찰의 탄압에 대한 항쟁(즉 인권 보호 투쟁)과 남한 단독정부 수립 반대를 명분(구실)으로 하여, 제주도 내지 남한을 공산화하기 위하여 일으킨 것이고, 그의 성격은 공산주의자의 폭동이므로 자유민주주의를 수호하려는 정부와 군경의 토벌의 필요성과 정당성을 선언하여야 하며, 아울러 군경의 토벌 과정에서 많은 주민이 무고하게 희생되었음을 병기하여야 할 것이다.[29]

이 「반론문」은 본문에서 중요한 사항들에 대해 세세하게 반대 논거를 제시하고 수정 의견을 제시하는데, 인용문은 그 가운데 사

---

29 같은 글, 164쪽.

건의 발생원인 및 성격에 대한 진단에 대해 오류를 지적한 뒤에 제시한 수정 의견이다. 여기서 「반론문」은 제주4·3사건은 공산주의자들의 폭동에서 시작된 것이므로 그것을 토벌하고 진압하는 것은 필요하고 정당한 일이었다고 말한다. 아마 정상적인 판단력을 가진 사람이라면 누구도 이 말을 부정하지 않을 것이다. 그런데 우리가 묻고 싶은 것은 폭동을 일으킨 폭도들을 왜 진압하고 토벌했느냐가 아니라, 왜 무고한 민간인을 그렇게 많이, 그렇게 계획적으로 학살했느냐 하는 것이다. 그런데 이 문제에 대해 위의 「반론문」은 "아울러 군경의 토벌 과정에서 많은 주민이 무고하게 희생되었음을 병기하여야 할 것이다"라고 말하고 있다. 그러나 이것은 아울러 병기할 일이 아니고 그 자체로서 따져야 할 일이다. 4·3사건에서 문제가 되는 핵심적 사실은 폭동의 진압이 아니고 민간인 학살이기 때문이다. 왜 군경의 토벌 과정에서 그렇게 많은 주민이 무고하게 희생되었는가? 그것은 누구의 책임인가? 그것을 추궁해야 하는 것이다. 그런데 이렇게 물으면, 「반론문」은 정작 4·3사건의 핵심인 이 주제에 대해서는 말하고 싶어 하지 않는다. 「반론문」은 그건 그냥 '아울러 병기해 두고' 좌익이 그리고 공산주의자들이 얼마나 사악한지에 대해서만 말하자고 한다. 하지만 우리가 남로당 무장대의 폭동에 대한 토벌의 필요성과 정당성을 인정한다 하더라도, 폭도들을 토벌하는 행위의 필요성과 정당성이 민간인 학살을 눈곱만큼이라도 정당화해 주는 것은 결코 아니다. 그래서 우리가 계속 따라다니며 '왜 죽였지?'라고 물으면, 「반론문」은 드디어 본심을 드러내어 살해당한 주민들에게 책임을 전가하기 시작한다. 예를 들면, 제주4·3의 민간인 학살 가운데서

도 너무나 악명 높은 북촌 학살 사건에 대하여, 「반론문」은 『조사
보고서』가 이 사건을 편향적으로 기술했다고 비판하면서 다음과
같이 주장한다.

> 권총을 휴대할 만큼 지휘관급 공비가 있던 북촌마을은 좌익세가
> 매우 강한 부락이라는 인식이 원인으로 작용하였음에도 불구하고
> 보고서에는 완전 누락되었다.[30]

바로 이것이 「반론문」의 본심이다. "북촌마을은 좌익세가 매
우 강한 부락이라는 인식"이 학살의 "원인"이었다는 것이다. 그렇
다면 좌익은 남녀노소 막론하고 무차별적으로 학살해도 된다는
말인가? 이렇게 묻는다면 대답이 궁해진다. 그래서 군경의 학살
을 정당화하려면 어쩔 수 없이 희생자들을 더욱더 나쁜 사람들로
몰아가는 수밖에 없다. 이를테면 같은 관점에서 제주4·3사건을
서술하는 다른 책은 북촌마을을 이렇게 묘사한다.

> 이처럼 마을마다 집집마다 교묘하게 위장된 은신처가 있어 우익
> 이나 경찰이나 국군을 공격하고 숨어 버리면 찾을 수 없었다. 북
> 촌마을은 폭도들이 자유마을이라고 불렀다. 이 말은 전적으로 폭
> 도들을 지원하는 민주부락, 즉 좌파 마을이다.[31]

---

30 같은 글, 179쪽.
31 이선교, 『제주 4·3사건의 진상』, 339쪽.

앞서 인용한 「반론문」은 북촌마을이 좌익세가 매우 강한 부락이라는 인식이 원인이라고 말했다. 그러나 인용문의 저자는 여기서 한 걸음 더 나아가 북촌마을이 "전적으로 폭도들을 지원하는" 마을이었다고 주장한다. 이런 식으로 희생자들을 폭도와 동일화시킴으로써 폭도들의 진압의 정당성과 민간인 학살의 정당성을 일치시키는 것이야말로 군경 토벌대의 입장에서 제주4·3사건을 서술하는 사람들의 일반적 논법이다. 하지만 그들 말처럼 북촌마을이 전적으로 폭도들을 지원하는 좌파 마을이었다는 것이 설령 사실이었다 할지라도, 젖먹이까지 무차별하게 학살하는 것이 정당화되지는 않는다. 남로당 무장대가 우익 인사인 문영백의 집을 습격해 그의 두 딸을 살해한 것이 범죄라면, 군경 토벌대가 북촌마을 주민들을 남녀노소 무차별하게 살해한 것 역시 범죄이긴 마찬가지인 것이다.

그러나 토벌대의 입장에서 4·3을 서술하는 사람들은 희생자들이 자기들에게 살인할 수밖에 없는 원인을 제공했다고 말하고 싶어 한다. 하지만 이런 식으로 살인의 원인을 상대방에게 전가한다면 우리는 주어진 사건에 대한 하나의 원인에는 또다시 그 원인의 원인이 있을 것이므로 그다음 원인도 따져 보아야 할 것이다. 설령 북촌마을이 좌파 마을이었다는 것이 사실이었다 할지라도, 좌가 무엇인지 우가 무엇인지 알지 못하는 평범한 마을 주민 대다수를 좌파로 만든 원인은 공정하게 판단하자면 경찰의 1947년 3·1절 발포 또는 경찰지서에서 무고한 청년들을 고문하여 사망에 이르게 했던 친일 경찰과 서북청년단 같은 우익 단체의 야만적인 폭력이었다고 판단할 수밖에 없다. 대다수가 일제강점기에 경찰이었던 자들이 해방이 된 뒤에도 경찰의 옷을 입고 같은 민족에 대해 일본인들보다 더 잔인한 폭력을 행사한 것이 북촌마을뿐만 아니라 제주도민 대다수의 분노를 불러일으켜 제주도의 전반적 여론을 경찰을 비롯한 미군정의 공권력으로부터 등 돌리게 만든 원인이라는 것은 좌우의 관점의 차이와 무관하게 인정할 수밖에 없는 객관적 사실이기 때문이다. 그리하여 결국 다시 학살의 책임은 경찰의 폭력에 귀착된다. 그러므로 모든 일에는 여러 가지 원인이 있고 각각의 원인에는 다시 여러 가지 원인이 있으므로 우리는 살인의 원인은 무시하고 오로지 살인 행위 자체의 정당성만을 좌우 어느 쪽으로도 치우치지 않는 동등한 기준에 따라 판단해야 할 것이다.

하지만 인용문이 포함된 저 책을 쓴 저자가 '좌파'라고 하는 용어를 어떻게 사용하는지를 보면, 우리의 이런 진지한 논의가 모두 부질없고 과도한 호의처럼 느껴지기도 한다.

> 이상과 같이 한국은 낮은 단계의 공산화가 된 좌파 정부에서 제주 4·3사건 진상조사보고서가 제주남로당 좌파 폭도들을 위하여 허위 및 좌편향적으로 작성되어 제주 4·3폭동을 진압한 이승만 대통령과 국군과 경찰이 학살자가 되어 국가에 역적이 되게 하였고 경찰과 우익과 국군을 죽인 살인자들인 좌파 폭도들은 제주4·3사건의 희생자가 되었다.[32]

---

32 같은 책, 6쪽.

합법적인 선거를 통해 선출되어, 신자유주의 경제 정책을 일관되게 펼치다가, 이라크 전쟁에 군대를 보내고, 마지막에는 한미 FTA를 체결하고, 제주의 강정마을에 해군기지를 건설하기로 결정하기까지 한 노무현 정부가 좌파 정부고 그래서 한국이 낮은 단계의 공산화가 이루어졌다고 강변한다면, 이렇게 생각하는 대공수사관 앞에서 자기가 절대로 좌파가 아니고 공산주의자가 아니라는 것을 입증할 수 있는 사람이 전체 한국 국민들 가운데 몇이나 되겠는가? 그런데 이것은 공연히 던져 보는 수사적인 물음이 아니다. 왜냐하면 바로 이런 식으로 아무런 엄밀한 개념 규정도 없이 자기들 필요에 따라 아무에게나 좌파나 공산주의자의 딱지를 붙여 무고한 시민을 고문하고 살해해 온 역사가 해방 후 경찰과 군대의 역사이기 때문이다.[33] 제주4·3사건은 그 역사의 본격적인 시작이었다. 그런데 지금에 와서 그 사건을 되돌아보면서 군경의 민간인 학살의 피해자에 대한 어떤 진정한 애도의 감정도 없이 오로지 피해자가 좌파이고 공산주의자였기 때문에 토벌대가 그들을 무차별하고도 잔인한 방식으로 학살한 것까지 이해해 달라고 말한다면, 이는 앞으로도 상황에 따라서는 대한민국 군대와 경찰이 같은 방식으로 무고한 시민을 고문하고 학살해도 좋다는 말과 같다.

그런 까닭에 군경의 입장에서 4·3사건을 서술하는 사람들의 말이 낱낱의 사실 진술에서는 동의하고 이해할 수 있는 명제들이

---

33 박원순, 『야만 시대의 역사』 전 3권, 역사비평사, 2006. 특히 2권과 3권 참고.

많이 있지만, 그들의 추론 과정과 그런 추론을 통해 이끌어 내려하는 결론을 보자면 귀담아 들을 가치가 전혀 없는 비논리적이고, 도덕적으로도 패륜적인 궤변이 되고 마는 것이다. 그리고 더 나아가 이성과 양심이 마비되지 않은 사람이라면, 대한민국의 자칭 우익이 그때나 지금이나 이런 식으로 비이성적이고 패륜적으로 말하고 행동하는 것이 모든 문제의 원인이었다는 생각까지 하지 않을 수 없다. 1948년 제주를 생지옥으로 만든 진짜 폭도는 남로당 무장대가 아니라 그들의 봉기에 원인을 제공한 서북청년단원들, 해방된 나라에서 미군정의 비호 아래 일본 경찰과 군인의 제복을 재빨리 다른 옷으로 갈아입고 나타나 일제 때보다 오히려 더 악질적으로 동족에게 행패를 부리기 시작했던 친일 군경들이라고 말할 수밖에 없다고 판단하게 된다. 그리고 이런 의미에서 보자면 4·3사건법이 1947년 3월 1일의 학살을 4·3사건의 기점으로 잡는 것이 하등 이상할 것이 없다고 여겨지는 것이다.

4) 국가 폭력과 항쟁 폭력 사이의 유사성

이상에서 본 바와 같이 각자의 폭력 행사의 원인을 상대방에게 전가한다는 점에서 4·3을 바라보는 태도는 크게 다르지 않다. 그런데 돌아보면 지금의 인식 방식만이 아니라 당시의 폭력적 행위 자체에서도 우리는 좌우 양쪽에서 어떤 유사성을 발견할 수 있다. 적으로 분류된 집단에 대한 무차별 공격과 학살이라는 점에서 그리고 그 공격과 학살의 대상이 주로 비무장 민간인이었다는 점에서 좌우 모두 큰 차이를 보이지 않는다.

앞서 언급했던 1947년 3월 1일 제주읍 관덕정 광장에서 일어난 경찰의 발포로 사망한 여섯 명 가운데[34] 가장 어린 사망자는 15세의 초등학생이었던 허두용이다.[35] 이듬해 4·3이 발발하기 직전 3월 한 달 동안 세 사람이 경찰에서 고문 끝에 사망했는데, 이것은 비무장 상태인 것은 말할 것도 없고 아예 항거하거나 대항할 수 없는 상태에 있는 사람에게 폭력을 가해 죽음에 이르게 했다는 점에서 4·3은 물론 그 이후 모든 국가 폭력의 예고편이었다. 비무장 민간인에게 무차별하게 총을 쏘거나 저항할 수 없는 수인을 고문 끝에 살해하는 것이야말로 그 이후 지속된 대한민국이라는 국가의 폭력성의 전형적 표출 양상이기 때문이다.

그런데 제주 4·3의 전 과정에 걸쳐 이런 폭력성이 군경 토벌대의 전유물이었던 것은 아니었음은 앞에서도 말한 바와 같다. 앞서 언급한 1948년 4월 3일의 습격 이후에도 남로당 무장대는 반동으로 지목된 마을을 공격해 비무장 민간인들을 집단적으로 공격하고 학살하는 행위를 반복했다.[36] 무장대는 처음에 우익 인사와 그 가족 개인을 공격하다가 뒤로 가면 적대적인 마을을 공격하여 주민을 집단적으로 학살하는 지경에까지 나아갔던 것이다.[37] 4·3

---

34 『조사보고서』, 109쪽.

35 같은 곳.

36 중요한 경우만 들자면, 1948년 12월 3일 구좌면 세화리를 공격하여 주민 약 50명을 살해했고, 1949년 1월 13일에는 성읍리를 습격하여 주민 38명을 살해했다. 『조사보고서』, 555, 556쪽.

37 『조사보고서』, 438쪽. "4·3무장봉기 초기에 무장대는 경찰, 서북청년회나 대동청년단 등 우익단체원, 그리고 군경에 협조하는 우익 인사와 그들의 가족을 지목해

기간에 사망한 군인과 경찰보다 남로당 무장대에 의해 희생되었던 비무장 민간인의 숫자가 훨씬 많았던 것도 이와 무관하지 않다.[38] 만약 4·3사건 과정에서 무장대가 공격한 대상이 오직 군인과 경찰이었고, 사망자가 교전 중에 발생했더라면, 4·3의 성격 규정이 지금처럼 어렵지는 않았을 것이다. 그런데 무장대의 폭력이 군경뿐만 아니라 비무장 민간인을 대상으로 행사되었던 까닭에 제주4·3사건의 성격을 동학농민전쟁처럼 단순한 민중 항쟁으로 자리매김하는 것을 어렵게 만드는 것이다.

이처럼 항쟁 폭력이 폭력적 국가가 아니라 비무장 민간인을 대상으로 삼았다는 점에서 보자면, 항쟁 폭력은 국가 폭력과 유사하다. 더 나아가 무장대와 토벌대는 서로 간의 전투행위보다 비무장 민간인 학살에 더 몰입했다는 점에서도 유사성을 보인다. 1948년 4월 3일 남로당 무장대가 경찰지서 공격을 시작했을 때, 무장대는 경찰 측이 반격할 경우에는 맞서 싸우지 않고 퇴각했다.[39] 이날 사망한 경찰의 대다수는 맞서 싸우다 사망한 것이 아니고 집에서 자다가 변을 당한 것이 대부분이다. 그러니까 이들 역시 비무장 상태에서 살해당했다는 점에서 같은 날 희생당한 민간인의 경

살해했다. 그러나 1948년 11월 이후 무차별 토벌 작전이 벌어진 이후에는 자신들에게 협조하지 않고 토벌대 편으로 기울었다고 판단한 일부 마을을 지목해 무차별 살해했다."

38 4·3사건으로 인한 군인 전사자는 150명 내외, 경찰 전사자는 140명으로 파악되고 있다. 『조사보고서』, 374~375쪽.

39 예를 들면 삼양지서와 조천지서가 이런 경우에 속한다. 두 경우 모두 경찰이 응사하자 무장대는 퇴각했다. 『조사보고서』, 170, 171쪽.

우와 차이가 없다. 군경 토벌대의 경우 이미 너무 많은 민간인을 학살한 것이 사실로서 드러나 있으므로 새삼스럽게 언급할 필요도 없는 일이지만, 공정을 기하기 위해 같은 날 상황만 두고 보자면, 경찰 역시 무장대가 공격했을 때 애써 맞서 싸우려 하기보다는 피신한 경우가 더 많았다.[40] 이날 사망자 가운데 민간인이 훨씬 많았던 것도 무장대와 경찰이 모두 서로 교전은 피한 대신 무장대가 비무장 민간인을 공격했기 때문에 빚어진 결과였다. 그러니까 양쪽 모두 무기를 든 전투원들이 아니라 비무장 민간인들을 습격하고 학살하는 것이 주되게 수행한 군사작전이었던 것이다.

이런 양상은 4월 3일뿐만 아니라 그 뒤에도 비슷하게 반복되었는데, 하나의 사례로서 우리는 1948년 12월 3일 밤 9시경, 무장대가 세화리를 공격했을 때의 상황을 들 수 있을 것이다. 이날 무장대의 습격으로 50명가량이 희생되었는데, 『조사보고서』에 따르면 경찰은 무장대의 공격에 대해 다음과 같이 대응했다고 한다.

당시 세화지서에는 본서 직원 15명과 응원경찰인 충남부대 20명 등 35명가량의 경찰이 있었으나 무장대가 물러갈 때까지 지서 안에서 꼼짝도 하지 않았다. 경찰은 날이 밝자 세화지서에 감금돼 있던 이웃마을 사람 16명을 지서 옆 밭에 모아 놓고 주민들이 모두 지켜보는 가운데 총살했다. 며칠 후에는 세화리 출신 무장대의 가족들을 끌어내 총살했다.[41]

---

40 세화지서와 한림지서가 이런 경우에 속한다. 같은 곳.

요컨대 이날 밤 무장대는 경찰지서를 공격하지 않았고, 경찰들 역시 무장대의 습격에 대해 아무런 반격도 하지 않았다. 대신 무장대는 비무장 민간인을 학살했고, 경찰도 비무장 민간인을 학살했다. 싸워야 할 때 싸워야 할 대상을 회피했다는 점에서 비겁하고, 항거할 수 없는 맨손의 약자를 무기로 살해했다는 점에서 비열한 폭력을 행사했다는 점에서 무장대와 경찰은 별 차이가 없었다. 굳이 차이를 찾자면 한쪽은 어두울 때 학살하고 다른 쪽은 밝을 때 학살했다는 차이가 있을 뿐이다.

대개 전쟁보다 평화가 도덕적으로 더 높이 평가되지만 경우에 따라서는 헤겔G. W. F. Hegel처럼 전쟁을 일종의 필연으로 간주하고 또 미화하는 경우도 드물지는 않다.[42] 도덕적인 관점에서는 전쟁을 비판하면서 영구평화의 조건을 논했던 칸트I. Kant조차 심미적인 관점에서는 군인 정신을 상인 정신과 비교하면서 은근히 전쟁을 미화한다. 이 경우 상인은 이기심의 상징으로 표상되는 반면, 군인은 용기와 희생의 상징으로 표상된다.[43] 군인들이 전쟁터에서 보여주는 그런 용기 때문에 전쟁은 비극적이기는 하지만 무언가 숭고한 것으로 묘사되기도 하는 것이다. 그것을 생각하면 서양 문학이 하필이면 트로이전쟁을 묘사한 호메로스의 『일리아스』에서 시작된 것도 이해할 만한 일이다. 망나니 동생의 잘못 때문에 시작된 전쟁

---

41 『조사보고서』, 439쪽.
42 G. W. F. 헤겔, 『법철학』, 임석진 옮김, 한길사, 2008, §324.
43 칸트, 『판단력비판』, 이석윤 옮김, 박영사, 1992, C106~107.

에서 나라를 지키기 위해 트로이 성문 앞에서 신의 아들인 아킬레우스에게 맞서다 쓰러지는 헥토르가 보여 주는 영웅적이고도 비극적인 숭고는 수천 년 동안 서양의 독자들을 울렸던 장면이었다.[44]

하지만 1948년 4월 3일 새벽 조천 지서를 포위 공격하던 무장대 수십 명이 순경이 쏜 공포탄 한 발에 혼비백산해 모두 도망치는 모습이나,[45] 남원지서를 지키고 있다가 무장대가 공격해 오자 동료를 버리고 혼자 주임 관사 목욕통 속에 들어가 뚜껑을 덮고 숨는 지서 주임 경사의 모습에서[46] 그런 숭고한 감동을 느끼기는 어렵다. 이날뿐만 아니라 그 이후 제주4·3사건의 전 과정에서 무장대와 토벌대가 주로 보여 준 모습은 무장한 군인들 사이에서 벌어진 전투에서의 용기와 상무 정신이라기보다는, 마치 그들의 주특기가 양민 학살이라는 것을 증명하기라도 하듯이, 비무장의 민간인에 대한 폭력성이 대부분이었다.[47] 그렇게 비겁하고 비열한 폭력성, 도덕적으로 사악하고 심미적으로는 추악한 폭력성이 4·3의 폭력성이었다. 4·3의 이름이 무엇이든, 무장대의 경우든 토벌대의 경우든 이 점에서는 큰 차이가 없었으니, 그 비열함과 비겁함이야말로 적대적 대립 속에서도 우리가 발견할 수 있는 동일성이다.

---

44 호메로스, 『일리아스』, 천병희 옮김, 도서출판 숲, 2015, 제22권 299~305행.

45 『조사보고서』, 171쪽.

46 제민일보4·3취재반 편, 『4·3은 말한다』 제2권, 25~26쪽.

47 『조사보고서』, 438~442쪽 참고. 여기서는 주요한 무장대의 살상 행위와 그 양상을 소개하고 있다. 토벌대의 민간인 학살은 너무도 많으므로 굳이 따로 소개하지 않는다.

3. 항쟁 폭력과 윤리의 문제

1) 무장 항쟁의 정당성에 대한 물음의 재구성

도대체 이런 폭력성은 어디서 온 것일까? 4·3의 가장 중요한 요소가 폭력성이었다는 점에서 4·3을 생각하는 것은 폭력성에 대한 성찰일 수밖에 없다. 왜 해방된 나라에서, 같은 민족 사이에, 그것도 하필이면 대문도 거지도 도둑도 없다는, 지극히 평화적이고 동질적인 공동체라고 말할 수 있는 제주도에서 이런 전대미문의 학살극이 벌어진 것일까? 제주4·3사건을 진지하게 생각하는 사람이라면 누구라도 이런 물음을 피할 수 없을 것이다. 하지만 너무나 이상하게도 지금까지 4·3사건에 대한 연구는 이 물음 앞에 마주 서지 않았다. 4·3의 폭력은 오직 좌우 양쪽 가운데서 한쪽의 폭력을 비난하기 위해서만 호출되었을 뿐 그 자체로서 성찰되지도 반성되지도 않았다.

토벌대의 입장에서 4·3을 서술하는 사람들은 대부분 토벌대의 진압 행위가 전체로서 정당한 일이었다고 굳게 믿는다. 그리고 민간인 학살에 대해서조차 궁극적으로 좋은 일을 수행하기 위해 어쩔 수 없는 일이었다고 변명하거나 아니면 책임을 희생자에게 전가하기까지 한다. 무장대의 입장에서도 사정은 크게 다르지 않다. 오래전 일본에서 출판된, 김봉현·김민주의 『제주도인민들의《4·3》무장투쟁사』를 보면, 그들 역시 군경 토벌대의 관점에서 서술하는 사람들과 마찬가지로 남로당 무장대의 봉기를 일면적으로 미화하고 정당화할 뿐이다.[48]

이런 의미에서 토벌대의 민간인 학살을 비판하는 쪽이든, 무장대의 봉기를 폭동이라 비판하는 쪽이든, 진정한 자기비판에는 이르지 못하고 있으니, 이 상황은 무기를 들었던 양쪽이 다시 나타나 남의 입을 빌려 자기들이 모두 사소한 과오에도 불구하고 전체로서는 옳은 일을 했다고 말하는 것과 다르지 않다. 그런 한에서 만약 다시 비슷한 상황이 벌어지면 똑같은 일이 반복되지 말라는 보장이 없는 것이다. 제주4·3사건에 대해 윤리적 성찰과 비판이 필요한 까닭도 여기에 있다. 동일한 비극의 반복을 피하려면 무력으로 충돌했던 양편이 제시하는 자기 행위의 근거가 정말로 정당한 근거일 수 있는지, 아니라면 어떤 의미에서 아닌지, 그런 것들을 보다 철저히 따져 볼 필요가 있다.

그런데 4·3 과정에서 자행된 국가 폭력의 정당성과 부당성에 대해서는 비교적 많은 논의가 있어 왔고 상대적으로 분명한 가치

---

48 물론 이즈음에 와서는 남로당 무장대의 무장봉기와 민간인 학살을 그들의 입장에서 적극적으로 두둔하는 글은 적어도 남한 사회에서는 찾아보기 어렵다. 도리어 『조사보고서』는 「진상조사보고서 결론」에서 "무장대가 군경을 비롯하여 선거관리 요원과 경찰 가족 등 민간인을 살해한 점은 분명한 과오"라고 명백히 표현하고 있다(『조사보고서』, 536쪽). 하지만 군경의 토벌 작전을 전체로서 두둔하는 관점에서 4·3을 서술하는 사람들이 무고한 민간인의 희생에 대해 유감을 표시한다 해서 군경의 토벌 작전 전체를 비판하지 않듯이, 『조사보고서』가 무장대의 민간인 살해를 아무리 분명한 과오라고 규정한다 하더라도 무장대의 무장봉기 그 자체를 적극적으로 비판하지 않는 것도 사실이다. 하지만 그렇다고 해서 무장대의 무장봉기를 적극적으로 두둔하는 것도 어려운 일이므로, 남로당 무장대의 부분적인 과오를 비판하더라도 무장 항쟁을 전체로서는 적극적으로 지지하지도 못하고 적극적으로 비판하지도 못하는 일종의 판단중지 상태가 지속되고 있다. 하지만 그런 상황에서도 사람들이 무장대의 봉기를 폭동이 아니라 봉기나 항쟁이라 부르는 한, 그것을 암묵적으로는 긍정적으로 평가한다고 말할 수 있을 것이다.

판단도 내려져 있으므로 여기서 더 깊이 논할 필요는 없을 것이다. 다시 말해 토벌대의 경우 아무리 국가의 선을 자기 정당성의 근거로서 제시하더라도 그것을 통해 토벌대의 폭력 행사를 정당화하기엔 그 폭력 행사가 너무도 불법적이고 범죄적이었던 까닭에 새삼스럽게 그것의 부당성을 증명할 필요조차 없는 것이다.[49] 도리어 토벌대의 폭력에 대해서는 명색이 국가의 군대와 경찰이 어떻게 국민을 상대로 그렇게 잔인하고 야만적인 고문과 대량 학살을 저지를 수 있었는지 그 행태 자체를 설명하는 것이 훨씬 더

---

[49] 한 가지 예를 들자면, 본격적인 대량 학살의 시점이 되었다고 말할 수 있는 11월 17일 계엄령의 경우 당시에는 계엄법 자체가 존재하지 않는 상태였으므로 계엄 선포 자체가 전적으로 합법성을 결여한 조치였다고 말할 수밖에 없다. 더 나아가 이런 불법성을 도외시한다 하더라도 같은 해 10월 17일 제9연대장 송요찬 소령에 의해 해안으로부터 내륙으로 5킬로미터 이상의 모든 지역에 대해 통행금지령을 내리고 거기 거주하는 주민들을 무차별 학살하기 시작한 것 역시 국가권력 행사에서의 임의성과 자의성이라는 측면에서 용납될 수 없는 범죄행위이다. 그것은 마치 경찰이 무장대가 지서를 공격해 올 경우 교전을 피하고 숨어 있다가 애꿎은 민간인을 살해한 것과 마찬가지로 비겁하고 비열한 조치였다. 만약 군대가 참으로 시민의 군대였더라면, 자기들 자신이 위험을 무릅쓰고 최전방으로 올라가서 전선을 형성해야 했을 것이다. 다시 말해 동쪽에서 서쪽으로 빗자루로 쓸 듯이 민간인을 학살해 나갈 일이 아니라, 토벌대 자신이 해안에서 한라산을 향해 보다 높은 곳으로 올라가 전선을 형성하고 무장대를 진압해야 했을 것이다. 그러나 이 비겁한 군대는 그런 위험을 무릅쓰는 대신 편리하게도 지리상으로 군대와 무장대 사이의 중간 지대에 거주하는 민간인들을 일종의 완충물로 삼아 그들을 학살함으로써 자기를 보호하려 했던 것이다. 이는 한국의 군대가 처음부터 국민을 지키기 위한 군대가 아니라 권력자를 지키는 군대였음을 모자람 없이 증명해 주는 사실이다. 더 나아가 군대와 경찰의 잔인한 고문, 특히 여성에 대한 잔혹한 고문은 보다 높은 아무 목적도 없이 자행된 맹목적 잔혹 행위였던 까닭에 근거를 제시하는 것 자체가 불가능한 범죄라고밖에 말할 수 없다.

어려운 문제이다(그리고 이 문제는 다른 글에서 그 자체로 다루어져야 할 것이다).

그에 반해 무장대의 경우에는 그 폭력 행사의 정당성이 여전히 충분하게 논의되고 판단되었다고 말하기 어렵다. 왜냐하면 4·3을 가리켜 민중의 이름으로 국가 폭력에 저항해서 항쟁을 일으킨 것이라고 말할 때, 어떤 기준으로 민중 항쟁의 정당성과 부당성을 판정할 수 있는지, 그리고 더 나아가 그 과정에서의 폭력 행사를 어디까지 정당하다 승인할 수 있는지, 이런 문제에 대해 대답하는 것이 쉬운 일이 아니기 때문이다.

우선 항쟁이라는 말부터가 서양적 사회과학의 관점에서 보자면 대단히 모호한 개념이다. 우리가 한국의 근현대사에서 동학농민전쟁부터 촛불 혁명까지 유사한 항쟁을 통틀어 민중 항쟁이라고 부른다 할 때, 이 민중 항쟁이라는 낱말은 사실 다른 나라, 특히 서양 언어로는 온전히 번역하기 어려운 개념이다. 내전이나 내란도 아니고, 폭동도 아니며, 테러도 아닌 봉기인 항쟁에 해당하는 역사적 사건 자체가 그렇게 흔치 않기 때문이다.[50]

그래서 서양의 역사를 회고해 보자면 똑같은 폭력의 문제라 하더라도 전쟁에서의 정의 또는 정의로운 전쟁bellum justum에 대해서는 아우구스티누스와 토마스 아퀴나스의 신학적·철학적 논의에

---

50 항쟁이 어떤 의미에서 폭동과 다른가에 대해서는 다음을 참고하시오. 김상봉, 「항쟁공동체와 지양된 국가」, 『철학의 헌정 : 5·18을 생각함』, 도서출판 길, 2015, 특히 107쪽 아래.

서부터 현대의 제네바협약에 이르기까지 전쟁에서 지켜야 할 인
도주의적 원칙이 오랜 역사 속에서 다듬어져 발전되어 온 것과 달
리,[51] 항쟁에 관한 원칙이란 여전히 윤리학적 차원에서든 법철학
적인 차원에서든 지극히 낯선 문제이다. 만약 항쟁을 현존하는 국
가권력에 대한 저항으로 파악한다면 서양철학에서 이 문제는 과
거엔 주로 시민의 저항권 차원에서 논의되었으나,[52] 서양의 대다
수 국가에서 국가 체제가 안정되어 심각한 봉기가 일어날 가능성
자체가 거의 없어져 버린 오늘날에 와서는 그다지 현실성이 없는
논의가 되고 말았다.

　게다가 4·3의 경우처럼 무장 항쟁의 경우에는 서양의 경우 예
외적으로만 일어나는 낯선 일인 까닭에 아예 철학적 판단의 기준
자체가 없다고 해도 좋을 정도이다.[53] 그러나 한국은 멀리 거슬러

---

51 이 주제에 대한 국내 논의로서는 다음을 참고. 철학연구회 엮음, 『정의로운 전쟁
　은 가능한가』, 철학과 현실사, 2006.

52 근대 국민국가 체제가 본격적으로 정립되기 시작한 이래 저항권에 대한 철학적
　논의는 칸트에게서 시작된다고 말할 수 있다. 칸트는 시민의 저항권을 거부한 철학
　자로 잘 알려져 있다. 칸트의 견해와 그 이후 전개된 논의를 가장 잘 정리한 글로
　서는, 허유선, 「칸트의 시민저항권과 법의 기원 : 군주의 강제권 개념을 중심으로」,
　『철학, 사상, 문화』 제4호, 2006, 187~224쪽.

53 다른 철학자들은 차치하고라도 18~19세기를 통틀어 비교적 이상주의적 철학을
　전개했다고 평가받는 칸트나 헤겔도 유럽의 식민주의에 대해서는 아무런 문제의식
　이 없었다. 도리어 그들은 제3세계에 대한 유럽의 지배를 암묵적으로 또는 명시적
　으로 정당화했다. 이 점에 대한 최근의 논의로는 Katrin Flikschuh and Lea Ypi (eds.),
　Kant and Colonialism: Historical and Critical Perspectives, Oxford University Press, 2014;
　Alison Stone, "Hegel and Colonialism", *Hegel Bulletin*, Cambridge Core, 2017, https://
　doi.org/10.1017/hgl.2017.17 등이 있다. 한국의 폭력 항쟁은 서양적 관점에서 보자

올라가지 않는다고 하더라도 1894년 동학농민전쟁에서부터 민중 항쟁의 나라이다. 그 후 1919년의 3·1운동과 1929년의 광주학생 항일운동은 광주에서 시작되어 전국으로 퍼진, 일제강점기 대표적인 전국적 항쟁이었다. 그러나 그 후 1945년 해방이 될 때까지 한반도에서는 특별히 주목할 만한 항쟁은 더 이상 일어나지 않았으나, 그렇게 끊어진 항쟁의 역사는 해방 후 제주4·3으로 이어지고 그 뒤 해방 공간에서의 크고 작은 봉기를 거쳐 1960년 4·19혁명을 향해 나아가게 된다. 1979년의 부마항쟁과 1980년의 광주

면 제국주의 지배 체제 내에서의 폭동이나 테러로 치부되기 십상인데, 실제로 이것이 4·3 당시 미군정의 관점이었다고 말할 수 있다. 그런데 서양의 철학자들은 자기 나라의 제국주의적 지배에 대해서는 마치 아무 일도 일어나지 않았다는 듯이 철저히 무관심한 태도를 취했었다. 서양철학이 국가 폭력에 대해 본격적으로 관심을 갖기 시작한 것은 그 폭력이 자기들 자신에게 직접 닥쳤던 제2차 세계대전 이후의 일이다. 아우슈비츠가 없었더라면 서양철학은 아직도 그들이 지배하는 제국의 변방에서 어떤 일이 일어나고 있는지 알려고 하지 않았을 것이다. 게다가 아우슈비츠의 경험조차 억압받는 자의 봉기의 필연성이나 정당성 그리고 그 한계에 대해서는 깨우쳐 주는 바가 전혀 없었다(이 점에 관해 우리는 대표적으로 레비나스를 거론할 수 있겠는데, 그는 아우슈비츠의 철학자라고 부를 만한 사람이지만, 그가 말하는 윤리는 강자로부터 학대받는 자리에 있는 약자가 어떻게 강자의 폭력에 저항해야 할지를 성찰하는 항쟁의 윤리가 아니고, 약자를 살해할 수 있는 권력을 지닌 주체에게 요구되는 책임의 윤리이다. 그러므로 우리는 레비나스에게서 항쟁의 윤리에 대한 가르침을 들을 수는 없다). 서양철학이 항쟁 폭력 또는 폭력 항쟁에 대해 쓸모 있는 인식의 틀을 제공하지 못하는 것은 9·11테러 이후에 서양의 철학자들이 전혀 대화가 통하지 않는 낯선 타자로부터의 무차별적인 테러 공격이라는 새로운 상황 앞에서 중언부언거나(예를 들어 우리는 하버마스와 데리다의 『테러시대의 철학』을 대표적인 사례로서 제시할 수 있을 것이다. 그러나 이런 시도조차 예외적인 경우이다), 어쩔 줄을 모르고 그냥 침묵하거나 하는 것만 봐도 잘 알 수 있다. 그리고 철학이 그렇게 무기력하게 침묵할 때, 이른바 테러와의 전쟁은 더욱더 폭력적인 악순환의 굴레 속으로 들어가는 것이다.

5·18 그리고 1987년의 6월항쟁을 통해 민주화가 이루어지고, 2016년 촛불 혁명에 이르기까지, 해방 후 이 나라는 30년이 채 가기 전에 반드시 기존의 국가권력을 전복시키는 항쟁이 일어났던 나라이다. 그 항쟁은 마치 태풍이 고인 물을 정화하듯 우리 사회를 쇄신해 왔다. 그런 의미에서 항쟁이라는 말에는 쉽게 범접할 수 없는 숭고한 후광이 드리워 있다.

그렇다면 제주4·3사건도 그런 명예로운 항쟁의 반열에 들어가는가? 미군정과 군경 토벌대의 입장에서는 당연히 그렇지 않다고 대답할 것이다. 그들의 입장에서 보자면, 4월 3일의 무장봉기는 폭동이었을 뿐이다. 이유는 다른 무엇보다 남로당 무장대가 자기들의 지배 권력에 대해 폭력을 행사하고 무고한 인명을 살상했기 때문이다. 그러나 지금 우리의 입장에서 보자면, 이 문제를 미군정과 군경 토벌대의 편에서 판단하거나 평가할 수는 없다. 왜냐하면 당시 미군정 당국은 해방군이 아니고 점령군으로서 남한에 군림한 지배자들이었을 뿐이며, 게다가 그 하수인인 경찰 및 외곽의 우익 단체들은 남로당 제주 지부로 하여금 무장봉기를 하지 않을 수 없도록 원인 제공을 한 자들이기 때문이다. 그러므로 한국의 민중 항쟁의 역사로부터 고찰하자면, 남로당 무장대가 단지 무기를 들고 미군정 당국의 공권력을 공격했다는 이유로 비난의 대상이 되어서는 안 된다. 만약 미군정 당국이 아무런 정당성도 없는 침략자의 지배 권력이라면, 마치 임진왜란 때의 의병처럼 무력으로 그에 맞서 싸우는 것은 누구도 비난할 일이 아닐 것이기 때문이다.

그렇다면 다른 어떤 기준으로부터 남로당 무장대의 이른바 무장봉기와 그 과정에서의 구체적 무력 사용의 정당성과 부당성을 판정할 수 있겠는가? 이 물음에 대해서 우리는 오직 항쟁 그 자체의 내적 필연성으로부터 주어지는 보편적 원칙으로부터만 개별적 항쟁의 윤리성과 정당성이 판정될 수 있을 뿐이라고 대답할 수밖에 없다. 예를 들어 운동경기마다 상이한 경기 규칙이 있는 것처럼, 전쟁에는 전쟁의 윤리가 있고, 항쟁에는 항쟁의 윤리가 있다. 아무리 전쟁이라고 하더라도 지켜야 할 규칙이 있고 그것을 어길 때는 전쟁범죄로 간주되는 것처럼 항쟁의 경우에도 이런 사정은 마찬가지이다. 항쟁의 윤리는 오직 항쟁의 본질로부터 또는 항쟁의 본래성으로부터 이끌어 낼 수 있을 것이다. 그러나 항쟁의 본질은 추상적 사유 공간이 아니라 항쟁의 역사 속에서 나타났던 수많은 현상들로부터 파악할 수밖에 없다. 여기서도 본질은 언제나 현상의 본질이다.[54]

불행인지 다행인지, 한국의 근현대사는 가히 가능한 모든 종류의 항쟁의 역사박물관이라 해도 좋을 만큼 다양한 양상의 항쟁으로 점철되어 있다. 우리는 이 역사로부터 한국의 민중 항쟁의 일반적 성격이나 유형을 이끌어 낼 수 있을 뿐만 아니라 그 속에서 생성되어 온 어떤 윤리적 원칙까지도 발견할 수 있다. 제주4·3사건의 항쟁으로서의 고유한 성격과 가치 역시 오직 그런 항쟁의 일반적 유형학과 윤리학으로부터 이끌어 낸 기준과 척도에 따라서만 온전히 판단할 수 있을 것이다.

---

54 김상봉, 『학벌사회 : 사회적 주체성에 대한 철학적 탐구』, 한길사, 2004, 25쪽.

동학농민전쟁으로부터 최근의 촛불 혁명까지 다양하게 전개되어 온 한국의 민중 항쟁은 그 유형에서 크게 셋으로 나뉜다. 하나는 동학농민전쟁처럼 폭력적인 무장 항쟁이고, 다른 하나는 3·1운동처럼 비폭력적인 저항이며, 마지막 하나는 전태일의 경우에서 전형적으로 나타났던 자기 폭력의 유형이다. 이 마지막 유형은 폭력 없는 저항이 아무런 소용이 없고, 폭력적인 봉기도 불가능하거나 무의미하여 그 두 가지 항거의 길이 모두 막혔을 때 선택하게 되는 제3의 길로서 적이 아닌 자기 자신에게 극단의 폭력을 행사하는 것을 의미한다.[55] 그런데 이 세 가지 유형은 한국의 민중 항쟁의 역사 속에서 나타나는 사실적 분류의 가지들인 동시에 모두 나름의 도덕적 정당성까지 인정받고 있는 유형들이기도 하다. 즉, 우리는 3·1운동의 평화적인 시위를 도덕적으로 당연히 승인하는 것처럼 전봉준의 무장봉기 역시 그 당시의 상황 속에서 마땅히 그랬어야만 할 의로운 봉기로서 기꺼이 그 정당성을 인정한다. 이로부터 우리는 한국의 민중 항쟁의 관점에서 보자면 제주4·3에 대해서도 그것이 단지 무기를 들고 기존의 지배 권력에 맞서 봉기했다는 이유만으로 단지 간디 식의 평화주의에 어긋난다거나 칸트가 염려한 무법성無法性 같은 것 때문에[56] 부당하다고 규정할 수는 없다. 하지만 그렇다고 해서 모든 무장 항쟁이 언제나 정당하다고

---

55 김상봉·고명섭, 『만남의 철학 : 김상봉과 고명섭의 철학 대담』, 도서출판 길, 2015, 499쪽.

56 칸트, 『도덕형이상학』, 이충진·김수배 옮김, 한길사, 2018, A176.

인정될 수 있는 것도 아니다. 그렇다면 제주4·3은 어떠한가?

한국의 민중 항쟁사에서 일어났던 무장 항쟁들 가운데 확고하게 보편적인 정당성을 인정받고 있는 동학농민전쟁이나 광주5·18의 경우로부터 고찰하자면, 기존의 공권력에 폭력적인 수단으로 저항하는 무장 항쟁이 정당성을 얻기 위해서는 최소한 세 가지 조건이 충족되어야 한다. 첫째는 국가 폭력이다. 항쟁은 언제나 선행하는 국가의 악에 대한 저항이므로 항쟁이 정당성을 인정받기 위해서는 국가의 악이 용납할 수 있는 한계를 넘어야만 한다. 그 한계는 비무장 민간인을 국가가 경찰이나 군대와 같은 무력을 동원해 공격하는 것이다. 이처럼 국가 또는 준국가권력이 비무장 시민을 폭력적으로 공격하면, 정치적 상태는 국가기구와 민중 사이의 전쟁 상태로 퇴행하게 된다. 이런 종류의 전쟁 상태는 홉스가 관념적으로 표상한 계약 이전의 또는 국가 이전의 자연 상태가 아니라 국가 때문에 발생하는 전쟁 상태이다. 그리고 이런 전쟁 상태가 한국의 민중 항쟁을 규정하는 첫째가는 요소이다.[57] 둘째로 정당한 항쟁은 이상적인 나라를 항쟁의 목표로서 지향한다. 타락한 국가기구로 말미암아 조성된 전쟁 상태는 민중의 평화로운 삶의 세계를 해체하고 파괴한다. 정당한 항쟁은 국가 폭력에 의해 해체된 삶의 세계를 복원하기 위해 수행된다. 다시 복원되어야 할 삶의 세계는 새로운 나라, 새로운 사회 공동체이다. 이처럼 새로

---

[57] 보다 자세한 설명을 위해서는 김상봉, 「그들의 나라에서 우리 모두의 나라로」, 『철학의 헌정 : 5·18을 생각함』, 도서출판 길, 2015, 45쪽 아래 참고.

운 공동체를 지향하기 때문에 항쟁은 폭력적인 수단을 선택할 경우에도 궁극적으로는 맹목적인 파괴나 무질서에 몰입하지 않고, 평화로운 질서를 추구한다. 이것이 폭동과 항쟁의 차이이다.[58] 이로부터 연역할 수 있는 마지막 조건으로서, 참된 항쟁은 무장 항쟁의 경우에도 폭력 사용에 있어서 일정한 내적 절제와 규율을 스스로 지키게 된다. 그리고 바로 여기에 항쟁 폭력의 엄격한 윤리성이 존립하는 것이다.

이제 이런 기준에 따라 이른바 4·3항쟁의 경우를 살펴보면, 그들이 제시하는 무장봉기의 정당성의 근거는 크게 두 가지이다. 하나는 경찰을 비롯한 당시의 공권력의 가혹한 탄압에 저항한다는 것이요, 다른 하나는 통일 조국 건설을 위해 5·10 단독선거를 반대한다는 것이다.[59] 1948년 4월 3일 남로당 무장대가 공격을 시작했을 때 그들은 "탄압이면, 항쟁이다"라는[60] 말로 자기들이 봉기한 까닭을 간결하게 요약했다. 이 말 속에는 자기들의 무장봉기가 탄압에 대한 저항이므로 정당하다는 뜻이 담겨 있다. 그리고 비단 당시 봉기했던 무장대만이 아니라 지금까지 4·3을 항쟁이라고 부르는 많은 연구자들이 때로는 암묵적으로 때로는 명시적으

---

58 김상봉, 「항쟁공동체와 지양된 국가」, 같은 책, 108쪽.

59 앞의 명분은 무장대가 봉기할 때 경찰에게 보낸 경고문에, 그리고 뒤의 명분은 도민에게 보낸 호소문에 표현되어 있다. 둘 다 김봉현·김민주 공편, 『제주도인민들의 《4·3》무장투쟁사』, 84쪽에 수록되어 있으나, 일반 독자들은 다음의 책에서도 찾아볼 수 있다. 제주4·3평화재단, 『제주4·3 바로알기』, 16쪽.

60 김봉현·김민주 공편, 『제주도인민들의 《4·3》무장투쟁사』, 84쪽.

로 무장대의 무장봉기를 적어도 국가 폭력에 대한 이런 저항의 측면에서 긍정한다. 그뿐만 아니라 남한만의 단독선거와 단독정부 수립에 대해 반대한 것에 대해서도 제주도민 대다수가 단선 및 단정 수립에 대해 반대하고 통일국가의 수립을 열망한 것을 부당하다 말할 수 없다면, 그런 도민의 뜻에 따라 봉기한 것을 결코 부당하다 말할 수 없으므로, 이 점에 관해서도 원칙적으로 봉기의 정당성을 인정할 수 있을 것이다. 다시 말해 이 점에서 제주4·3은 기존의 공동체를 파괴하기 위한 봉기가 아니라 새로운 공동체를 지향하는 봉기였다고 말할 수 있다.

그렇다면 이제 남은 것은 제주4·3항쟁이 세 번째의 조건을 충족하느냐 아니냐 하는 것이다. 아무리 무장 항쟁이 정당하게 요구되는 경우가 있다 하더라도 무력의 사용이 아무런 제한 없이 허용될 수는 없다. 거기에도 윤리와 도덕은 있는 것이다. 그렇다면 제주4·3은 과연 정당한 항쟁이 갖추어야 할 폭력의 윤리성을 보여 주는가? 이 물음에 대답하기 위해 우리는 기존의 철학에 의지할 수는 없다. 우리는 오직 한국의 민중 항쟁의 역사로부터 무장 항쟁에서 폭력성의 정당한 사용과 부당한 사용의 척도를 이끌어 낼 수 있을 뿐이다. 그리고 한국의 민중 항쟁의 역사를 되돌아보면, 다행히도 우리는 무장 항쟁에도 윤리가 있고, 또한 그 윤리가 항쟁의 역사 속에서 보다 자라고 성숙해 가는 것을 확인할 수 있다.

2) 동학과 안중근, 또는 종교와 혁명의 합일

그 성숙의 역사를 여기서 다 거론할 수는 없다. 그러나 동학과 안중근 그리고 5·18의 경우를 간단히 일별해 보는 것만으로도 우리는 이 나라의 무장 항쟁의 역사를 꿰뚫고 있는 비길 데 없이 고귀한 도덕성을 금세 알아차릴 수 있다. 동학농민전쟁 당시 동학의 최고 지도자였던 최시형은 동학농민군이 관군에 저항해 무력으로 봉기하는 것에 대해 오랫동안 주저하고 동의하지 않았다가, 국가의 폭력성이 견딜 수 없는 극한에 이르고 민중의 마음이 무장봉기를 향해 하나로 모였음을 깨닫고, 자신의 화전론和戰論을 포기하고 자기 뜻을 따르던 북접을 전봉준의 무장봉기 노선에 적극 가담시킨 것은 잘 알려져 있다.[61]

---

61 최근에는 최시형이 처음부터 동학농민전쟁을 지도했다는 설도 있다. 박맹수, 「동학계 종교운동의 역사적 전개와 사상의 시대적 변화 : 동학과 천도교를 중심으로」, 『한국종교』 제37집, 2014, 53~87쪽. 그럼에도 여전히 최시형의 온건함을 비판하는 사람들은, 20세기 역사에서 가장 위대한 혁명가였던 베트남의 호찌민Ho Chi Minh 역시 제2차 세계대전 직후 베트남을 계속해서 식민지로 지배하려는 프랑스와 전쟁이 아니라 협상을 통해 자치를 얻어 내기 위해 최선을 다했으며, 때로는 이런 유화적인 태도로 말미암아 당시 베트남 공산당 총서기였던 쯔엉찐Trường Chinh 같은 동지들에게 '혁명가들은 적보다는 동지들의 오류를 두려워해야 한다'는 날 선 비판까지 들어야 했던 것을 기억할 필요가 있다(윌리엄 J. 듀이커, 『호치민 평전』, 정영목 옮김, 푸른숲, 2001, 569쪽 참고). 여기서 동지들의 오류란 호찌민의 "무원칙적 타협 경향"을 (같은 곳) 가리키는 말이다. 그러나 호찌민은 전쟁을 두려워하는 겁쟁이였기 때문이 아니라, 무고한 인민이 피를 흘리는 것을 끝까지 막기 위해 백방으로 평화적인 해결책을 추구했던 것이다(결과적으로 이런 노력이 나중에 프랑스와의 본격적인 전쟁을 위한 보다 충실한 준비에 도움이 되었다는 평가도 있다. 같은 책, 588쪽 참고). 호찌민이 최고의 승리는 무력을 이용하지 않고 얻어 내는 것이라고 확신했던 것을 우리가 이해할 수 있다면, 최시형이 할 수 있는 한 무고한 민중의 희생을 피하려고 애썼던 것을 이해 못 할 까닭은 없을 것이다. 이와 마찬가지로, 호찌민이 전쟁을 피할 수 없다고 판단했을 때 과감하게 그 길에 나선 것처럼, 최시형 역시 국가 폭력이 인내할 수 있는 선을 넘었다고 판단했을 때 주저 없이 무장 항쟁의 길에 같이 나섰던 것이다.

그런데 우리는 이 과정으로부터 무장 항쟁의 첫 번째 윤리를 이끌어 낼 수 있는데, 그것은 오직 최후의 수단으로서 무력 또는 폭력을 선택한다는 것이다. 그런 까닭에 동학의 경우에도, 5·18의 경우에도 무기를 들고 봉기하기 전에 평화적인 저항의 단계가 선행했던 것이다. 국가 폭력 앞에서 먼저 폭력 없이 평화적으로 저항한다는 것은 국가기구가 자행하는 폭력 앞에서 스스로 상처받을 수밖에 없는 위험 앞에 서는 용기를 필요로 하는 일이다. 그렇게 스스로 상처받을 수 있는 가능성 앞에 서는 용기는 또한 자기를 희생해서라도 불의한 현실을 바로잡으려는 정신의 발로이다. 더 나아가 이 용기는 결국 선이 악을 이긴다는 깊은 믿음에 뿌리박고 있는 까닭에 한갓 무모한 만용과 구별되는 것이다. 그러나 이런 평화적이고 비폭력적인 저항에 대해 국가가 폭력적으로 대응하기를 멈추지 않을 때, 비로소 민중의 저항은 무장 항쟁으로 전환된다. 이것은 우리가 일반적으로 확인할 수 있는 정당한 무장 항쟁의 첫 번째 특징이다.

그렇다면 언제 평화적 저항은 폭력적 무장 항쟁으로 전환되는가? 이 물음에 대해 우리는 오직 민중이 요청할 때라고 대답할 수밖에 없다. 민중의 요청에 응답하여 무기를 드는 한에서 무장 항쟁은 민중의 지지를 받게 된다. 이것이 정당한 무장 항쟁의 두 번째 원칙으로서, 민중의 요청에 대한 응답으로서 무기를 든다는 것이다. 어떤 민중 항쟁도 모든 사람이 동일한 방식으로 싸우지는 않는다. 이런 의미에서 민중 항쟁의 주체는 홀로주체가 아니라 상이한 주체들의 만남 속에서 생성되는 서로주체이다. 특히 무기를 드는 항쟁의 경우 어떤 경우에도 모든 민중이 똑같이 무기를 들지는 않는다. 이 경우 무장 항쟁의 정당성은 무기를 드는 사람들이 무기를 들지 못하는 민중의 요청과 부름에 따라 그들을 대신해서 무기를 든다는 데 있다. 그런 한에서 무장 항쟁은 무기를 소지하지 않는 민중의 지지를 받게 된다. 이 지지로 말미암아 항쟁하는 무장대가 행사하는 폭력은 민중을 지키기 위해 민중의 요청에 따라 정립되고 행사되는 참된 주권폭력으로서 인정될 수 있는 것이다. 이에 반해 민중을 학살하는 국가의 군대는 도리어 주권적 권위를 상실한 폭도의 무리로 전락하게 되는 것이다.

이처럼 철저히 민중적 요청에 입각해 행사되는 폭력인 한에서 참된 무장 항쟁이 행사하는 폭력은 어떤 경우에도 자기 목적적인 폭력일 수 없다. 그것은 민중의 암묵적이거나 명시적인 지지에 존립하는 만큼 또한 동시에 민중의 암묵적이거나 명시적인 통제에 복종한다. 참된 무장 항쟁은 무기를 들라는 민중의 요구에 따라 무기를 들고 무기를 내려놓으라는 민중의 요구에 따라 무기를 내려놓는다. 항쟁이 시작된 것은 민중의 천박한 이기심이나 불법적 욕망 때문이 아니고 오직 국가기구에 의해 자행되는 불의한 폭력을 종식하기 위한 것이므로, 폭력을 거부하는 것은 항쟁의 본질에 속한다. 그럼에도 불구하고 민중의 대항 폭력을 통해서만 국가 폭력을 막을 수밖에 없는 상황이 있고, 그런 상황에서 무기를 들고 불의한 국가 폭력에 맞서 싸우는 것은 정당한 항쟁의 한 가지 방식으로 인정된다. 하지만 이것은 폭력을 막기 위해 어쩔 수 없이 폭력을 사용하는 항쟁이므로, 무장 항쟁의 폭력은 그 자체가 목적이 되어서는 안 되며, 스스로 철저한 한계를 지키지 않으면 안 된다. 바로 이런 자기 제한으로 말미암아 정당한 무장 항쟁이 행사하는 폭력에는 언제나 엄격한 절제와 윤리가 있게 마련이다.

5·18의 경우는 이런 원칙이 흠 없이 관철된 항쟁이었기 때문에 역사적 사건 그 자체가 도덕적 이념의 현실태가 된 드문 사건으로 평가된다. 그러나 한국의 민중 항쟁의 역사를 돌아보면 5·18의 고고한 윤리성은 어느 날 갑자기 출현한 것이 아니고 오랜 항쟁의 역사 속에서 성숙한 결과였음을 알 수 있다. 우리는 이런 윤리성을 무장 항쟁의 원점이라고 간주할 수 있는 동학농민전쟁에서부터 발견할 수 있는데, 동학당이 오랜 주저 끝에 무장봉기의 길에 나섰을 때, 동학농민군의 지도자 전봉준이 내걸었던 이른바 4대 명의四大名義, 곧 네 가지 농민군 행동강령을 보면 놀랍게도 첫 번째가 "사람을 죽이지 말고 동물을 죽이지 말라"不殺人 不殺物는 것이었다.[62]

국가는 폭력의 독점에 존립한다. 국가권력이란 실질적으로 보자면 독점된 폭력인 것이다. 이것을 가리켜 우리는 주권폭력이라 부른다.[63] 그러나 국가권력이 비무장 민간인을 아무런 합법성도 정당성도 없이 고문하고 살해할 때, 국가기구는 폭도들의 단체로

---

62 강만길 외 편, 『한국사』 12, 한길사, 1994, 172쪽. 4대 명의 전체 내용은 다음과 같다. "첫째, 사람을 함부로 죽이지 말고 가축을 잡아먹지 말라不殺人 不殺物. 둘째, 충효를 다하여 세상을 구하고 백성을 편안케 하라忠孝雙全 濟世安民. 셋째, 왜놈을 몰아내고 나라의 정치를 바로잡는다逐滅倭夷 澄淸聖道. 넷째, 군사를 몰아 서울로 쳐들어가 권귀들을 모두 없앤다驅兵入京 盡滅權貴. 김경재, 「동학농민혁명 과정에서 종교적 영향」, 『동학연구』 제9·10집, 2001, 31~52쪽 참고.

63 주권폭력의 개념에 대한 보다 자세한 설명은, 김상봉, 「국가와 폭력 : 주권폭력에 대하여」, 『철학의 헌정 : 5·18을 생각함』, 도서출판 길, 2015, 161쪽 아래.

전락하고, 국가의 이름으로 행사되는 군사력과 경찰력은 더 이상 정당한 주권폭력의 기관이 아니라 5·18 당시의 계엄군처럼 무장한 폭도에 지나지 않는 반란군 집단으로 전락하게 된다. 그리고 이런 상황에서는 반대로 국가권력을 참칭한 폭도들에 저항해서 동학농민군처럼 무력으로 봉기하는 민중이야말로 참된 의미에서 주권폭력의 담지자 또는 주체가 된다. 그런 까닭에 폭력으로 봉기한 농민군이 제일 먼저 내건 원칙이 도리어 폭력을 금지하는 원칙이었다. 주권폭력은 생명을 보호하는 폭력이지 무고한 생명을 해치는 폭력이 아니기 때문이다. 참된 주권폭력은 오직 무고한 생명에게 가해지는 불법적 폭력에 대해서만 행사되어야 하는 것이다.

그럼에도 불구하고 수많은 사람들이 전국 각지에서 참여했던 동학농민전쟁의 전 과정 속에서 이 원칙이 때로는 지켜지지 않았던 경우도 있었으리라는 것은 짐작할 수 있는 일이다.[64] 안중근은 옥중에서 저술한 일종의 자서전인 『안응칠 역사』에서 "이른바 동학당이 외국인을 배척한다는 핑계로 군현을 횡행하면서 관리를 살해하고 백성의 재산을 약탈하고 있었다"고[65] 회상한다. 이 회고가 어느 정도로 사실에 부합하는지 확인할 수는 없다. 그러나 그

---

64 황현, 『오하기문』, 김종익 옮김, 역사비평사, 1995, 202, 230쪽 참고. 동학군은 특히 천주교인들에 대해 적대적이었다. 이 점에 대해서는 조광, 「19세기 후반 서학과 동학의 상호관계에 관한 연구」, 『조선후기 사회와 천주교』, 경인문화사, 2010, 476쪽 아래 참고.

65 안중근, 『안응칠 역사』, 안중근의사기념사업회 편역, 안중근의사기념사업회, 2009, 24쪽.

런 세세한 사정보다 더 중요한 것은 따로 있는데, 그것은 안중근이 스스로 대한 의병군 참모중장의 자격으로 일본군에 무력으로 맞서 싸울 때 보여 주었던 놀라운 도덕적 순결성이다.

『안응칠 역사』에 따르면 안중근은 의병 활동 중 일본군과의 교전에서 군인들과 상인들을 포로로 잡은 적이 있었는데, 우여곡절 끝에 그들을 석방하게 된다. 더 나아가 일본 군인들이 총포 없이 돌아가면 부대에서 문책받을 것이라며 총포를 돌려 달라고 애원하자 안중근은 그 부탁까지 들어주는데, 이런 지휘관의 처사에 대해 부하 장교들이 "어찌하여 사로잡았던 적들을 그냥 풀어 놓아 주는 것이오?" 하고 항의하자 "현재의 만국공법에 따르면 사로잡힌 적병일지라도 함부로 죽일 수 있는 법은 없소" 하고 대답했다 한다. 그럼에도 부하들이 "우리는 저놈들을 죽일 목적으로 이렇게 풍찬노숙하며 고생하고 있는 것이 아닙니까"[66] 하고 계속 항의하자 이 고상한 정신은 이렇게 말했다 한다.

그렇지 않다. 결코 그렇지 않다. 적병이 이처럼 폭행을 일삼는 것은 하늘과 사람이 다 함께 노여워할 일인데, 그렇다면 지금 우리도 저들과 같이 야만스러운 행동을 자행하자는 것인가. 우리가 일본의 사천만 인구를 모두 다 죽인 뒤에 국권을 도로 찾자는 계획을 하고 있는 것은 아니지 않는가. 상대를 알고 나를 안다면 백번 싸워 백번을 이기는 법이요. 지금 우리는 약하고 적은 강하니, 악

---

66 같은 책, 84쪽.

하게 싸울 것이 아니라 충성된 행동과 의로운 거사로써만 이등박
문의 포악한 정략을 성토하여 세계에 널리 알릴 수 있고 세계열강
의 여론을 얻은 다음에야 한을 풀고 권리를 되찾을 수 있는 것이
오. 이것은 이른바 약하면서도 능히 강한 것을 물리치고, 어진 것
으로써 악한 것을 대적한다는 그것이니, 그대들은 다시 여러 말을
하지 마시오.[67]

누가 이 말이 훗날 하얼빈역에서 이토 히로부미를 저격하게 될
사나이의 입에서 나왔다고 믿을 수 있겠는가? 어진 것으로 악한
것을 대적한다는 것, 이것은 군인이 아니라 성직자의 말이 아닌
가. 하지만 바로 이처럼 손에 무기를 들고 전투를 하면서도 가슴
속엔 성자의 영혼을 품은 사람이 안중근이었다. 우리가 안중근을
테러리스트라고 부르지 않고 의사義士라고 부르는 까닭도 그가 일
본인인 아닌 한국인이라는 당파적 이유 때문이 아니라 오직 그가
보여 준 비길 데 없는 도덕적 순결함 때문이다.

그런데 혁명이 종교의 외화이고 종교가 혁명의 영혼이어서, 그
둘이 하나로 공속하는 것은 결코 안중근 한 사람에게서만 우연히
나타난 일회적인 경우가 아니고, 무장 항쟁인 동학에서도, 평화적
인 저항인 3·1운동에서도, 자기 폭력의 원형인 전태일에서도 공
통적으로 발견할 수 있는 근현대 한국의 민중 항쟁의 비길 데 없
는 고유성이다. 동학농민항쟁은 새로운 철학과 종교로 역사에 등

---

67 같은 곳.

장한 동학이 농민전쟁이라는 혁명적 실천으로 나아간 경우이며, 3·1운동은 다른 나라 같았으면 배타적으로 반목할 전혀 다른 종교들이 하나로 힘을 합쳐 독립 만세 운동을 주도했다는 것은 일반적으로 인정되는 사실이다.[68]

이것은 서양의 관점에서 보자면 종교가 아편이라고 매도되는 시대의 조류를 거스른 것이므로 대단히 기이한 양상인데, 게다가 이런 종교적 에토스가 퇴행적 반동으로 흐르지 않고 한국 사회를 지속적으로 쇄신해 온 항쟁의 원동력이 되었다는 점에서 더욱 놀라운 일이 아닐 수 없다. 그리고 이것은 비단 구한말에만 국한된 일시적인 양상이 아니고, 해방 후 특히 1970년대 이후 반독재 투쟁의 과정에서 다시 나타나는 근현대 민중 항쟁사의 독특한 개성이라 말할 수 있다.[69]

여기서 우리는 근현대 한국의 민중 항쟁사를 관통하는 종교성

---

68 임경석, 『한국 사회주의의 기원』, 역사비평사, 2003, 452쪽. "대한제국 시기 이래로 종교 단체는 한국 근대사의 굵직한 정치적 사건에 항상 연관되어 있었다. 갑오농민전쟁은 동학과 뗄 수 없는 관계에 있고, 독립협회와 애국계몽운동은 기독교와 연관이 깊다. 3·1운동 당시 민족대표 33인은 천도교, 기독교, 불교 3개 종교 단체 대표자들로 구성되었다."

69 유신 독재 치하에서부터 반독재 투쟁에 앞장섰던 수많은 종교인들의 이름을 여기서 구구하게 열거할 필요는 없을 것이다. 그리고 전태일의 분신 이후 도시산업선교회나 가톨릭노동청년회가 얼마나 선구적으로 또 헌신적으로 한국 사회의 노동계급과 연대했는지를 말하자면 또 다른 책을 써야 할 것이다. 박종철 고문치사 사건의 진실을 밝혔던 것이 천주교정의구현전국사제단이었던 것처럼, 삼성의 비자금을 폭로한 김용철 변호사를 숨겨 준 것도 같은 사제단이었다. 그리고 용산의 철거민들 곁을 마지막까지 지킨 사람도 강정 해군기지에 반대하는 싸움터를 끝까지 떠나지 않은 사람도 가톨릭 사제인 문정현 신부였다.

을 기독교나 불교 같은 특정 종교의 교리 체계로 오해하지 않기 위해 오구라 기조小倉紀藏의 표현을 따라[70] 영성靈性이라고 불러도 좋을 것이다. 보다 쉽게 또는 보다 정확하게 말하자면 그것은 특정한 교리 체계에 갇히지 않는 믿음이다. 해월 최시형은 "우리 도는 다만 성誠·경敬·신信 세 글자에 있느니라"吾道 只在 誠·敬·信 三字고[71] 말한 뒤에 다시 이 세 요소들 사이의 관계를 설명하면서 "사람의 수행은 먼저 믿고 그다음에 정성 드리는 것"人之修行 先信後誠이라고[72] 믿음의 우위를 분명히 했다.

하느님의 나라가 임박했다는 것, 또는 후천개벽의 때가 되었다는 것을 과학은 증명할 수 없다. 이것은 인식이 아니라 믿음이다. 하지만 이 믿음이 없었더라면 동학농민군이 한 개 죽창에 의지하여 아직 도래하지 않은 미래를 향해 자기의 전 존재를 걸고 싸울 수 있었겠는가. 그 믿음이 때로는 동학의 가르침으로, 때로는 안중근의 신앙으로, 때로는 한용운의 님에 대한 그리움으로, 그리고 때로는 함석헌의 뜻에 대한 믿음으로 변모해 왔으니, 그것은 특정한 종교의 교리 체계에 갇힌 믿음이 아님은 분명하다. 그러나 그 정체가 무엇이든, 힘이 지배하는 세계에서 아무런 힘도 없는 민중이 압

---

70 교토대학의 오구라 기조 교수는 최근 일본에서 출판된 『조선사상전사』朝鮮思想全史에서, "사상의 혁명적인 정치적 역할"과 함께 한국 사상의 "영성적 약동성"靈性的 躍動性을 과거부터 현재까지 이어지는 한국 사상사 전체의 고유성으로서 제시한다. 이 둘을 결합하면 다른 나라에서는 쉽게 찾아보기 어려운 영성과 혁명성의 합일이 될 것이다. 小倉紀藏, 『朝鮮思想全史』, 筑摩書房, 2017, 18, 22쪽 등 참고.

71 천도교 중앙총부, 『天道教 經典』, 2010, 303쪽.

72 같은 책, 308쪽.

도적인 힘에 맞서 포기하지 않고 싸움을 이어 올 수 있었던 것은 오직 힘이 아니라 뜻이 존재의 진리라는 믿음이 있었기 때문이 아니라면, 이해할 수도 없고 설명할 수도 없는 일이었을 것이다.

3) 믿음과 혁명의 적대적 분열

그런데 이런 내면적 믿음과 혁명적 실천의 공속은 이 나라에 공산주의 사상이 본격적으로 유입되면서부터 해체되기 시작한다. 서양 윤리학의 역사에서 순수 윤리학의 시대는 칸트와 함께 끝난다. 그 이후 새롭게 등장하는 윤리학은 기본적으로 단체의 선을 지향한다. 즉, 선의 척도가 개인도, 추상적 보편도 아니고, 특정한 단체가 된 것이다. 이를테면 피히테에게서는 민족이, 헤겔에게서는 국가가 선의 척도가 되고, 바다 건너 영국의 공리주의자들에게는 (명목상으로는 아니지만, 실질적으로는) 시민계급의 이익이 선의 척도가 된다. 그와 마찬가지로 마르크스에게는 프롤레타리아계급의 이익이 선의 척도가 되는 것이다.

이런 관점에서 보자면 구체적으로 말해, 1948년 4월 3일 새벽 무장대가 문영백의 집에서 두 딸을 살해하는 것이 도덕적으로 옳으냐 아니냐를 판단하는 기준은 칸트가 말한 준칙의 합법칙성 따위가 아니라, 그것이 프롤레타리아의 해방을 위해 유익하냐 아니냐 하는 것뿐이다. 그리고 이것이야말로 스탈린의 폭정을 비롯해 현대 공산주의의 역사에서 볼 수 있는 윤리적 일탈의 뿌리라고 말할 수 있다. 물론 같은 공산당이라도 호찌민이 이끈 베트남 공산당 같은 예외도 있다. 그러나 김일성을 비롯해 한국 공산주의 운동은 호찌민이 보여 준 그런 관용이나 포용성 그리고 고매한 도덕적 이상보다는 적에 대한 증오를 통해 결속되고 유지된 면이 훨씬 많았다. 혁명이 인간에 대한 사랑과 역사에 대한 믿음을 잃어버리고 나면 남는 것은 적에 대한 증오밖에 없다. 내면의 증오는 폭력으로 외화되는데, 증오가 강렬하면 강렬할수록 폭력은 더욱더 잔인해지게 마련이다. 민중 신학자 안병무는 회상하기를,

> 마을에 공산당들이 와서 인민재판을 했는데 텁석부리 영감이라고 내가 좋아하던 영감이 공산당을 욕했다는 죄목으로 맞아 죽었습니다. 내가 좋아했던 영감이었는 데다 죽이는 방법이 하도 잔인했기에 그 후로 공산당에 대한 내 감정이 나빠졌습니다.[73]

안병무는 1922년 평안도에서 태어났으나 어린 시절 가족이 모두 간도 용정으로 이주해 거기서 소학교와 중학교를 다녔다. 위의 인용문은 1930년대 그가 소학교 학생이던 시절 간도의 한 풍경이다. 안병무는 박정희 유신 독재 치하에서 해직되고 옥살이까지 했던 매우 진보적인 민중 신학자였으나, 인용문에 따르면 그런 안병무조차 잔인한 폭력성 때문에 공산주의에 호감을 가질 수 없었던 것이다. 개인의 회상은 일회적 사건에 대한 주관적 감정의 표현에 지나지 않는 것으로서 대개 역사에 대한 과학적 인식과는 별 상관이 없다. 그러므로 역사를 객관적으로 인식하려는 과학자는 함부

---

[73] 안병무, 『민중신학이야기』, 한국신학연구소, 2005, 14쪽.

로 이런 종류의 회상을 학문적 주장의 근거로 제시하면 안 된다. 그럼에도 불구하고 우리가 안병무의 회상을 여기에 소개한 까닭은 여기서 그가 회상하는 사실이 특정한 개인이나, 시대에 국한된 예외적인 사건이 아니고 지속적으로 광범위하게 일어났던 일이며 그 결과 안병무의 회상은 개인의 우연한 경험이라기보다는 일종의 집단적 경험의 표현이라고 말할 수 있기 때문이다. 그리고 더나아가 이 집단적 트라우마가 해방 이후 북한에서 추방되듯이 남한으로 내려온 사람들의 의식을 규정하여, 잘 알려진 대로 4·3을 전후한 서북청년단의 만행으로까지 이어지기 때문이다.

마르크스주의가 이 땅에 수입되었을 때, 공산주의자들이 적대시한 대상은 단지 부르주아계급만이 아니었다. 그들은 한국 사회주의 운동의 초창기부터 종교를 적대시했다. 그것은 "종교 단체를 인정하는 자는 사회주의자가 아니라"는[74] 생각 때문이었을 것이다. 처음에는 강력한 정치단체의 성격을 띠고 있었던 기독교와 천도교가 공산주의자들의 비판의 대상이었다.[75] 그러나 천도교가 의암 손병희의 죽음 이후 상대적으로 분열과 쇠락의 길을 걷기 시작하면서,[76] 공산주의가 적대시하는 주된 종교는 기독교가 되었

---

74 임경석, 『한국 사회주의의 기원』, 294쪽.

75 같은 책, 453쪽.

76 이 말은 천도교의 외적 교세가 기독교에 비해 약해졌다는 것을 뜻하지는 않는다. 북한 지역만 놓고 보자면 해방 직후 개신교인은 대략 20만 명, 천주교인은 5만 6000명이었던 데 비해 불교도는 약 50만 명 그리고 천도교인은 무려 150만 명이었다 한다. 양봉철, 「제주4·3과 서북기독교」, 『4·3과 역사』 제9·10호 합본호, 183쪽.

다. 그리고 지극히 불행하게도, 공산주의자들의 비판을 증명하기라도 하듯, 기독교는 3·1운동 이후 본격적으로 보수화되기 시작했다. 그러면서 공산주의와 사회주의를 본격적으로 배척하기 시작했다. 독립협회와 애국계몽운동을 거쳐 3·1운동에 이르기까지 역동적으로 역사에 참여했던 기독교가 점점 더 역사를 등진 교리적 신앙으로 퇴행할 때 새롭게 등장하여 점점 더 과격화되어 간 공산주의 운동 사이의 균열과 반목은 단지 관념적인 이론 차원에 머물지 않고 공산주의자들에 의한 기독교의 폭력적인 박해로 발전해 갔다.[77] 독실한 기독교인이었던 월남 이상재가 초대 회장을 맡고 불교 승려였던 만해 한용운이 경성지회장을 맡았던 좌우 합작 운동 단체였던 신간회는 종교적 민족주의와 반종교적 공산주의 두 진영 사이에 처음이자 마지막 화해의 시도였다. 왜냐하면 1931년 신간회가 해체된 이후 두 진영의 치명적 분열은 끝내 극복되지 못했기 때문이다. 그리고 이것이 해방 이후 분단으로까지 이어졌다는 것은 부인하기 어려운 역사적 사실이다.[78]

그런데 같은 분단이라도, 하필이면 동양의 예루살렘이라고 불리던 평양을 중심으로 한반도에서 기독교의 세력이 가장 강력했던 서북 지역이 공산주의자들의 지배 아래 들어간 것은 역사의 비극이었다. 해방 공간에서 남한에 거주하던 많은 사회주의자들이 북

---

[77] 같은 글, 242쪽.

[78] 고은, 『한용운 평전』, 향연, 2004, 312쪽. "좌우는 도저히 합작할 수 없었던 것이다. 그때를 기점으로 일제시대의 반일제운동은 어느 형태든지 좌우로 분열되어서 그것이 1945년 8월 15일 이후의 분단에 이르렀던 것이다."

한으로 넘어갈 수밖에 없었던 것처럼, 북한의 기독교인들 역시 조선의 예루살렘을 지킬 수는 없었다. 기독교의 경우 해방 후 10년 동안 남한 지역에서 새로 생긴 교회의 무려 90퍼센트가 북한에서 내려온 피난민 교회였다.[79] 그리고 그런 피난민 교회들 가운데 가장 먼저 생겼고 또 규모가 가장 큰 교회 가운데 하나 그리고 가장 큰 영향력을 가진 교회가 바로 한경직 목사의 영락교회였다(1945년 12월 2일 창립). 그리고 1946년 11월 30에 창립된 서북청년회는 북한 출신의 기독교 청년, 그 가운데서도 영락교회 소속의 기독교 청년들이 주축이 되었다.[80] 그리고 다시 그들 가운데 다수가 4·3 직전의 제주도에 떼를 지어 들어와 역사가 그들에게 운명처럼 맡긴 사악한 역할을 수행하기 시작했던 것이다. 그리고 남로당 무장대 역시 이도종 목사 같은 기독교인들을 살해하고 교회당을 불태우는 것으로 서북청년단의 타락한 기독교적 만행에 화답했다.[81]

이런 점에서 1948년 4월 3일 무장봉기에 따라 이름 붙여진 제주4·3사건의 기점은 공식적으로 말하는 1947년의 3월 1일일 수는 없다. 도리어 4·3의 비극은 3·1운동이 실패로 돌아가고 기독교 민족주의 진영은 절망 가운데서 현실 타협과 보수화의 길을 걷기 시작하고 새롭게 등장한 공산주의 운동이 급진적 투쟁의 길에 들어서면서 시작된 상호 간의 반목에서 씨앗이 뿌려진 것이다. 공

---

79 양봉철, 「제주4·3과 서북기독교」, 196쪽.

80 같은 글, 214~219쪽.

81 같은 글, 248쪽.

산주의자들이 종교적 믿음을 아편이라고 보았다지만, 기독교인들 역시 3·1운동에서 보여 준 믿음을 잃고 절망에 빠졌다는 점에서 그들과 하등 다를 바가 없었다. 3·1운동을 통해 거듭났다고 말할 수 있을 함석헌은 그때를 회상하면서 일본군의 총칼 앞에 두려움 없이 맨손으로 대한 독립 만세를 부를 수 있었던 것은 적에게도 양심이 있다는 것을 믿었기 때문이라고 말했다.

> 그러나 한층 더 깊이 들어가 생각하면, 나라와 나라 사이에 협화를 믿고, 민족과 민족 사이에 동정을 믿는 것은 그 밑에 그보다 먼저 미리 생각하는 무엇이 있음을 알 수 있다. 즉, 인간성의 공통이라는 사실이다. 사람은 다 같은 사람이지, 그들도 양심 가진 사람이겠지, 믿는 마음이 있었기 때문에 나라 사이에서도 도움을 믿는다. 모순인 듯하지만, 우리가 맨주먹으로 만세를 부를 때는, 국제연맹에 호소하기 전, 누구보다도 더, 우리 대적이라는 일본 사람에게 그것을 믿는 것이다.[82]

여기서 보듯이 적에 대한 증오가 아니라 인간에 대한 믿음이야 말로 비단 함석헌 개인에게만 해당되는 일이 아니고, 동학에서 3·1운동까지 한국의 민중들이 패배하고 또다시 패배하면서도 불의에 대한 저항과 항쟁을 포기하지 않을 수 있었던 내면의 근거였다. 우리는 이를 안중근의 「동양평화론」에서, 3·1운동 당시의 「기미

---

82 함석헌, 「3·1정신」, 『함석헌전집』 17권, 한길사, 1993, 89쪽 아래.

독립선언문」에서 그리고 한용운이 옥중에서 저술한 「조선독립의書」 같은 글에서 넘치도록 넉넉히 확인할 수 있다.

4. 에필로그

하지만 그 사랑과 믿음이 사라졌을 때, 증오만 남았다. 예수의 복음도 마르크스의 이론도 그 점에서 아무 차이가 없었다. 우리가 해방을 맞지 못하고 아직 이민족의 지배 아래 있을 때, 그 증오의 에너지는 많은 부분 외부의 적을 향해 있었다. 그러나 해방이 되고 일본인들이 떠났을 때 미움과 증오는 내부의 적에게로 향해질 수밖에 없었다. 4·3은 그 증오의 에너지가 낳은 비극이다.

앞서 말한 항쟁의 원칙에 따라 판단하자면, 제주4·3은 압제에 대한 저항이었으며, 새로운 나라에 대한 지향이었다는 점에서 항쟁에 어울리는 정당성을 지니고 있었다. 긍정적 의미에서 4·3항쟁을 촉발한 민중적 의지는 제주의 두 개 선거구에서 5·10선거가 결국 무산된 데서 명백히 증명된다. 만약 제주도민 대다수가 5·10선거에 찬성하는 상황이었다면 아무리 남로당 무장대가 조직적으로 선거를 방해했다 하더라도 선거가 무산될 정도에 이르지는 않았을 것이다. 그리고 제주도민 대다수가 미군정 당국의 친일 경찰의 폭력적 행태에 대해 깊은 분노와 단선 단정에 단호히 반대하는 마음을 품고 있지 않았더라면 애당초 4·3 자체가 일어나지도 않았을 것이다. 다른 곳이 아닌 제주에서 분단과 친일파의 재등장에 대한 항쟁의 불길이 솟아올랐다는 것은 제주의 명예이다.

이 점에서 제주는 아무런 잘못도 없다.

4·3은 그런 민중의 고통과 분노 그리고 바람직한 나라에 대한 열망에 응답해 일어난 항쟁임에는 분명하다. 그러나 1948년 4월 3일 남로당 무장대가 경찰지서와 우익 인사의 집을 공격하기 시작하면서 그들이 피워 올린 봉홧불은 안중근의 내면을 밝혔던 인간에 대한 사랑과 믿음의 빛이 아니라 적에 대한 분노와 증오의 화염이었다. 그리하여 그들이 수행한 항쟁이란 안중근의 말처럼 "어진 것으로써 악한 것을 대적한다는" 것이 아니라 단지 적들이 행한 악에 자기들의 악을 보태는 것에 지나지 않았다. 그렇게 양쪽에서 쌓이는 악행으로 민중의 순수한 항쟁의 의지는 배반당했으니, 이것이 4·3의 비극이었다. 그리고 이런 의미에서 4·3은 배반당한 항쟁이다. 경찰의 학살과 고문에 맞서 일어난 항쟁이었으나, 더 큰 학살과 더 잔혹한 고문을 낳았고, 분단에 반대해 일어난 항쟁이지만 분단을 더욱 고착시킨 결과를 낳았기 때문이다. 그 분단은 외적으로 나타난 국토의 분단만이 아니기 때문에 더 비극적이다. 70년 전부터 지금까지 제주도민은 보이지 않는 마음속의 분단으로 고통받고 있는 것이다.

4·3을 생각한다는 것은 그 비극 앞에 마주 서는 것을 의미한다. 그 비극은 분단의 비극이다. 하지만 그 분단이란 땅이 아니라 마음의 분단이기 때문에 비극이다. 그러나 그 분단은 해방 이후 시작된 것이 아니고 멀리는 3·1운동 이후 또는 신간회 해체 이후 우리가 선으로 악을 이긴다는 믿음을 잃고, 서로에 대한 사랑을 저버리고, 생각의 차이 때문에 서로 미워하기 시작했을 때 시작된 분단이다. 그러므로 그것은 단지 제주에서 시작되고 끝난 분단이

아니라 6·25전쟁으로 이어지고 지금까지도 수많은 사람들의 삶을 파괴했고 여전히 파괴하고 있으며 언제라도 다시 우리 모두의 삶을 파괴할 수 있는 현재 진행형의 분단인 것이다.

4·3은 그 분단의 중심이다. 아니, 분단 지옥의 가장 깊은 바닥이다. 이런 의미에서 4·3을 생각한다는 것은 우리가 마음의 분단 앞에 정직하게 마주 서는 것을 의미한다. 4·3이란 그런 우리의 갈라진 마음을 비추는 거울이다. 4·3을 생각하는 것은 그 거울 앞에서 우리 자신의 분열상을, 그 깊은 뿌리를 되돌아보는 것을 의미한다. 그런 성찰을 통해 마음의 증오와 분열을 넘어설 때 비로소 우리에게 참된 화해와 통일로 나아가는 길이 열릴 것이다.

참고문헌

강만길 외 편, 『한국사』 12, 한길사, 1994.

강성현, 「제주4·3학살사건의 사회학적 연구 : 대량 학살 시기(1948년 10월 중순~1949년 5월 중순)을 중심으로」, 서울대학교 사회학과 석사 학위논문, 2002.

고은, 『한용운 평전』, 향연, 2004.

김경재, 「동학농민혁명 과정에서 종교적 영향」, 『동학연구』 제9·10집, 2001.

김봉현·김민주 공편, 『제주도인민들의《4·3》무장투쟁사 : 자료집』, 文友社, 1963.

김상봉, 「국가와 폭력 : 주권폭력에 대하여」, 『철학의 헌정 : 5·18을 생각함』, 도서출판 길, 2015.

_____, 「그들의 나라에서 우리 모두의 나라로」, 『철학의 헌정 : 5·18을 생각함』, 도서출판 길, 2015.

_____, 「항쟁공동체와 지양된 국가」, 『철학의 헌정 : 5·18을 생각함』, 도서출판 길, 2015.

_____, 『학벌사회 : 사회적 주체성에 대한 철학적 탐구』, 한길사, 2004.

김상봉·고명섭, 『만남의 철학 : 김상봉과 고명섭의 철학 대담』, 도서출판 길, 2015.

김용옥, 『우린 너무 몰랐다 : 해방, 제주4·3과 여순민중항쟁』, 통나무, 2019.

김점곤, 『한국전쟁과 노동당 전략』, 박영사, 1973.

대한민국 재향경우회 제주도 지부 등, 「제주4·3사건 진상조사보고서에 대한 반론」, 『본질과 현상』 31호, 2013.

박맹수, 「동학계 종교운동의 역사적 전개와 사상의 시대적 변화 : 동학과 천도교를 중심으로」, 『한국종교』 제37집, 2014.

박명림, 「제주도 4·3민중항쟁에 관한 연구」, 고려대학교 정치외교학과 석사 학위논문, 1988.

박원순, 『야만 시대의 역사』 전 3권, 역사비평사, 2006.

신기철·신용철 편저, 『새 우리말 큰 사전 (상)』, 삼성출판사, 1983.

아리스토텔레스, 『니코마코스 윤리학』, 김재홍 외 옮김, 도서출판 길, 2011.

_____, 『형이상학』, 조대호 옮김, 도서출판 길, 2017.

안병무, 『민중신학이야기』, 한국신학연구소, 2005.

안중근, 『안응칠 역사』, 안중근의사기념사업회 편역, 안중근의사기념사업회, 2009.

양봉철, 「제주4·3과 서북기독교」, 『4·3과 역사』 제9·10호 합본호.

양정심, 『제주4·3항쟁 : 저항과 아픔의 역사』, 선인, 2008.

양한권, 「제주도4·3폭동의 배경에 관한 연구」, 서울대학교 정치학과 석사 학위논문,

1988.

윌리엄 J. 듀이커, 『호치민 평전』, 정영목 옮김, 푸른숲, 2001.

이선교, 『제주4·3사건의 진상』, 도서출판현대사포럼, 2012.

이영권, 『제주4·3을 묻습니다』, 신서원, 2007.

임경석, 『한국 사회주의의 기원』, 역사비평사, 2003.

제민일보4·3취재반 편, 『4·3은 말한다』 제2권, 전예원, 1994.

제주4·3사건진상규명 및 희생자명예회복위원회, 『제주4·3사건진상조사보고서』, 2015.

_____, 『화해와 상생 : 제주4·3위원회 백서』, 2008.

제주4·3평화재단, 『제주4·3 바로알기』, 2017.

조갑제닷컴, http://www.chogabje.com/board/view.asp?C_IDX=51365&C_CC=AZ.

조광, 「19세기 후반 서학과 동학의 상호관계에 관한 연구」, 『조선후기 사회와 천주교』,
      경인문화사, 2010.

지오반나 보라도리, 『테러시대의 철학』, 손철성·김은주·김준성 옮김, 문학과지성사,
      2004.

천도교 중앙총부, 『天道敎 經典』, 2010.

철학연구회 엮음, 『정의로운 전쟁은 가능한가』, 철학과 현실사, 2006.

칸트, 『판단력비판』, 이석윤 옮김, 박영사, 1992.

_____, 『도덕형이상학』, 이충진·김수배 옮김, 한길사, 2018.

함석헌, 「3·1정신」, 『함석헌전집』 17권, 한길사, 1993.

허영선, 「제주4·3 시기 아동학살 연구 : 생존자들의 구술을 중심으로」, 제주대학교
      대학원, 2006.

_____, 『제주4·3을 묻는 너에게』, 서해문집, 2014.

허유선, 「칸트의 시민저항권과 법의 기원 : 군주의 강제권 개념을 중심으로」, 『철학, 사상,
      문화』 제4호, 2006.

허호준, 「제주4·3무장봉기 결정과정 고찰」, 『4·3과 역사』 제7호, 2008, 214~218쪽.

G. W. F. 헤겔, 『법철학』, 임석진 옮김, 한길사, 2008.

현길언, 『섬의 반란, 1948년 4월 3일』, 백년동안, 2014.

_____, 『정치권력과 역사왜곡 : 제주4·3사건진상조사보고서 비판』, 태학사, 2016.

호메로스, 『일리아스』, 천병희 옮김, 도서출판 숲, 2015.

황현, 『오하기문』, 김종익 옮김, 역사비평사, 1995.

Flikschuh, Katrin and Lea Ypi (eds.), *Kant and Colonialism: Historical and Critical
      Perspectives*, Oxford University Press, 2014.

Stone, Alison, "Hegel and Colonialism", *Hegel Bulletin*, Cambridge Core, 2017, https://doi.org/10.1017/hgl.2017.17

小倉紀藏,『朝鮮思想全史』, 筑摩書房, 2017.

새로운 정의와
혁명의 창안을 위하여 :
김수영 시 새로 읽기

김수영이 다양한 주제의 시를 썼고, 그만큼 다양한 관점에서 해석되었음은 주지의 사실이다. 일상, 설움, 양심, 자유와 같이 기존에 발굴된 주제어에 새로운 주제어를 추가하는 연구에서부터 특정 시어의 활용 빈도 등을 밝히는 계량적 연구뿐만 아니라 최근 활발히 활동하는 여러 철학자들의 탈근대적 관점을 원용하여 방법론적 시각을 마련하는 연구까지 이루어졌는데, 이러한 사실을 감안하면 김수영 연구는 한국 문학 연구의 첨단이 구현되는 현장이라 해도 과언이 아니다. 그의 문학이 던지는 물음이 그만큼 발본적이고 심원한 까닭이다.

식민지에서 태어나 광복을 맞고 전쟁과 혁명과 쿠데타를 겪는 그의 삶 자체가 격변의 한국 현대사 자체를 대변하거니와 그의 시와 산문은 이러한 비극을 지나며 새로운 물음을 던졌다. 문학의 전통성과 새로움, 그리고 문학의 자율성과 사회적 역할 등 그의 시적 사유가 제기하는 것들은 아직도 물음과 응답을 반복하는 과정을 통해 새로운 물음을 던진다. 그런 까닭에 김수영의 시와 산문은 때마다 다시 읽히고 새로운 사유의 대상이 되는 것이다.

이 글은 다양하게 해석된 김수영 문학을, 발본적으로 새로이 읽음으로써 그의 문학에 대한 관점을 심화하고 확대하고자 하는 의도에서 기획되었거니와 특히 4·19를 전후로 해서 쓰인 일련의 작품들을 살피는 과정을 통해 김수영 연구의 새로운 주제를 찾고

---

* 이 글은 「김수영 시에 나타난 정의의 의미」, 『한국근대문학연구』 21집 1호(2020)를 부분적으로 수정한 것이다.

이를 정립하는 데 그 목적이 있다. 지금까지 김수영 시의 변곡점에 대해서는 4·19가 주로 거론되었지만 정작 이 시기 쓰인 시에 대한 집중적인 관심이 이루어지지 않았기 때문이다. 4·19를 전후하여 시의 형식이나 주제 측면에서 뚜렷한 변화가 발견되는 까닭에 이러한 관점은 충분히 타당하다고 할 수 있다. 4·19라는 역사적 사건을 전후로 하여 그의 시가 사회와 현실에 대해 적극적 발언을 하는 점에 주목하여 그의 시를 참여시라 부르는 일련의 지적이 이러한 경향의 관점을 대변한다. 이 시기 시에서 발견되는 사회·역사적 인식을 특권화하여 그것을 김수영 시의 가장 대표적인 특성이라 간주하는 것이다. 그러나 이러한 맥락에서 이후의 시들을 하나의 관점으로 해석하는 연구의 관행에 대해서는 반성이 필요한데 왜냐하면 참여시적 경향이 있음과 동시에 폭로에 가까운 자기반성과 성찰이 이후의 시에서 자주 발견되기 때문이다. 그런 의미에서 기존의 단선적인 이분법적 관점과 거리를 두고 이 시기 쓰인 시를 유심히 살펴볼 필요가 있다. 그런데 문제는 앞서 말한 것처럼 4·19와 5·16에 걸치는 시기에 쓰인 김수영 시에 집중하여 살핀 연구는 그다지 많지 않다는 점이다.[1] 그 이후의 변화에 초

---

[1] 이와 관련된 연구로는 이 시기 집중하여 살핀 논문들과 학위 논문의 형태로 제출되어 김수영 시의 전체적 변화 과정을 살핀 논문들, 아울러 김수영에 대한 여러 필자들의 글을 모은 일련의 단행본들이 참조될 수 있다. 이영섭, 「김수영의 신귀거래 연구」, 『연세어문학』 18집, 1985; 장만호, 「김수영 시의 변증법적 양상」, 『민족문화연구』 40집, 고려대학교 민족문화연구원, 2004; 강계숙, 「1960년대 한국시에 나타난 윤리적 주체의 형상과 시적 이념」, 연세대학교 박사 학위논문, 2008; 조강석, 「비화해적 가상으로서의 김수영과 김춘수의 시학 연구」, 연세대학교 박사 학위

점을 맞추어 논의가 진행된 까닭에 급격하게 변화하는 시의 형식과 내용에 대해서는 주의를 기울이지 못한 것이다. 이 글이 주목하고자 하는 부분이 바로 이 지점인데, 왜냐하면 김수영 시의 가장 큰 변화를 보여 주는 시기가 이때이지만 그 특징에 대한 적절한 해명이나 해석이 충분히 수행되지 않았기 때문이다.

4·19를 전후로 하여 쓰인 김수영의 일련의 작품들은 기존 정치권력에 대한 탄핵과 새로운 정치에 대한, 그리고 민주주의와 자유에 대한 기대를 드러내는 데 집중되어 있다. 때로 과도한 언사와 비문학적인 발언으로 이루어지기도 한 이 작품들은, 또 다른 측면에서는 혁명의 불꽃에 직접 뛰어든 가담자 혹은 목격자의 증언이기도 하다. 이 시기 쓰인 작품들은 대개 독재 정권에 대한 타도와 민주주의와 자유의 회복에 대한 강렬한 희망을 노래하는 경우가 많은데, 기존의 규칙과 질서에 대한 반대와 새로운 희망의 도래에 대한 기대를 보여 준다는 점에서 오래된 법을 폐지하고 새로운 질서를 만들고자 하는 일련의 과정에서 분출되었다고 할 수 있다. 기존 지배 질서를 타파하고 새로운 가능성을 만드는 혁명에는 필연적으로 폭력이 수반된다. 그런 까닭에 법과 폭력의 문제는 혁명이라는 사건에서는 필수적으로 재사유되어야 할 항목이다. 기존의 법을, 폭력을 통하여 폐하고 새로운 법을 구성하는 과정이

논문, 2008; 전병준, 『김수영과 김춘수, 적극적 수동성의 시학』, 서정시학, 2013; 황동규 편, 『김수영 전집 별권 : 김수영의 문학』, 민음사, 1983; 김승희 엮음, 『김수영 다시 읽기』, 프레스21, 2000; 김명인·임홍배 엮음, 『살아 있는 김수영』, 창비, 2005.

혁명이라는 사건의 일반적인 과정이라 해도 과언은 아닐 것이다. 4·19 시기 김수영의 시 또한 이러한 맥락에서 읽을 수 있다는 것이 이 글의 기본적인 시각인데 방법론적 관점에 대한 좀 더 상세한 설명은 다음 절에서 기술하기로 한다.

2. 폭력과 법과 정의의 모순

김수영이 1960년대 초반 쓴 시들을 중점적으로 살펴보고자 하는 이 글에서 도움을 받고자 하는 관점은 발터 벤야민이 제기하고 자크 데리다가 정교화하며 물음을 제기한 정의의 문제와 관련된 것이다. 발터 벤야민이 「폭력 비판을 위하여」라는 제목의 글을 시작하며 "폭력 비판이라는 과제는 그 폭력이 법과 정의와 맺는 관계들을 서술하는 작업"[2]이라고 했을 때 이미 법과 정의가 지니는 기묘한 관계는 폭로된 바 있다. 정의가 법의 토대이니, 법은 정의라는 권위를 등에 업고 제 힘을 발휘할 수 있다는 것이 법과 정의의 관계에 대한 상식적인 관념이었으나 벤야민의 통찰을 통해 그 관계에 대한 반성과 성찰이 가능해진 것이다. 이러한 반성과 성찰은 정의롭지 않은 법, 정당성 없는 법이 있을 수 있음에 대한 생각으로 이어지니 법을 어떻게 생각해야 할 것인가라는 물음이 제기

---

2 발터 벤야민, 「폭력 비판을 위하여」, 『발터 벤야민 선집』 5, 최성만 옮김, 도서출판 길, 2008, 80~81쪽.

되는 것은 자연스러운 과정이고 이러한 물음은 당연하게도 정의란 무엇인가라는 물음으로 이어진다.

법과 정의의 문제에 대한 문제를 제기하는 과정에서 벤야민의 글을 비판적으로 읽은 데리다의 저작 또한 중요한 참조가 된다. 데리다는 오랫동안 잠들어 있던 벤야민의 위의 글을 다시 읽으며 법이 지닌 강제성의 기원에 모순이 있음을 지적했다.[3] 정의 없는 힘은 폭력이고, 힘없는 정의는 무력하다는 파스칼의 명제나 법은 법이기 때문에 강제력을 지닌다는 칸트의 동어 반복적인 규정, 혹은 법이 지닌 규제적 이념으로서의 특성을 밝힌 칸트의 명제를 비판적으로 독해하며 데리다는 법의 토대가 지닌 공허함에 대해 지적했다. 일련의 논의 끝에 데리다는 법은 해체 가능하고, 정의는 해체 불가능하다는 결론을 내린다.

그러나 해체 가능한 법은 사라질 수밖에 없고, 해체 불가능한 정의는 영구하다고 판단하는 것은 일차원적이며 근시안적인 판단이다. 조건적인 법과 무조건적인 정의라는 이분법적인 판단은 사태를 간단히 만들 수는 있으나 실제는 그렇게 손쉽게 정리될 수 없다. 왜냐하면 법이 해체 가능하고, 정의가 해체 불가능하다고 하면 정의가 초월적인 어떤 것으로 여겨지기 때문이다. 지금, 여기에서 적용되는 법은 근거 없는 것이고, 법을 법으로 존재하게 하는 것이 정의이므로 법이 현상이라면 정의가 본질이라는 생각은 오류에 가까운데 데리다 또한 이러한 문제에 대해 언급했다.

---

3 자크 데리다, 『법의 힘』, 진태원 옮김, 문학과지성사, 2004.

계산 불가능한 정의, 선사하는 정의라는 이념은 그것 자체로 고립될 경우에는 항상 악이나 심지어 최악에 더 가까운 것이 되고 마는데, 왜냐하면 이는 항상 가장 도착적인 계산에 의해 재전유될 수 있기 때문이다. 이는 항상 가능하며, 그리고 이는 우리가 방금 전에 말한 광기의 일부를 이루고 있다. 이런 위험에 대해 절대적인 대비책을 세우려고 하면 정의에 대한 호소, 항상 상처 입고 있는 호소의 분출을 막아 버리거나 봉합시킬 수밖에 없다. 하지만 계산 불가능한 정의는 계산할 것을 명령한다. …… 계산 가능한 것과 계산 불가능한 것의 관계를 계산하고 협상해야 하고, 우리가 '던져져' 있는 곳에서, 우리가 스스로를 발견하는 곳에서 재발명되어야 하는 규칙들 없이 협상해야 할 뿐만 아니라, 또한 우리가 스스로를 발견하는 장소를 넘어서, 그리고 기존의 식별 가능한 도덕이나 정치 또는 법적인 지대를 넘어서, 민족적인 것과 국제적인 것, 공적인 것과 사적인 것 등의 구분을 넘어서 마찬가지로 가능한 한 멀리 이렇게 해야 한다. 이러한 해야 함의 질서는 정의에도, 법에도 고유하게 귀속되지 않는다. 만약 이것이 두 공간 중 어느 하나에 속한다면, 이는 이미 다른 공간을 향해 자신이 속해 있는 공간을 넘어선다.[4]

계산 가능한 법과 계산 불가능한 정의라는 구분은 좀 더 깊이 있게 사유되어야 한다. 현실적 법과 초월적 정의라는 이분법적 판

---

4 같은 책, 59~60쪽.

단은 정의를 그 자체로 고립시키고 "항상 악이나 심지어 최악에 더 가까운 것"이 되게끔 하는 까닭에 그에 대한 섬세한 고찰이 필요한 것이다. 법과 정의가 모순 관계에 있음을 인정하는 데서 출발하는 것이 타당하다. 이는 법과 정의의 관계가 미묘하지만 복잡한 문제를 제기하는 것을 의미한다. "계산 불가능한 정의는 계산할 것을 명령한다"는 것, 또 이러한 "해야 함"은 "정의에도, 법에도 고유하게 귀속되지 않는다"는 것에서 이러한 미묘함과 복잡함을 알 수 있다.

그런데 계산할 수 없는 어떤 것이 계산할 것을 명령하고 강제한다는 진술에서 정의와 법을 동시에 초과하는 어떤 것이 있다는 생각이 가능하다. 이러한 강제가 정의와 법에 귀속되지 않는다는 진술 또한 그러하다. 그러나 이러한 계산 불가능성의 강제는 상호 이질적인 법과 정의가 서로 분리될 수 없음을 의미하며 동시에 이 둘의 공통의 지반인 정치의 토대 자체가 재고찰되고 재사유되어야 함을 의미한다. 왜냐하면 법과 정의 모두 공동체와 관련된 여러 물음뿐만 아니라 가치의 분배와 같은 정치적인 문제를 그 바탕에 두고 있기 때문이다. 그런 까닭에 법과 정의의 관계에 대한 고찰은 필연적으로 정치에 대한 고찰을 강제할 수밖에 없는 것이기도 하다. 어떤 의미에서는 정의의 문제 자체가 정치라는 맥락에서 고찰되어야 한다고 할 수 있을 것이다.

법 바깥에, 어떤 초월적인 지점에 정의가 있다는 판단은 오류이다. 오히려 법 내부에 이러한 초과와 예외가 놓여 있다. 그것이 법 내부에 도사리고 있는 예외로서 폭력의 구조이다. 법이 법으로서 힘을 지니는 것은 강제력을 행사할 수 있는 폭력을 유일하게 예외적으로 인정받기 때문이다. 그런데 이러한 예외의 구조가 동시에 정의에도 적용된다는 것이 폭력과 법과 정의의 관계에서 드러나는 핵심적인 모순의 구조이다. 이 셋의 관계를 주의 깊게 관찰하며 그 모순을 어떻게 극복할 수 있을 것인가 하는 것이 정의와 관련한 문제에서 해결해야 할 긴급하고도 궁극적인 과제이다.

물론 이 물음에 대한 답은 쉽지 않고, 또 그 답변을 설득력 있게 논리화하는 것도 쉽지 않다. 왜냐하면 이는 지나치게 사변적으로 흐를 가능성이 높기 때문이다. 그런 까닭에 이에 대해 잠정적인 답변을 하자면, 그것은 내재성과 초월성을 어떻게 변증법적으로 잘 결합할 것인가 하는 데 있다고 하겠다. 법과 정의의 모순을 외부의 어떤 초월론적 지평을 상정하여 해결하고자 하면, 모순을 지나치게 단순화함으로써 그 모순이 지닌 의미를 보이지 않게 가리기 때문이다. 정의가 더 가치 있고, 법이 그렇지 않다고 하는 순간, 정의는 강제력을 지니는 또 다른 법으로 환원되고 만다. 그렇다면 여기에 다시 또 다른 차원의 정의가 필연적으로 요구될 수밖에 없다. 이러한 끊임없는 환원 구조를 통해서는 법과 정의의 모순을 해결할 수 없는 것이다. 그런 까닭에 이 둘이 지닌 모순의 긴장을 강인하게 유지하며 그에 대한 답을 잠정적으로나마 추구하는 것이 훨씬 더 유용한 결론을 제공할 것이다.[5] 이 물음에 대한

---

5 폭력과 법과 정의의 모순 관계를 제기했던 자크 데리다의 견해를 따르자면 그 답변은 "유사초월론"으로 귀결될 수 있다. 유사초월론은 그 명칭이 암시하는 것처럼 초월적인 요소가 없지 않지만 그럼에도 역사적인 구조 안에서 초월론을 사유하는 것이기에 외재적 초월론이라 할 수는 없다. 외부의 초월론적 지평을 필요로 하는

가능한 답변을, 김수영의 1960년대 초반 시를 통해 찾아보고자 하는 것이 이 글의 과제이다. 왜냐하면 4·19를 전후한 시기에 쓰인 김수영의 시편들이 기존 지배 권력에 대한 탄핵과 새로운 가치에 대한 희망을 강력하게 보여 주는 까닭에, 이러한 시편들에 대한 해석이 폭력과 법과 정의의 모순 관계에 대한 참조점을 제공할 수 있으리라 기대하기 때문이다.

3. 법과 정의의 변증법, 혹은 새로운 정의와 혁명의 가능성

김수영은 4·19가 일어나기 직전, 혹은 그 직후 격렬하게 분출하는 감정을 시로 옮겼다. 그동안 억눌러 왔던 것을 표출하는 과정에서 그러했을 터인데, 여기에는 정세의 변화도 중요한 역할을 했을 것이다. 4·19가 일어나기 직전 쓰인 「하…… 그림자가 없다」에서 김수영은 처음으로 "적"에 대해 말한다. 이 시에서 적은 도처에서 발견되는 것으로, "사나운 악한"의 모습을 띠지도 않고 "민주주의자"임을 가장하는 이 적을 구별해 내기란 불가능해 보

외재적 초월론이 아니라 역사와 사회의 구조 내부에 바탕을 두고 있는 내재적 초월론인 것이다. 데리다식 표현을 빌리자면, 유사초월론의 핵심은 "가능성의 초월론적 조건은 또한 불가능성의 조건"임을 보여 주는 아포리아의 구조이다. 유사초월론에 대한 좀 더 자세한 설명은 다음의 논문이 참조될 수 있다. 진태원, 「시간과 정의 : 벤야민, 하이데거, 데리다」, 『철학논집』 34집, 서강대학교 철학연구소, 2013, 155~194쪽; 진태원, 「유사초월론 : 데리다와 이성의 탈구축」, 『철학논집』 53집, 서강대학교 철학연구소, 2018, 103~126쪽.

인다. 어디에도 없고, 또 보이지 않는 적은, 그런 까닭에 어디서나 어느 순간에나 만날 수 있는 실체로 받아들여진다. 물론 어디에나 있는 적을 당시 불법적인 정치권력이라 지칭할 수 있지만 동시에 이것은 일상적인 수준에까지 침투해 있는 부당함에 대한 탄핵이라고 할 수 있다.

우리들의 전선戰線은 눈에 보이지 않는다
이것이 우리들의 싸움을 이다지도 어려운 것으로 만든다
우리들의 전선은 된케르크도 노르망디도 연희고지도 아니다
우리들의 전선은 지도책 속에는 없다
그것은 우리들의 집안 안인 경우도 있고
그것은 우리들의 직장인 경우도 있고
우리들의 동리인 경우도 있지만……
보이지는 않는다

……

우리들의 싸움은 하늘과 땅 사이에 가득 차 있다
민주주의의 싸움이니까 싸우는 방법도 민주주의식으로 싸워야
한다
하늘에 그림자가 없듯이 민주주의의 싸움에도 그림자가 없다
하…… 그림자가 없다

하…… 그렇다……

하…… 그렇다……

아암 그렇구 말구…… 그렇지 그래……

응응…… 응…… 뭐?

아 그래…… 그래 그래.

_「하…… 그림자가 없다」⁶ 부분

　　2018년에 새로 나온 『김수영 전집』 3판에 따르면 이 시의 탈
고일은 1960년 4월 3일이고, 발표일은 1960년 6월이다. 바야흐
로 혁명의 기운이 감돌기 시작하여 마침내 절정으로 치달을 무렵
쓰였음을 알 수 있다. 4·19가 4월 19일만의 사건이 아님은 주지
의 사실이다. 김수영 역시 그 이전부터 변화의 기운을 느끼고 또
한 들불처럼 밀어닥친 봉기의 흐름을 직접 목격했을 것이다. "우
리들의 전선은 눈에 보이지 않는다"고, "우리들의 싸움은 하늘과
땅 사이에 가득 차 있다"고 했으니 전국을 뒤덮고 있는 변혁과 봉
기의 기운을 직접 느꼈음에 틀림없다. 이 전선은 어느 한 곳에 한
정된 것이 아닌 까닭에 보편적이지만 동시에 전례가 없는 것이기
에 정체를 좀체 알 수 없는 것이다. 적과의 싸움이 보편적이지만
동시에 적의 정체나 싸움의 결과가 어떠한지는 알 수 없다는 것이
이 시의 대의이다.

　　그런데 이 시의 후반부의 발언은 주목할 만하다. "민주주의의

---

6 이영준 엮음, 『김수영 전집 1 : 시』, 민음사, 2018, 191~192쪽. 이 글에서는 이 책
을 기본 자료로 삼기에 앞으로는 작품명만 밝히기로 한다.

싸움이니까 싸우는 방법도 민주주의식으로 싸워야 한다"는 것이 바로 그것이다. 봉기나 혁명은 기존 체제에 반하여 새로운 체제를 만들기 위한 것이지만 그 방법이 민주주의적이어야 한다는 것이 김수영의 이 무렵 판단이었다. 하나의 체제를 없애고 새로운 체제를 만들기 위해서는 기존의 법과 질서를 파괴하고 완전히 새로운 규칙을 창안해야 한다. 방법부터가 전혀 새로운 것이어야 할 텐데 그 새로움에 대한 기준이 민주주의이고 자유로 받아들여졌던 것이다. 이 시를 쓸 무렵에는 적을 감지하는 데까지 이르렀으나 아직 적의 정체를 정확히 파악하지 못했다. 그런 까닭에 적과의 싸움이 분명한 전선을 형성하지 못하여 싸움에 대한 생각이 충분히 성숙하지 못했고, 또 싸움 이후의 세계에 대한 고려가 불가능했을 것이다. 그만큼 전혀 새로운 싸움이고 유례없는 싸움인 까닭에 도래할 미래에 대해서는, 어떤 체제를 희망하는지는 아직 이 싸움의 참가자들도 모를 수밖에 없었을 터이다. 없애야 할 것이 무엇인지는 알고 있지만 그것을 없애고 난 다음 무엇을 만들어야 할지는 아직 알 수 없는 상태였다. 불법과 탈법과 부정의와 같은, 파괴하고 궤멸해야 할 것들에 대한 생각이 훨씬 더 긴급했기 때문이다.

그림자가 없는 적이어서 그 실체를 특정할 수 없고, 또 그런 까닭에 어디에나 있다고 여겨지는 적과의 대결은 싸움의 전선이 뚜렷하게 형성될 수 없으니 그만큼 힘겨운 싸움이 될 수밖에 없다. 분명하게 그 정체를 알 수 없는 적과의 싸움은 자연스럽게 싸움의 발생과 전개 과정에서 그 강렬함이 희석될 수도 있다는 우려를 지니게 한다. 일상적인 싸움은 적과 동지의 구분조차 명확히 할 수 없게 하기 때문이다. 이 시 전체의 끝부분이자 인용한 시의 끝부분의 모호함은 적-동지 구분의 모호함과 싸움의 모호함을 동시에 보여 준다. 그럼에도 기존 권력을 탄핵하고자 하는 의지만큼은 강렬하다는 점에서 새로운 것에 대한 희망이 간절하다는 사실은 충분히 드러난다. 이러한 맥락에서 싸움의 방법이 민주주의적인 것이어야 한다는 판단에는 좀 더 세심한 관심이 필요하다. 도달해야 할 목표가 무엇인지 아직 제대로 알 수는 없었겠지만 그럼에도 막연한 목적지로나마 민주주의가 상정되었다는 것은 이 싸움을 지속하는 데 적지 않은 원기를 제공하는 자극이 되었을 것이기 때문이다.

기존의 규칙과 질서를 타파하고 새로움을 건설하기 위한 노력의 과정이라는 측면에서 이 시는 혁명의 시간을 예비하는 성격을 지닌다. 아직 혁명은 시작되지 않았지만 그럼에도 전국 각지에서 변화와 봉기에 대한 희망은 조금씩 타오르기 시작했을 터이니 그 기운을 감지하며 김수영은 위와 같은 시로 쓴 것이다. 기존의 지배 질서와 법률을 소멸시킴으로써만 새로운 정의가 다가올 수 있다는 희망에서 비로소 강렬한 에너지가 분출된다. 분출 직전의 뜨거운 분노가 타오르기 시작하는 분위기를 이 시를 통해 짐작할 수 있다.

김수영의 시는 4·19를 전후로 하여 큰 변화를 겪는다. 내용과 형식의 모든 면에서 변화가 발생하는 것인데 여기에는 사회와 역사에 대한 인식, 곧 세계 인식의 변화가 중요한 계기로 작용한다. 거기에는 감추어져 있고, 역사의 이면에 존재했던 올바른 것, 정당한 것에 대한 요구와 생각이 작용했다. 여기에 정의와 폭력과 법의 문제에 대한 고민이 개재한다고 해서 큰 무리가 없을 것이다. 이미 존재하는 규칙과 법률은 복종을 강요하지만 순응의 자세는 갱신과 변화를 가져올 수 없다. 세상의 질서를 규정짓는 질서와 규율에 대한 의문이 있어야 그에 대한 새로운 물음이 시작된다. 4·19를 전후로 한 일련의 움직임에서 김수영은 이러한 고민을 위한 양분을 흡수한다. 그것은 기존 질서에 대한 회의였고 분노였다.

우선 그놈의 사진을 떼어서 밑씻개로 하자
그 지긋지긋한 놈의 사진을 떼어서
조용히 개굴창에 넣고
썩어진 어제와 결별하자
그놈의 동상이 선 곳에는
민주주의의 첫 기둥을 세우고
쓰러진 성스러운 학생들의 웅장한
기념탑을 세우자
아아 어서어서 썩어 빠진 어제와 결별하자

......

민주주의는 인제는 상식으로 되었다
자유는 이제는 상식으로 되었다
아무도 나무랄 사람은 없다
아무도 붙들어 갈 사람은 없다

군대란 군대에서 장학사의 집에서

관공리의 집에서 경찰의 집에서
민주주의를 찾은 나라의 군대의 위병실衛兵室에서 사단장실에서
정훈감실에서
민주주의를 찾은 나라의 교육가들의 사무실에서
4·19 후의 경찰서에서 파출소에서
민중의 벗인 파출소에서
협잡을 하지 않고 뇌물을 받지 않는
관공리의 집에서
역이란 역에서
아아 그놈의 사진을 떼어 없애야 한다

우선 가까운 곳에서부터
차례차례로
다소곳이
조용하게 미소를 띠우면서

영숙아 기환아 천석아 준이야 만용아
프레지던트 김 미스 리
정순이 박군 정식이
그놈의 사진일랑 소리 없이 떼어 치우고

우선 가까운 곳에서부터
차례차례로
다소곳이

조용하게

미소를 띠우면서

극악무도한 소름이 더덕더덕 끼치는

그놈의 사진일랑 소리 없이

떼어 치우고—

　　　__「우선 그놈의 사진을 떼어서 밑씻개로 하자」 부분

　4·19 직후 쓰인 위의 시에서 김수영은 좀 더 분명하고 직설적인 어조로 기존 지배 세력을 비판한다. "우선 그놈의 사진을 떼어서 밑씻개로 하자"는 구절로 느닷없이 시작되는 이 시는 기존 권력에 대한 야유이고 치욕스러운 과거에 대한 결별 선언이다. 혁명의 기운이 자극하는 분위기에 휩싸인 까닭에 비시적인 언어와 직설적인 화법과 더불어 속도감 있는 달변으로 이루어진 이 작품은 반성과 성찰보다는 직접적인 행동을 강력하게 요청한다. 선동을 목적으로 하는 격문이나 선언문이라 해도 지나친 말은 아니다. 그만큼 행동에 대한 요청이 강하게 드러난다. 그러나 이 시가 단순한 요설이나 장광설로 여겨지지는 않는데, 왜냐하면 여기에 혁명에 대한 요구와 혁명을 통해 궁극적으로 바라는 것이 담겨 있기 때문이다. 흥분과 선동은 이러한 목적을 달성하기 위한 유효한 수단으로 사용되었을 뿐이다.

　예상할 수도 없는 순간에 갑작스럽게 찾아온 혁명에 어울리는 것은 분석적이거나 성찰적인 사유이기보다는 직접적인 웅변과 선동이다. 감성에 직접 호소하는 시가 급격한 변화의 흐름에 더 부응할 수 있기 때문이다. 김수영은 한 산문에서 4·19 이후 한국의 시가 "벅찬 호흡이 요구하는 벅찬 영혼의 호소에 호응함에 있어서 완전히 낙제점을 받고 보기 좋게 나가떨어지고 말았다"(「독자의 불신임」, 『김수영 전집 2 : 산문』)고 평했지만, 자신은 시대의 요구에 부응하기 위해 애썼음을 그가 남긴 시를 통해 충분히 알 수 있다. 특히 이 시기 쓰인 시들이 대개 요설과 장광설에 가까운 직접적인 언사와 수다스러운 능변으로 가득하지만, 이러한 특징들이 독자들의 요구에 반응하기 위한 노력의 결과로 볼 수 있다는 점에서 좀 더 의미 있게 해석될 여지가 있다. 그 시대의 독자들이 실제로 사용했으리라 추측되는 날것 그대로의 시어들을 사용함으로써 읽히기 쉽고 이해되기 쉽게 썼다는 점에서 특히 더 그러하다. 4·19 시기 쓰인 시들이 특유의 속도감 넘치는 능변과 장시의 형태로 쓰였다는 점은 이러한 사정을 감안하는 데 중요한 요소가 된다. 사색과 성찰보다 행동과 실천이 필수적으로 요청되는 시기에 부응하는 시적 응전이라고 하겠다.

이 시가 궁극적으로 이야기하고자 하는 것은 "민주주의"와 "자유"가 "이제는 상식으로 되었다"는 것이고, 그래서 "아무도 나무랄 사람은 없다/ 아무도 붙들어 갈 사람은 없다"는 것이다. 한국전쟁의 와중에 의용군에 징집되고, 탈출과 체포에 이어 결국에는 포로수용소에 수감되기까지 하는 김수영에게는 사상의 자유를 허용하는 민주주의가 무엇보다도 필요한 것으로 여겨졌을 터이다. 특히 이 시에서 주목할 부분은 기존의 규칙과 질서를 대변하는 이데올로기적 국가 장치인 군대와 경찰과 학교가 탄핵되고 새로운 가능성이 탐색된다는 점이다. 물론 새로운 가능성에 대한 대략적인 윤곽이 그려지지 않는다는 점에서 아쉬움이 없지 않으나 그럼에도 기존의 지배 권력을 탄핵하는 데 열중한다는 것은 기존의 법과 질서를 폐기한다는 의미이니 파괴를 통한 새로운 건축에 대한 희망이라는 점에서 유심히 살필 필요가 있다. 새로운 질서를 건설하기 위해서는 기존의 질서는 파기되어야 하고, 오래된 것이 사라져야 비로소 새로운 것이 도래할 수 있다.

혁명을 통해 김수영이 궁극적으로 원한 것은, 아직 이곳에는 없는 민주주의와 자유이다. 그러나 아직 없다고 하더라도 마침내는 오리라 생각했던 까닭에 그것들을 위해 강렬한 발언을 할 수 있었을 것이다. 아직 도래하지 않은 미래로 남아 있음으로써 민주주의와 자유는 강인한 의지를 부여하는 자극이 된다.

기성 육법전서를 기준으로 하고
혁명을 바라는 자는 바보다
혁명이란
방법부터가 혁명적이어야 할 터인데
이게 도대체 무슨 개수작이냐
불쌍한 백성들아
불쌍한 것은 그대들뿐이다
천국이 온다고 바라고 있는 그대들뿐이다
최소한도로
자유당이 감행한 정도의 불법을
혁명정부가 구육법전서를 떠나서
합법적으로 불법을 해도 될까 말까 한
혁명을—

불쌍한 것은 이래저래 그대들뿐이다

그놈들이 배불리 먹고 있을 때도

고생한 것은 그대들이고

그놈들이 망하고 난 후에도 진짜 곯고 있는 것은

그대들인데

불쌍한 그대들은 천국이 온다고 바라고 있다

......

아아 새까맣게 손때 묻은 육법전서가

표준이 되는 한

나의 손등에 장을 지져라

4·26 혁명은 혁명이 될 수 없다

차라리

혁명이란 말을 걷어치워라

하기야

혁명이란 단자는 학생들의 선언문하고

신문하고

열에 뜬 시인들이 속이 허해서

쓰는 말밖에는 아니 되지만

그보다도 창자가 더 메마른 저들은

더 이상 속이지 말아라

혁명의 육법전서는 '혁명'밖에는 없으니까

——「육법전서와 혁명」 부분

1960년 5월 25일 탈고되고, 이듬해인 1961년 1월에 발표된 위의 시는 4·19로 이승만이 물러난 뒤 허정이 이끄는 과도정부가 들어서고 새로운 체제에 대한 요구가 빗발치던 시점에 쓰인 작품이다. 열화와 같은 민중의 요구와 행동에 의해 구체제는 붕괴했으나 아직 새로운 지배 체제와 법률 체계는 완비되지 않은 혼란과 위기의 순간에 쓰였다는 점에서 변화와 혁명의 한가운데 자리한 시라고도 할 수 있겠다. 그런데 이 시는 앞에 인용한 「하······ 그림자가 없다」에 비하면 차이점이 두드러진다. 「하······ 그림자가 없다」가 싸움을 하더라도 민주주의적으로 해야 한다며 우리가 알고 있는 기존의 이상적인 질서와 규범에 따라 행할 것을 요구했다면, 위의 시 「육법전서와 혁명」은 그 질서와 규범조차도 타파하고 극복하고자 하기 때문이다. "기성 육법전서를 기준으로 하고/ 혁명을 바라는 자는 바보다"라는 명제로 시작되는 시의 도입부부터가 도발적이거니와 혁명이란 기존의 어떤 것에도 의존하거나 기초하지 않고 완전히 새로이 시작되고 실행되어야 한다는 선언으로 읽어도 무방할 것 같다. 이러한 도발적 선언에 이어지는 진술, 곧 "혁명이란/ 방법부터가 혁명적이어야 할 터인데/ 이게 도대체 무슨 개수작이냐"는 4·19 이후 격렬한 감정의 분출을 감행하는 시적 언술의 특성을 그대로 보여 준다. 기존의 억압적 정치 질서와 권력을 넘어서고자 하면서 이전의 자신의 목소리와 어법을 그대로 이어갈 수 없었던 까닭에 비속어와 직접적인 표현이 사용된 것이다.

그런데 이 시에서 가장 주목하여 볼 부분은 김수영이 기존의 법을 폐하고 새로운 법을 창안해야겠다는 생각에 이르는 부분이다. "최소한도로/ 자유당이 감행한 정도의 불법을/ 혁명정부가 구육법전서를 떠나서/ 합법적으로 불법을 해도 될까 말까 한/ 혁명"이라는 구절에 이러한 사유의 일단이 드러나거니와 그 이면에는 혁명이란 완전히 새로운 토대 위에서 출발해야 한다는 생각에서 한 걸음 더 진전된 추론이 작동한다. 기존의 질서와 규범에 기초해서는 새로운 체제가 설립될 수 없다는 것은 지극히 당연한 사실이지만 일상적인 사고는 기존의 상식과 생각에서 완전히 자유로울 수 없는 까닭에 그것을 완전히 넘어설 수 있는 것이 무엇인가라는 물음에서 "구육법전서"에서 완전히 벗어나 "불법을 해"야 한다는 생각에 이른 것으로 보이기 때문이다.

법은 합법적인 강제력을 유일하게 행사할 수 있는 까닭에 법으로서 존립 기반을 획득한다. 그러나 그러한 법이 토대하고 있는 기반이 오히려 불법적이거나 정의롭지 못할 때 법은 존재의 가치와 의미를 상실할 수밖에 없다. 그러한 상황에 직면할 때 우리는 새로운 법을 창안해야 할 필요성을 인식하고 실제로 그러한 가능성에 대한 물음을 제기할 수밖에 없게 된다. 오래되고 낡은 규칙과 질서를 완전히 없애 버리고 새로운 것을 도래하게끔 하려는 열정이 혁명과 봉기의 도화선이고 끊임없는 원기의 출발점이다.

시를 쓰는 마음으로
꽃을 꺾는 마음으로
자는 아이의 고운 숨소리를 듣는 마음으로
죽은 옛 연인을 찾는 마음으로
잊어버린 길을 다시 찾은 반가운 마음으로

우리가 찾은 혁명을 마지막까지 이룩하자

물이 흘러가는 달이 솟아나는
평범한 대자연의 법칙을 본받아
어리석을 만치 소박하게 성취한
우리들의 혁명을
배암에게 쐐기에게 쥐에게 살쾡이에게
진드기에게 악어에게 표범에게 승냥이에게
늑대에게 고슴도치에게 여우에게 수리에게 빈대에게
다치지 않고 깎이지 않고 물리지 않고 더럽히지 않게

그러나 정글보다도 더 험하고
소용돌이보다도 더 어지럽고 해저보다도 더 깊게
아직까지도 부패와 부정과 살인자와 강도가 남아 있는 사회
이 심연이나 사막이나 산악보다
더 어려운 사회를 넘어서
이번에는 우리가 배암이 되고 쐐기가 되더라도
이번에는 우리가 쥐가 되고 살쾡이가 되고 진드기가 되더라도
이번에는 우리가 악어가 되고 표범이 되고 승냥이가 되고 늑대
가 되더라도
이번에는 우리가 고슴도치가 되고 여우가 되고 수리가 되고 빈
대가 되더라도
아아 슬프게도 슬프게도 이번에는
우리가 혁명이 성취되는 마지막 날에는

그런 사나운 추잡한 놈이 되고 말더라도

나의 죄 있는 몸의 억천만 개의 털구멍에
죄라는 죄가 가시같이 박히어도
그야 솜털만치도 아프지는 않으려니

시를 쓰는 마음으로
꽃을 꺾는 마음으로
자는 아이의 고운 숨소리를 듣는 마음으로
죽은 옛 연인을 찾는 마음으로
잊어버린 길을 다시 찾은 반가운 마음으로
우리는 우리가 찾은 혁명을 마지막까지 이룩하자

—「기도」 전문

　　1960년 5월 18일에 탈고된 위의 시는 "4·19 순국학도위령제
에 부치는 노래"라는 부제가 알려 주는 것처럼 4·19로 희생된 학
생들을 추모하는 동시에 새로운 내일에 대한 기대와 각오를 드러
낸다. 혁명의 과정을 통해 과거의 지배 권력은 사라지고 새로운
변화가 눈앞에 다가왔지만 그것은 많은 이들의 희생을 치르고 얻
은 결과였다. 혁명은 피를 흘리는 희생이 없으면 성립되기 힘들
다. 바로 그러한 시점에 김수영은 희생당한 이들에 대한 기도를
올리며 혁명을 계속 이어가야 한다는 각오를 다지는 것이다.
　　"우리가 찾은 혁명을 마지막까지 이룩하자"는 구절이 처음과
끝에 반복되며 다짐을 더욱 굳세게 하고자 하는 이 시는 우리가

겨고 있는 혁명이 아직 완전한 것이 아니라는 판단에 기초해 있다. "자는 아이의 고운 숨소리"와 "죽은 옛 연인"과 "잊어버린 길"이 환기하는 지난 과정과 많은 이들의 노고가 다만 허무한 결과로 귀결되지 않기 위해서라도 혁명을 끊임없이 지속하는 충실성의 과정이 필요하다. 숱한 반동적 움직임에 "다치지 않고 깎이지 않고 물리지 않고 더럽히지 않"기 위해서는 "사나운 추잡한 놈이 되고 말더라도" 지치지 않겠다는, 그만두지 않겠다는 간절한 다짐과 각오가 필요하다.[7]

혁명은 한 번의 사건으로 완성되지 않는다. 진정한 변화를 도래하게 하는 혁명은 끊임없는 반혁명과의 대결을 통해 자신을 끊임없이 갱신하는 재혁명을 통해 비로소 가능하다. 그것은 언제나 미래완료 시제로만 가능한 것이니 완성의 형태로 우리에게 주어질 수 있는 것이 아니다. 그러한 의미에서 혁명은 언제나 도래할 것으로서만 의미를 지니는 것이다. 이는 논리적 추론의 영역에서만 그러한 것이 아니고 지금까지 있었던 숱한 혁명의 사례를 살펴보는 것으로도 충분하다. 어떠한 혁명도 한 번의 사건으로 실현되지 않고, 언제나 그다음의 끊임없는 갱신을 거치는 재혁명을 통해서만 가까스로 이루어질 수 있는 것이다.

진정한 혁명은 가능성의 영역에 남아 있을 때 참된 의미를 지

---

7 여기에서 알랭 바디우가 말하는 "후사건적 실천"을 떠올릴 수 있으리라 생각된다. 후사건적 실천과 그에 필요한 충실성에 대해서는, 서용순, 「철학의 윤리, 진리의 윤리」, 『사회와철학』 13집, 사회와철학연구회, 2007, 171~194쪽 참조.

닌다. 실제의 완료 혹은 완성과 관련이 전혀 없는 것은 아니지만, 그렇다고 하여 구체적인 실체로는 존재하지 않는다는 의미에서 항상 '아직 아닌'not yet이라는 형태로 설명될 수 있다. 이는 또한 '이미'already라는 상관항을 통해 의미를 획득한다. 혁명의 이념, 해방의 이념은 우리 모두가 이미 알고 있다는 점에서 항상 '이미'라는 형태를 띠기 때문이다. '이미'와 '아직 아닌'이라는 이중 구조는 혁명을 설명하는 데 유효하고도 중요한 틀이다.[8] 혁명은 아직 오지 않았지만 곧 도래할 것이고, 혁명의 이념은 우리가 이미 알고 있는 것이기 때문이다.

현실에서는 불가능할 것만 같은 혁명과 미래에 대한 희망은 어떻게 가능한가라고 김수영은 시로 물었다. 이는 앞서 밝힌 것처럼 법을 폐기하고 진정한 의미에서 정의를 도래할 수 있게끔 하는 어떤 초월적인 영역의 힘이 발휘되어야 하는 부분일 수도 있다. 그러나 새로운 미래가 아직 완료된 것은 아니라고 보았다는 점에서 이 정의의 영역은 영원히 도래할 것으로 남아 있긴 하지만 필연적으로 우리의 실질적인 삶에 관여해야 하는 것이다. 그런 의미에서 정의란 외부의 초월적인 영역에 존재해서는 그 의미를 온전히 지

---

8 '이미'와 '아직 아닌'의 구조는 자크 데리다가 "메시아 없는 메시아적인 것"에 대해 말할 때 핵심적으로 사용하는 구조이다. 이는 신학적 사유에 크게 빚진 것이기도 하며 동시에 신학의 정치적 입론을 가능하게 하는 데 중요한 사유의 자극이 되는 것이기도 하다. 이에 대해서는 특히 다음과 같은 저작들이 참조될 수 있다. 자크 데리다, 『마르크스의 유령들』, 진태원 옮김, 이제이북스, 2007, 113~158쪽; 테드 W. 제닝스, 『데리다를 읽는다/바울을 생각한다』, 박성훈 옮김, 그린비, 2014, 54~123쪽.

닐 수 없다. 오히려 도달해야 할 목적지로서, 혹은 추구해야 할 이념적 형태로서 존재하지만 동시에 지금, 여기의 삶의 질서에 관여할 수 있을 때 정의와 혁명은 비로소 의미를 온전히 지니게 된다.

정의와 혁명의 의미는 폐허 속에서 간절한 희망을, 메시아라는 형식을 통해 가져 보고자 했던 벤야민의 「역사의 개념에 대하여」를 통해 좀 더 의미 있게 해석될 수 있다. 도래할 것으로서 메시아적인 것은 아직 오지 않았지만 결국 오고야 말 것이고, 그러한 메시아적인 것에 대한 믿음이 지금, 여기의 삶을 구원한다는 벤야민의 사유와 김수영의 시가 유사한 맥락에서 논의될 수 있기 때문이다.

> 역사적 유물론자는 역사적 대상에 다가가되, 그가 그 대상을 단자로 맞닥뜨리는 곳에서만 다가간다. 이러한 단자의 구조 속에서 그는 사건의 메시아적 정지의 표지, 달리 말해 억압받은 과거를 위한 투쟁에서 나타나는 혁명적 기회의 신호를 인식한다. 그는 균질하고 공허한 역사의 진행 과정을 폭파하여 그로부터 하나의 특정한 시대를 끄집어내기 위해 그 기회를 포착한다. 이런 식으로 그는 한 시대에서 한 특정한 삶을, 필생의 업적에서 한 특정한 작품을 캐낸다. 이러한 방법론에서 얻어지는 수확은, 한 작품 속에 필생의 업적이, 필생의 업적 속에 한 시대가, 그리고 한 시대 속에 전체 역사의 진행 과정이 보존되고 지양되는 것이다. 역사적으로 파악된 것의 영양이 풍부한 열매는, 귀중하지만 맛이 없는 씨앗으로서의 시간을 그 내부에 간직하고 있다.[9]

벤야민의 「역사의 개념에 대하여」 가운데 17번째 테제의 일부인 위의 인용문은 메시아적인 것의 구조에 대한 생각을 드러낸다. 그것은 강력한 힘을 가지고 타자를 지배하는 것이 아니라 약한 힘으로써, 오히려 자신의 약함을 드러냄으로써 오히려 강함을 받아들이고, 그를 통해 강함이 약함에 굴복하도록 한다. 약함이 처음에는 강함에 순응하고 굴복하여 종속되는 것처럼 보이지만 궁극에는 약함이 부드러움의 힘으로 강함을 이기고야 말 것이라는 신념이 이 테제의 핵심이다. 그리고 곧 다가올 미래에 대한 신념이 이 약함을 강인하게 유지하게 하는 것이다. 그것이 바로 "풍부한 열매"를 지닌 "귀중하지만 맛이 없는 씨앗으로서의 시간"이 의미하는 바이다.

어쩌면 불의와 억압으로 가득찬 역사에서 김수영이 길어 올리고자 한 시간이 벤야민이 사유한, 약한 메시아의 힘을 통해 도래할 혁명의 시간과 유사한 부분이 있으리라 생각된다. "균질하고 공허한 역사의 진행을 폭파하여" 그로부터 끄집어내는 시간이 바로 김수영이 생각했던 혁명의 시간, 혹은 정의가 실현되는 시간일 터이기 때문이다.

---

9 발터 벤야민, 「역사의 개념에 대하여」, 『발터 벤야민 선집』 5, 최성만 옮김, 도서출판 길, 2008, 348쪽.

4. 결론

이 글은 폭력과 법과 정의의 모순 관계에 대해 논의한 발터 벤야민과 자크 데리다의 저작을 중요하게 참조하면서 4·19 시기 김수영의 시에 나타난 정의의 의미를 살폈다. 폭력과 법과 정의의 관계가 지니는 모순이 정치의 문제뿐만 아니라 혁명과 정의의 문제를 사유할 수 있게 해주는 까닭에 김수영 시를 읽는 데 유효한 해석의 관점을 제공하기 때문이다. 4·19를 전후한 시기에 쓰인 김수영의 시편들은 기존 지배 권력에 대한 탄핵과 새로운 가치에 대한 희망을 강력하게 보여 주어 이러한 시편들에 대한 해석이 폭력과 법과 정의의 모순 관계를 극복할 수 있는 실마리를 제공한다.

조건적인 법과 무조건적인 정의라는 이분법적 논리는 정의를 초월적인 지평에 두는 논리인 까닭에, 법과 정의의 모순적인 관계를 제대로 사유할 수 없게 한다. 법 내부에 법이 행사하는 예외로서 폭력이 존재한다는 논리는 법의 근원으로서 정의에도 똑같이 적용되는 논리이다. 법과 정의의 모순적인 관계를 제대로 파악하기 위해서는 외부의 초월적인 지평을 상정하지 않으면서도 지금, 여기의 삶의 질서를 비판할 수 있는 방법을 창안할 필요가 있다. 이 글에서는 잠정적으로나마 법과 정의의 관계를 유효하게 사유할 수 있는 방법으로 내재성과 초월성의 변증법을 제안했거니와 이는 김수영의 시적 사유에 바탕을 둔 것이었다.

시인으로서 김수영은 혁명이 어떻게 가능한가를 물었고, 이와 유사한 맥락에서 정의가 무엇인가를 물었다. 그에 대한 답변이 쉽게 가능하지 않음에도 김수영은 그 물음을 강인하게 유지하며 이를 시적으로 표현하고자 한 것이다. 정의와 혁명이란, 그 이념적 형태에 대해서는 우리가 이미 알고 있지만 아직 현실적으로는 실현되지 않은 것이다. 그러나 이념에 대한 부드럽지만 강인한 신념이 마침내는 현실을 변화시킬 것이다.

이 글은 김수영의 시를 폭력과 법과 정의의 관점에서, 그리고 이 셋을 동시에 아우를 수 있는 정치와 혁명이라는 관점에서 살핌으로써 김수영 연구의 관점을 갱신하고 심화하고자 했다. 물론 김수영의 시적 응답에 대한 해석은 이후의 시편들에 대한 접근을 통해 좀 더 확대될 필요가 있다. 새로운 정의에 대한 요구가 어떻게 시적으로 표현되는가, 그리고 그러한 시적 표현이 어떠한 실질적 응답을 얻게 되는가 하는 것은 역사와 타자에 대한 발견과 사랑에 이르는 이후의 시적 여정에 대한 해석이 추가될 필요가 있기 때문이다. 이에 대해서는 후속 연구를 통해 이 글이 제기한 관점을 충실히 심화하고 확대함으로써 보충하고자 한다.

참고문헌

기본 자료

이영준 엮음,『김수영 전집 1 : 시』,『김수영 전집 2 : 산문』, 민음사, 2018.

이차 자료

강계숙,「1960년대 한국시에 나타난 윤리적 주체의 형상과 시적 이념」, 연세대학교 박사
　　　학위논문, 2008.
김명인·임홍배 엮음,『살아 있는 김수영』, 창비, 2005.
김승희 엮음,『김수영 다시 읽기』, 프레스21, 2000.
발터 벤야민,「역사의 개념에 대하여」,「폭력 비판을 위하여」,『발터 벤야민 선집』5,
　　　최성만 옮김, 도서출판 길, 2008.
서용순,「철학의 윤리, 진리의 윤리」,『사회와철학』13집, 사회와철학연구회, 2007.
이영섭,「김수영의 신귀거래 연구」,『연세어문학』18집, 1985.
장만호,「김수영 시의 변증법적 양상」,『민족문화연구』40집, 고려대학교
　　　민족문화연구원, 2004.
자크 데리다,『마르크스의 유령들』, 진태원 옮김, 이제이북스, 2007.
＿＿＿＿,『법의 힘』, 진태원 옮김, 문학과지성사, 2004.
전병준,『김수영과 김춘수, 적극적 수동성의 시학』, 서정시학, 2013.
조강석,「비화해적 가상으로서의 김수영과 김춘수의 시학 연구」, 연세대학교 박사
　　　학위논문, 2008.
진태원,「시간과 정의 : 벤야민, 하이데거, 데리다」,『철학논집』34집, 서강대학교
　　　철학연구소, 2013, 155~194쪽.
＿＿＿＿,「유사초월론 : 데리다와 이성의 탈구축」,『철학논집』53집, 서강대학교
　　　철학연구소, 2018, 103~126쪽.
테드 W. 제닝스,『데리다를 읽는다/바울을 생각한다』, 박성훈 옮김, 그린비, 2014.
황동규 편,『김수영 전집 별권 : 김수영의 문학』, 민음사, 1983.

불의의 선물,
정의를 산출하는 윤리

1. 들어가며

이 글에서 이야기해 보려고 하는 것은 자신의 소유를 선물로 여기는 인식이 어떻게 타인을 환대하는 윤리를 만들어 내는가, 그리고 이러한 윤리가 어떻게 정의를 산출하는 근거가 될 수 있는가 하는 점이다. 이와 관련하여 이 글은 정의에 관한 여러 논의들, 특히 사도 바울의 텍스트를 다시 읽는 과정에서 나온 결과물들[1]을 참고했다. 그 가운데 이 글이 주로 참고한 것은 신학자인 테드 W. 제닝스의 논의이다.[2]

신약성경을 구약성경과 비교하며 읽은 사람들 가운데 다수는, 구약에서 그토록 강조되던 정의justice의 문제가 왜 신약에서는 중요성을 잃었는지, 정의를 행하고 불의를 바로잡으라는 명령이 왜 폐지 혹은 대체되었는지 궁금해했다.[3] 복음주의적인 입장을 취하

---

1 알랭 바디우, 『사도 바울』, 현성환 옮김, 새물결, 2008; 조르조 아감벤, 『남겨진 시간』, 강승훈 옮김, 코나투스, 2008; 야콥 타우베스, 『바울의 정치신학』, 조효원 옮김, 그린비, 2012; 니콜라스 월터스토프, 『월터스토프 하나님의 정의』, 배덕만 옮김, 복있는사람, 2017; 니콜라스 월터스토프, 『사랑과 정의』, 홍종락 옮김, IVP, 2017; 테드 W. 제닝스, 『데리다를 읽는다/바울을 생각한다』, 박성훈 옮김, 그린비, 2014; 테드 W. 제닝스, 『무법적 정의 : 바울의 메시아 정치』, 박성훈 옮김, 길, 2018; 테드 W. 제닝스, "Justice outside the Law and Love as Political Concept", 『인문학연구』 32, 인천대학교 인문학연구소, 2019; 김도형, 『레비나스와 정치적인 것 : 타자 윤리의 정치철학적 함의』, 그린비, 2018.
2 제닝스가 쓴 두 권의 책 가운데 주로 언급하게 될 것은 『데리다를 읽는다/바울을 생각한다』이다. 이 책을 인용할 때는 별도의 표시 없이 인용 면수만을 밝히고, 혼동할 여지가 있을 경우에 한해 '데리다, 인용 면수'와 같은 방식으로 표시하기로 한다.
3 니콜라스 월터스토프, 『월터스토프 하나님의 정의』, 130쪽.

는 여러 신학자들에 따르면, 구약과 달리 신약은 개인적인 차원의 의로움righteousness을 보다 중요하게 여기는 것처럼 보인다. 이는 구약에서 강조되던 사회적 차원의 구원이 신약에서는 개인적 차원의 영혼 구원으로 그 의미가 바뀌는 것과도 맥을 같이할 것이다. 하지만 바울의 여러 텍스트들은 그가 여전히 정의의 문제에 관심이 있었음을 알려준다. 제닝스에 따르면 정의의 문제가 "내적인 또는 개인적인 올바름의 문제로", 구원이 "신과 믿는 자 사이에서 일어나는 사적인 문제"(15)로 전환된 것은 종교개혁 시기를 지나면서부터다. 루터가 강조한 것은 믿음을 통한 구원, 이른바 이신칭의以信稱義 교리였는데, 칭의justification라는 말에는 실제로는 의롭지 않으나 의롭다고 인정받는다는 뜻이 내포되어 있다. 의롭지 않음에도 의롭다고 인정해 준다는 것이고, 바로 이러한 인정이 곧 은혜를 의미했다. 실체적인 의미에서 '의'의 상태에 이르는 것과 이러한 상태를 의미하는 것일 정의의 실천은 이 과정에서 그 중요성을 잃게 되었다.

그런데 '의로움'으로 번역되는 그리스 단어들은 모두 디크dik (정의, 관습)에서 파생된 것들이고, 플라톤의 『국가』에서 이들은 거의 언제나 '정의', '정당한', '정당하게' 등으로 번역된다.[4] 플라톤 이후 신약시대에 이르는 동안, 혹은 그 이후 기독교 신학의 토

---

4 월터스토프는 신약성경의 '디카이오시네'에 다음 세 가지 현상 중 하나를 언급하는 것 같다고 적고 있다. "(1) 특정한 행동 방식. 즉, 올바른 일을 행하는 것, 정당하게 행동하는 것. (2) 그렇게 행동한 결과로 생긴 관계. 즉, 정당한 관계, 정의로 특징지워진 관계. (3) 습관적으로 정의를 실천하거나 올바른 일을 행하는 것의 성격적 특징." 같은 책, 151쪽.

대가 마련되는 과정에서 그 의미가 "개인의 내면으로 축소"(24)된 것이기도 하겠으나, 구약과 신약 사이에는 후대의 신학자들이 생각하는 것보다 더 강한 연속성이 있다고 보는 것도 가능할 것이다. 같은 맥락에서 제닝스는 "바울이 사용하는 dik-라는 어원에 기초한 용어들이 언제나 정의로 번역되어야만"(25) 하며, 바울이 관심을 갖는 정의가 "사회적인 또는 정치적인 정의의 문제로 간주되는 어떤 것"(26)이라고 생각한다. 그에 따르면, 바울은 "도시-국가city-state의 배경에 적합한 정의로운 정체政體, constitution에 대한 문제가 제국의 압력하에서 개인의 올바름에 집중되어 있는 문제로 교체되면서, 사회적인 것을 개인적인 차원으로 축소하는 경향" 속에서 "이러한 축소에 반대하여""문명(또는 제국) 전체의 수준으로 정의의 문제를 복권시키고자 했다"(26).

제닝스는 애초 바울이 관심을 두고 있었던 정의를 복원하고자 한다. 이 과정에서 그는 데리다의 주요 개념들, 곧 정의, 법, 선물, 의무, 부채, 환대, 코스모폴리터니즘 등을 참고한다. 종교개혁 이후의 신학 전통에서 대개의 신학자들이 은혜를 정의의 요구와 대립적인 것으로 이해하는 것과 달리, 제닝스는 대립은 법(을 통한 구원)과 은혜(를 통한 구원) 사이에 있을 뿐이며, 은혜로 구원받는다고 해서 정의의 실행이라는 요구를 면제받게 되는 것은 아니라고 이해한다. 은혜는 율법과 대조적인데, 그 이유는 율법이 정의의 실행을 이끌어 내는 데 무능한 것과 달리 은혜는 그 능력을 갖추고 있기 때문이다. 정의롭게 살라는 신의 요구는 그대로 존속해 있다. 다만 정의에 이르기 위한 방법이 달라졌을 뿐이다. 그렇다면 우리가 물어야 할 것은, '정의의 실행이라는 문제와 관련하여 율법은 왜 무능할 수밖에 없고 은혜는 어떻게 이 일을 가능하게 하는가'여야 할 것이다.

이 물음과 관련하여 제닝스가 주목하는 것은 '선물'의 논리다. 선물은 교환의 논리 바깥에 있다. 교환이란 주고받는 것인데, 선물을 주는 사람은 그 대가로 무엇인가를 돌려받으려 하지 않는다. 무엇인가를 돌려받는다면 그것은 이미, 말의 진정한 의미에서 선물이 아니다. 선물을 받은 입장에서는 돌려줄 것이 없기 때문에 받은 선물에 대해 무엇인가 빚지고 있다는 의식이 생겨날 수 있다. 구원받을 만한 자격(행위/노동)이 없이 은혜로 구원받은 사람에게 구원은 그 무엇으로도 갚을 수 없는 빚처럼 느껴질 수 있다. 일꾼은 삯을 요구할 수 있다. 삯은 일한 데 대한 보상으로 주어지는 당연한 권리이기 때문이다. 그에 비해 구원은 삯이 아니라 은혜이고 선물이다. 구원받은 사람은 자신이 받은 구원에 상응하는 무엇인가를 한 일이 없고, 그 대가로 내어 줄 만한 어떤 것도 가지고 있지 못하기 때문에 구원은 빚이 된다. 그는 영원히 채무자인 채로 살아갈 수밖에 없는 것이다.

의무로서의 사랑은 이러한 인식의 결과로 도입된다. 바울이 제안하는 사랑은 신이 베푼 사랑을 신을 향한 사랑으로 되돌려 주는 것이 아니라 이웃들을 향한 사랑으로 돌려주는 형태로 나타난다. 이웃 사랑의 결과로 "사랑이 흩뿌려진다(산종된다)disseminated"(219). 빚은 신에게 졌지만, 그 빚을 갚을 의무가 있는 것은 이웃들이다. "바울에게 있어, (율)법은 신과의 관계에 의해서가 아니라 오직 타자와의, 이웃과의, 다른 개인과의 관계에 의해서만 만족될 수 있다. 그리고 우리는 바로 여기에서 부채를 넘어서는 의무와 대면하게 된다"(225). 나를 사랑하는 이들을 대상으로 할 때 사랑은 부채가 되겠지만, 나를 사랑하지 않는 이들, 곧 이방인이나 적이 그 대상으로 요청된다면 이 사랑은 부채가 아니라 의무가 될 것이다. 악을 악으로 갚지 않는 사랑은 "경제의 법칙"을 "중단"(227)시킨다. 그리고 정의의 실현은 바로 이 지점에서 가능해진다.[5]

아래에서 우리는 최인훈의 「라울전」(1959)과 조세희의 『난장이가 쏘아올린 작은 공』 연작(1975~78), 그리고 이승우의 「오래된 일기」(2008)를 차례대로 읽어 나갈 것이다. 이들 작품을 선택한 것은, 이들이 각기 다른 방식으로 정의의 문제를 다루고 있고, 이들을 순차적으로 읽어 나가는 과정을 통해 정의에 관한 인식이 심화되어 가는 과정을 살펴볼 수 있으리라고 판단했기 때문이다. 바울에 관한 정치신학적 논의들, 특히 제닝스의 논의를 참고하게 되겠지만 이들의 논의에 온전히 기댄 것은 아니고, 이론적인 논의를 해가기보다는 몇몇 문학 작품을 발판 삼아 이들이 말하거나 은밀하게 내장하고 있는 의미들을 조금 끄집어내어 보려 했다. 이 글을 이들 논의에 대한 문학적 주석이라고 봐도 좋으리라는 뜻이다.[6]

---

5 이런 의미에서 바울이 제안한 사랑 역시 정치적 함의를 강하게 지녔다고 할 수 있을 것이다. 이에 대해서는 테드 W. 제닝스, "Justice outside the Law and Love as Political Concept" 참조.

6 「라울전」과 「오래된 일기」에 대해서는 정영훈, 「윤리적 주체의 자리 : 이승우의 최근 소설 읽기」, 『작가와 비평』 9호, 2009.4(정영훈, 『윤리의 표정』, 민음사, 2018에 「윤리의 기원 : 이승우 론」으로 재수록)에서 부분적으로 살핀 바 있다. 2절과 4절은 정의의 가능성을 타진해 보고자 하는 이 글의 취지에 맞게 기왕의 논의를 확대 심화하여 새로 쓴 것임을 밝힌다.

2. 선택받지 못한 자의 우울 : 「라울전」의 경우

우선 최인훈의 「라울전」을 읽어 본다. 이 소설은 같은 스승 밑에서 배운 두 사람, 라울과 바울(사울) 사이의 오랜 경쟁 관계를 그리고 있다. 두 인물의 성격은 판이하다. 라울이 신앙심이 깊고, 매사에 조심스러우며 학문적 열정이 가득한 인물인 데 비해, 바울은 신을 알고자 하는 열심이 적고, 공부에도 열의가 없으며, 사람을 깔보는 듯한 태도를 자주 보인다. 라울이 생각하기에 바울은, 유대인으로 태어났기에 랍비가 되기 위해 공부를 하고 있는 것일 뿐 로마인으로 태어났다면 장군이 되었을 인물이다. 이런 여러 가지 이유로 라울은 둘 중 한 명이 신의 선택을 받게 될 경우 그것은 곧 자신이라고 믿어 의심치 않는다. 하지만 일은 그의 뜻대로 전개되지 않는다. 가벼운 내기부터 시작하여 스승의 인정을 받고, 마침내 예수가 메시아임을 증명하고 그의 제자가 되려 하기까지의 일련의 과정에서 그는 단 한 차례도 바울을 이기지 못한 채 마침내 미치광이가 되고 만다.

신은 왜 하필 사울 같은 불성실한 그리고 전혀 엉뚱한 자에게 나타났느냐?

이 질문을 뒤집어 놓으면 신은 왜 나에게 주를 스스로의 힘으로 적어도 반半은 인식했던! 나에게 나타나지를 아니하였는가? 하는 문제였다.

그 나머지 반半, 신이 라울에게 모습을 나타내 보인다는 나머지 반半으로서 라울의 신앙은 완성되었을 것이 아닌가?

아무런 노력도 없은 사울에게 그처럼 큰 은혜를 내린 것은 무엇 때문인가? 성전聖典의 예언자들은 모다 신의 사랑을 받을 만한 가치 있는 의인들이 아니었던가?

바울의 증거를 들은 순간 이래 라울의 머리를 차지하고 있는 문제는 이것이었다. 라울은 두 손으로 머리카락을 움켜잡고 박박 쥐어뜯었다. 금시 그의 손은 흐르는 피로 물들었다.[7]

인용문은 바울이 회심하여 예수의 제자가 되었다는 소문을 들은 직후의 라울의 반응이다. 라울은 경전과 족보를 면밀하게 살핀 끝에 예수가 메시아임을 입증했고, 마침내 바울과의 오랜 경쟁 관계에서 이겼다고 생각했으나 그보다 앞서 바울이 단번에 회심하고 예수의 제자가 되었다는 소식을 듣고 절망한다. 라울이 생각하기에 바울은 신의 선택을 받을 만한 자질을 갖추고 있지도 않았을 뿐더러 선택받기 위한 어떤 노력도 한 적이 없다. 시험을 앞두고 경전을 꼼꼼하게 읽어 나가는 라울과 달리 잠깐 기도를 드린 뒤 아무 곳이나 펴 조금 읽은 후 공부를 끝내는 장면과, 나사렛 사람 예수에 대한 소문이 퍼졌을 때 경전과 족보를 살펴 이를 확인하려 한 라울과 달리 별 근거 없이 예수를 사기꾼이라고 매도하고 나선 장면들이 바울의 이런 면을 잘 보여 준다. 그런데도 신의 선택은 늘 바울을 향해 있었고, 이런 사실이 라울을 견딜 수 없게 했다.

---

7 최인훈, 「라울전」, 『자유문학』 1959.12, 98쪽. 이하에서는 인용 면수만 제시하기로 한다.

사실 기독교 신학의 입장을 들어 라울을 비판하는 것은 그리 어려운 일이 아니다. 바울이 이미 이렇게 대답한 바 있다.

후일, 측근에 있는 사람들과 무슨 말 끝에 라울의 이야기가 화제에 올랐을 때 바울은 묵묵히 듣고만 있다가 차디찬 어조로 그의 서간書簡에 있는 저 유명한 말을 되풀이한 것이었다.

'옹기가 옹기쟁이더러 나는 왜 이렇게 못나게 빚었느냐고 불평을 한들 무슨 소용이 있으랴. 옹기쟁이는 자기가 좋아서 못생긴 옹기도 만들고 잘생긴 옹기도 빚는 것이니.'라고(100).

소설의 마지막을 장식하는 이 대목은 바울이 자신의 경험이 지지하고 있는바 신적 정의가 무엇인지 비유적으로 알려 주고 있다. 신은 누군가를 질그릇으로 만들 수도 있고, 귀한 그릇으로 만들 수도 있다. 진흙이 자기를 왜 이렇게 빚었느냐고 항의할 수는 없다. 이것이 이른바 신의 절대주권이라는 것일 터이다. 라울은 자신이 선택받지 못한 일을 두고 부당하다고 항의하겠지만, 바울은 이를 두고 '은혜'(=선물)라고 이야기할 것이다. 라울은 바울이, 자신이 노력한 것보다 많이 얻고 수고한 것보다 많이 거두었다고 평가하겠지만, 신의 경제는 등가성의 원리가 아니라 은혜의 원리에 기초해 있다. 노력한 것에 상응하는 결과를 되돌려 주는 것이 아니라 그와는 다른 어떤 결과를 되돌려 주는 것이 신의 경제가 작동하는 방식이다. 이런 논리대로라면 신이 라울을 선택하지 않았다 한들 라울 입장에서는 할 수 있는 이야기가 없는 것이다.

라울이 놓인 상황을 조금 객관적으로 이해해 볼 경우 우리는 다음과 같은 이야기를 할 수 있을 것이다. 라울이 억울함을 느끼는 이면에는 정의에 대한 통념이 자리하고 있는 것처럼 보인다. 오래된 정의定義를 참고하면, 정의는 각자에게 각자의 몫을 주는 것이다. 이러한 정의관에 입각하면, 누구에게든 노력에 상응하는 대가가 주어져야 마땅하다. 노력한 만큼 거두고, 애쓴 만큼 돌려받는 것이 정의로운 일이다. 이를테면 이 둘의 등가적인 관계가 정의의 핵심이다. 대표적인 예로 오늘날의 자본주의 경제 체제가 이런 등가교환의 원리에 기초해 있겠지만, 라울이 확인하게 되는 신적 정의는 이와 다르다. 신은 노력의 크기와 상관없이 대가를 지불하고, 애쓴 정도와 무관하게 몫을 돌려준다. 다른 무엇보다 신이 라울 대신 바울을 선택한 데서 이 점이 분명하게 드러난다. 신의 경제economy에서는 노력과 결과가 비등가적이다. 라울이 부당하다고 느끼는 배경에는 정의에 대한 이런 인식 차이가 자리하고 있다.

이런 맥락에서 이해할 때 라울의 반응이 전적으로 잘못된 것이라고 말하기는 어렵다. 하지만 라울이 전제하고 있는 등가교환의 방식을 받아들인다고 하더라도, 다음과 같은 물음이 생기는 것을 피하기 어렵다. 라울은 자신의 자질과 노력에 대해 제대로 평가했던 것일까. 그의 자질과 노력은 신의 선택을 받기에 충분할 만큼 뛰어나고 치열했을까. 가령 누군가가 보기에 라울은 우유부단한 데다 예수의 제자가 되기 위해 자리를 떨치고 일어설 정도의 치열함을 갖지 못한 인물이다.[8] 바울에 대해서도 비슷한 이야기를 할 수 있다. 라울은 시종일관 바울에 대한 부정적인 이야기들만 쏟아내고 있지만, 바울에게는 구원의 문제를 적극적으로 추구하는 치열함이 있었다.[9] 적어도 이 부분에 대해서만큼은 바울을 제대로 평가해 주어야 한다. 라울이 줄곧 바울의 욕망을 모방하고 있었다는 점도 눈여겨보아야 한다.[10] 욕망의 모방자에 머무는 한 뒤처짐은 필연적일 수밖에 없다. 요컨대 일이 이렇게 흘러간 데는 라울 자신의 잘못도 있었던 것이다.

사정이 이러하다면 설혹 신의 경제가 등가교환에 기초해 있다고 하더라도 라울이 반드시 선택받았어야 한다는 필연적인 이유는 없다고 해야 할 것이다. 더욱이 신의 선택이라는 문제에 관한 한 어떤 것을 더 가치 있게 평가할 것인지는 전적으로 신의 몫이기도 하다. 라울의 생각처럼 정의가 등가성의 원리에 기초해 있다고 할 때, 교환이 가능하기 위해서는 먼저 상품들의 가치가 매겨져야 하고 그 후에야 교환의 결과가 정의로운지 아닌지 따질 수 있을 것인데, 자신이 선택받았어야 한다는 근거로 라울이 제시한 그의 자질과 노력이 신의 경제 안에서는 그가 생각한 만큼 가치 있는 것이 아닐 수도 있기 때문이다.

라울이 이해하기에 바울은 아무 노력 없이 신의 선택을 받았다. 대가를 지불하지 않고 받은 것이기 때문에 우리는 이것을 선

---

8 신익호, 「신학적 신정론의 관점에서 본 문학」, 『국어문학』 53집, 국어문학회, 2012, 216쪽.

9 이동하, 「한국 현대소설과 기독교의 관련양상에 대한 한 고찰」, 『배달말』 14권, 배달말학회, 1989, 213~214쪽.

10 이 점에 대해서는 정영훈, 「최인훈 소설의 욕망 구조」, 『한국학보』 30권 1호, 일지사, 2004, 134~136쪽 참조.

물이라고 불러야 할 것이다. 선물은 등가교환의 원리 바깥에 있으며, 바로 이 점에서 선물을 주고받는 행위는 누군가에게는 매우 불공평한 교환 방식으로 보일 수도 있다. 라울의 경우가 그럴 것이다. 누군가를 선택하는 일은 다른 누군가를 배제하는 일과 동시에 일어난다. 누군가가 선택받지 못했기 때문에 선택받은 누군가가 있는 것이며, 누군가가 선택받기 위해서는 반드시 선택받지 못한 누군가가 생길 수밖에 없다. 누군가를 선택하는 원리가 은혜에 기초해 있다는 것은, 그를 선택한 데 아무런 이유가 없었다는 뜻이 되며, 그런 만큼 선택을 받지 못한 이에게 이러한 원리는 부당하고 불공평하게 느껴질 수 있다. 그렇다면 라울의 입장에서, 우리는 이렇게 이해할 수 있을 것이다. 은혜 이면에는 불의가 자리하고 있다고 말이다. 따라서 은혜에 기초하여 정의의 문제를 논의하려 한다면, 은혜의 어두운 이면으로서의 불의함의 문제를 함께 다루지 않으면 안 될 것이다. 우리는 3절을 경유한 뒤 4절에서 이 문제를 다시 다루게 될 것이다.

이 절을 마무리하기 전에 한 가지 사실을 더 언급하기로 한다. 라울은 자신이 의로움에도 이 의로움에 대해 평가받지 못했다고 생각한다. 그런데 의란 무엇인가. 최근의 신학적 논의들이 주장하고 있는 것처럼, 바울이 그의 서신들에서 쓴 '의'가 개인적인 의가 아니라 오히려 정의에 가까운 개념이라면, 의롭다는 판단이 개인 내면의 의로움을 넘어 사회적 정의의 실현을 위해 적극적으로 나서는 것을 의미한다면, 이때 우리는 라울에 대해, 그가 자신의 의로움을 입증하거나 외화하기 위해 무엇인가를 했어야만 한다고 비판할 수도 있지 않을까. 라울이 광기로 생을 마감하는 것은 그가 이해하는 의가 여전히 개인적인 차원에만 머물러 있음을 알려 준다. 그의 한계는 어떤 의미에서 오랫동안 의를 내면의 어떤 상태로만 봐온 신학적 이해와 더불어 있는 것이라 해도 틀리지 않을 것이다.

라울이 느끼는 억울함은 근대문학 속 주인공들에게서 흔히 볼 수 있는 보편적 정서라고 할 수 있다. 자신이 처한 상황의 불의함에 대한 라울의 고발은 이러한 상태를 바로잡겠다는 의지의 표현이기도 할 것이다. 하지만 라울은 광기의 상태에 이름으로써 신의 경제 내부에 존재하는 불의함을 고발하는 데 그칠 뿐, 이 의지를 밖으로 표출하는 데로까지 나아가지는 못한다. 일례로 영화 〈아마데우스〉에서, 라울과 비슷한 처지에 있었던 살리에리는 자신을 외면한 신에 대한 항의의 표시로서 모차르트를 파멸에 이르게 하고, 선택받지 못한 모든 이들에게 무죄를 선포한다. 이는 신의 경계 바깥으로 나아가 선택받지 못한 자들의 공동체를 구축하고자 하는 의지의 표현일 것이다. 라울에게는 이런 감각이 결여되어 있다. 이것이 라울의 인식이 지닌 한계의 또 다른 측면일 것이다.

3. 법의 가능성과 한계 : 『난장이가 쏘아올린 작은 공』의 경우

어떻게 살 것인가 하는 문제가 개인 차원에 머무를 때 이는 정치와는 무관한 영역으로 남을 수밖에 없다. 그렇다면 윤리를 정치의 영역으로 끌어들이고자 할 때, 개인의 영역에서 정의를 실천하는 데서 나아가 이를 사회의 영역으로 확장하고 사회 전체에 정의가 편만해지기 위한 정치적 원리로 수립하고자 할 때 필요한 것은 무엇일까. 조세희의 『난장이가 쏘아올린 작은 공』 연작을 통해 이 문제를 들여다보기로 한다.[11]

　『난장이가 쏘아올린 작은 공』 연작은 정의롭지 못한 세계의 실상을 극명하게 보여 준다. 세계의 불의는 무엇보다 "부의 심한 편중"이라는 형태로 드러난다. 소설에는 극단적으로 대비되는, 서로 다른 계급에 속한 두 부류의 사람들이 나온다. 한쪽에는 은강공장 경영주 일가로 대표되는 부유층이 있고, 그 맞은편에는 난쟁이 일가로 대표되는 빈민층, 대표적으로 공장 노동자들이 있다. 경영주 일가와 이들에게 속한 사람들은 "부의 심한 편중"에 대해 조금도 문제의식을 느끼지 못하는데, 그것은 이들이 자신들이 얻은 부를 노력한 것에 대한 정당한 대가로 여기기 때문이다. 이를테면 이런 식이다. "우리에겐 지켜야 할 게 많아. 지키면서, 실제로 행동이 가능한 변혁을 늘 생각해야 돼. 많은 사람들이 우리가 근거 없이 성공한 걸로 믿고 있고, 기회만 있으면 때려 부수려고 하는데, 우리는 그들을 설득하든가 안 되면 반대로 밀어붙일 힘을 가져야 된다. 저희들을 위해 우리가 하는 고마운 일은 생각도 하지 않으려는 사람들이 너무 많아"(237~238).

　이런 생각은 경영주의 아들인 경훈에게도 그대로 대물림된다.

---

11 이 글이 텍스트로 삼은 것은 조세희, 『난장이가 쏘아올린 작은 공』, 문학과지성사, 1997이다. 작품을 인용할 경우 인용 면수만을 제시하고, 개별 작품의 제목을 밝힐 필요가 있을 경우 이를 따로 표시하기로 한다.

경훈은 불우이웃돕기 모금 집회에 나갈 준비를 하는 어머니의 여비서에게 "우리가 이 사회에 진 빚은 눈곱만큼도 없다"(261)고 말한다. 사회에 빚진 것이 있어 행사에 나서는 것이 아님을 강조하고 싶었던 것일 터이다. 경훈 일가가 사회에 진 빚이 없다는 것은 사실일 수 있다. 아니, 어쩌면 이들이 사회에 빚을 진 것이 아니라 사회가 오히려 이들에게 빚지고 있는지도 모른다. 경훈의 이야기처럼 이들 일가의 "회사들이 우리나라 전체 세금의 4퍼센트를 내고, 매상액이 국내 시장의 4.2퍼센트, 수출은 5.3퍼센트를 기록하고"(233) 있으니 말이다. 그러나 누군가는 이와 전혀 다르게 생각할 것이다. 가령 2000년대 작가 황정은은 『백의 그림자』에서 주인공의 입을 빌려 이렇게 말한다.

> 그런 것[빚-인용자] 없이 사는 사람이라고 자칭하고 다니는 사람을 나는 별로 좋아하지 않아요. 조금 난폭하게 말하자면, 누구의 배[腹]도 빌리지 않고 어느 날 숲에서 솟아나 공산품이라고는 일절 사용하지 않고 알몸으로 사는 경우가 아니고서야, 자신은 아무래도 빚이 없다고 말하는 사람은 뻔뻔한 거라고 나는 생각해요. ……공산품이란 각종의 물질과 화학약품을 사용해서 대량으로 만들어내는 것이라 여러 가지 사정이 생길 수 있잖아요? 강이 더러워진다든지, 대금이 너무 저렴하게 지불되는 노동력이라든지. 하다못해 양말 한 켤레를 싸게 사도, 그 값싼 물건에 대한 빚이 어딘가에서 발생한다는 이야기예요.[12]

인용문은 "사회에 진 빚"이 조금도 없다고 생각하는 경훈 부류의 사람들에 대한 비판으로 읽기에 조금도 손색이 없다. 경훈은 집안 식구들이 쌓은 부가 노동자의 노동력을 착취한 대가로 얻은 것이고, 공장 폐수나 오염된 공기 같은 부산물들을 처리하는 데 사회가 들인 비용이 사실은 그들의 주머니에서 나갔어야 할 일종의 빚이라는 데는 조금도 생각이 미치지 못한다. 그렇기 때문에 자신들이 손에 쥔 것을 두고 누군가에게 고마워하거나 미안해할 이유가 조금도 없다고 생각하는 것이다. 같은 맥락에서 그는 노동자들 역시 그들이 수고한 만큼의 대가를 받고 있는 것이라 생각할 것이다. 그들이 가난하게 사는 것은 그들이 게으르기 때문이고, 먹고살 수 있게 일자리를 제공해 주었으니 그들은 자기 식구들에게 고마워해야 한다는 것이다. 그러므로 불우한 이웃들을 위해 내는 자선금은 이들에게 돌아갔어야 할 것을 되돌려 주기 위함이 아니라 이들이 받고 있는 합당한 몫에 잉여적인 무엇인가를 더해 주는 행위, 곧 그 베풂이 자신에게는 명예로 되돌아오는 그런 일이 될 것이다.

소설은 경훈의 이런 태도를 '사랑 없음'으로 규정한다. 사랑은 무엇보다 타인에 대해 공감할 줄 아는 능력이라고 할 수 있다. 『난장이가 쏘아올린 작은 공』 연작의 첫머리에 뫼비우스의 띠에 관한 이야기가 나오는 것은 우연이 아니다. 수학 교사가 들려주는 예화에서 굴뚝 청소를 하고 나온 아이들이 서로의 얼굴을 보면서

---

12 황정은, 『백의 그림자』, 민음사, 2010, 17~18쪽.

자기 얼굴 상태를 짐작하는 것처럼, 뫼비우스의 띠로 상징화되는 세계에서 사람들은 타인을 자신을 성찰하기 위한 반성적 거울로 삼는다. 살이 발려 앙상한 뼈만 남은 고기 떼가 찌르는 가시가 되어 달려드는 경훈의 꿈이 암시하듯, 이 세계에서 타인에게 가해진 폭력은 안과 밖의 순환을 통해 결국 가해자에게로 되돌아오게 될 것이다. 하지만 이런 일이 실제 현실에서는 좀처럼 일어나지 않는다. 뫼비우스의 띠의 세계는 이러한 세계를 적극적으로 상상해 볼 용기를 가진 이들에게만 발견된다. 이러한 세계를 상상할 수 있는 능력이 윤리이고, 이러한 상상을 가능하게 하는 근거가 바로 사랑이다.

오직 사랑하는 이들만이 뫼비우스의 띠처럼 안과 밖이 연결되어 있는 세계를 볼 수 있다. 타인을 통해 자신을 성찰하는 일은 그들의 고통에 책임질 것을 요구하기 때문에 이 세계를 보는 일은 한없이 고통스럽다. 난쟁이 일가의 아들인 영수는 노동자들이 처해 있는 가혹한 현실을 산업혁명 시기 영국과 프랑스의 공장주들이 노동자들에게 했던 끔찍한 일들과 비교하다 이렇게 되뇐다. "나는 나의 사랑 때문에 괴로워했다. 아버지도 이 사랑 때문에 괴로워했을 것이다. 영국이나 프랑스의 공장주들은 괴로워해 본 적이 없을 것이다"(187). 은강공장 경영주 일가에게는 결여되어 있는 것은 사랑의 능력이다. "사랑이 없"으므로 "싼 임금으로 기계를 돌릴 방법만 생각"하고, "폐수 집수장 바닥에 구멍을 뚫어 정수장을 거치지 않은 폐수를 바다로 흘려 넣는" 일도 서슴지 않고 할 수 있는 것이다. 이 모든 일의 해결 방안으로 사랑을 요청하는 것은, 이런 맥락에서 자연스러워보인다.

아버지는 사랑에 기대를 걸었었다. 아버지가 꿈꾼 세상은 모두에게 할 일을 주고, 일한 대가로 먹고 입고, 누구나 다 자식을 공부시키며 이웃을 사랑하는 세계였다. 그 세계의 지배 계층은 호화로운 생활을 하지 않을 것이라고 아버지는 말했었다. 인간이 갖는 고통에 대해 그들도 알 권리가 있기 때문이라는 것이었다. 그곳에서는 아무도 호화로운 생활을 하려고 하지 않을 것이다. 지나친 부의 축적을 사랑의 상실로 공인하고 사랑을 갖지 않은 사람네 집에 내리는 햇빛을 가려 버리고, 바람도 막아 버리고, 전깃줄도 잘라 버리고, 수도 선도 끊어 버린다. 그런 집 뜰에서는 꽃나무가 자라지 못한다. 날아들어 갈 벌도 없다. 나비도 없다. 아버지가 꿈꾼 세상에서 강요되는 것은 사랑이다. 사랑으로 일하고 사랑으로 자식을 키운다. 사랑으로 비를 내리게 하고, 사랑으로 평형을 이루고, 사랑으로 바람을 불러 작은 미나리아재비꽃 줄기에까지 머물게 한다(「잘못은 신에게도 있다」 185쪽).

아버지는 사랑에 기대를 건다. 사랑이 있었다면 타인의 고통에 대해 충분히 잘 알 수 있었을 것이고, 그 고통을 외면하지 않았을 것이다. 또 그들이 고통받는 이유가 자신이 필요 이상으로 가져갔기 때문임을 깨달았을 것이고, 기꺼이 자기 것의 일부를 내놓을 결심을 하게 되었을 것이다. 현실의 모든 불의한 일들은 사랑이 없기 때문에 생겨난 만큼 사랑은 현실의 문제들을 해결하는 방책이 될 것이다. 하지만 경험을 통해 우리가 잘 알고 있듯이 이는 현실에서는 일어나기 어려운 일이다. 아버지가 법으로써 사랑을 강제할 수밖에 없다고 생각한 이유가 여기에 있을 것이다. 하지만 문제는 강제로 실행되는 사랑이 진정한 의미의 사랑일 수 없다는 점이다. 영수는 "법률 제정이라는 공식을 빼"고 "교육의 수단을 이용해 누구나 고귀한 사랑을 갖도록"(185) 하는 세계를 새롭게 제안하는데, 이는 "자유로운 이성"에 의해 실행되는 것이 아니라면 사랑은 의미가 없기 때문이다. 이 점에서 영수는 아버지보다 더 철저하다고 할 만하다.

그런데 이런 평가와 별개로, 소설의 결말부에서 영수는 "아버지가 옳았"(203)다고 인정하고 자신의 생각을 수정하게 된다. 이야기의 맥락을 따라 짐작건대, 영수의 이런 변화는 노사 양측의 대표가 만나 임금 인상과 부당 해고자의 복직 등에 관해 논의했으나 아무것도 얻지 못한 채로 대화가 끝이 난 데서 비롯된 것으로 보인다. 협상 과정을 통해 노조 측에서 확인하게 되는 것은 법이 선택적으로만 지켜지며, 어느 한쪽에만 유리하게 실행된다는 사실이다. 예컨대 사측은 〈근로기준법〉을 준수할 경우 "은강에서 돌아가는 기계들 대부분을 지금 세워야"(196) 한다는 이유로 법을 어기지만, 사측에 대항하여 벌이는 노조의 행위들은 법의 힘을 빌려 처벌하고, 법 집행자들 또한 한쪽을 편들어 판결을 내린다. 법을 움직이는 힘을 근본적으로 바꾸어 놓지 않는 한, 법 테두리 안에서 법을 지키며 벌이는 싸움은 결국 법이 편애하는 제한된 소수의 사람들의 승리로 끝날 것임은 자명하다.

"사랑을 갖지 않은 사람을 벌하기 위해 법을 제정해야 한다"는 아버지의 주장은 바로 이 지점을 겨냥하고 있다. 아버지는 법이 가진 힘을 사랑의 문제와 결합해 이해한다. 법이 그 실행 여부를 따라 처벌 또는 불처벌하게 되는 근거가 사랑이라는 것은 결국 사랑이 법 집행을 가능하게 하는 최종적인 심급이라는 뜻이 될 것이며, 이렇게 제정된 법의 근본이념은 사랑이라고 해야 할 것이다. 아버지가 상상하듯이, 사랑이 법의 근본이념으로 자리 잡을 수 있다면, 이러한 법이 실행되는 사회는 지금보다 훨씬 더 공평하고 정의로울 것임에 틀림없다. 하지만 법 없이 사랑이 실행될 수 있었다면 법 제정을 요청하지 않았을 것이고, 법이 요청되었다는 사실을 통해 알 수 있는바 사랑은 그 자체의 속성이 손상되지 않은 채 정치적 원리로 도입되기는 어렵다. 영수가 내린 결론에 동의하는 것이 꺼려지는 이유다.

법을 통해 사랑을 강제하는 것은 가장 후하게 평가한다고 해도, 피하는 것이 좋을, 어쩔 수 없는 선택 이상이 될 수 없다. 이어지는 이야기에 이미 이런 한계가 분명히 드러나고 있다. 위에서와 같은 결론에 이른 뒤 영수는 경영주를 칼로 찔러 죽이게 된다. 이는 죄 지은 사람을 처벌함으로써 정의를 바로 세우려는 의도의 결과인 것처럼 보이지만, 이런 되갚음으로서의 정의는 "복수의 악무한"(데리다, 83)을 낳는다는 점에서 참된 의미의 정의를 산출하는 좋은 방법이 되기 어렵다. 작가 역시 이를 불의를 바로잡기 위한 수단으로 긍정하고 있지 않다. 이와 관련하여 흥미로운 것은 영수가 과녁을 제대로 맞히지 못했다는 점이다. 영수가 찌른 것은 경영주가 아니라 그의 동생이었고, 영수는 이 사실을 재판정에 가서야 비로소 알게 된다. 이는 되갚음으로서의 정의가 항상 과녁에서 벗어난 형태로만 실현되며, 이 점에서 정의를 세우는 올바른 길이 될 수 없음을 암시한다고 할 수 있다.

우리의 논의와 관련하여 인상적인 것은 영수의 행위 이면에 사랑의 문제가 놓여 있었다는 사실이다. 영수가 경영주를 칼로 찌르려 한 이유는 그에게 사랑이 부족했기 때문이다. 영수는 사랑을 갖지 않은 인간을 처벌하려 한 것이고, 다만 그 결과가 살인으로 나타났을 뿐이다. 사사로운 복수가 아니라 사랑을 근본이념으로 한 법적인 행위였던 만큼 영수는 자신이 한 일에 대해 책임지기를 거부하지 않는다. 그는 자신의 잘못에 대해 변명하지 않고, 그 행위가 우발적인 결과라는 데도 동의하지 않는다. 영수가 자신의 행위를 통해 그 이면에 있었던 사랑이 가시화되기를 바랐던 것이라면, 이런 의도는 어느 정도 실현되었다고 할 수 있다. 사랑이 누군가를 변화시킨 흔적을 확인할 수 있기 때문이다.

> 개 밥그릇을 개집 앞에 놓아준 여자아이가 늙은 개의 목을 꼭 껴안았다. 난장이의 큰아들이 끌려 나갈 때 난장이의 부인이 그런 몸짓을 했었다. 공원들은 밖으로 나가 울었다. 지섭은 올라올 수가 없었다. 사람들의 사랑이 나를 슬프게 했다. 그때 수위가 철문을 밀어붙이는 것이 보였다. 이팝나무숲을 끼고 돌아온 아버지의 승용차가 미끄러지듯 들어와 섰다. 내일 아무도 모르게 정신과 의사를 찾아가 보자고 나는 생각했다. 내가 약하다는 것을 알면 아버지는 제일 먼저 나를 제쳐놓을 것이다. 사랑으로 얻을 것은 하나도 없었다. 나는 밝고 큰 목소리로 떠들 말들을 떠올리며 방문을 열고 나갔다(263).

인용문은 작품집 전체를 통틀어 가장 인상적인 대목이라 할 만하다. 줄곧 경영주 일가의 시각을 대변해 오던 경훈은 마지막 장면에 이르러 기존과는 조금 다른 모습을 보여 준다. "사람들의 사랑이 나를 슬프게 했다."는 문장은 재판 과정에서 영수가 보인 모습과 그를 대하는 가족과 공장 노동자들의 태도에서 경훈이 깊은 상처를 입었음을 알려준다. 경훈은 사랑 때문에 약해지는데, 이는 영수가 사랑 때문에 괴로워해야 했던 것과 대구를 이룬다. 영수의 행위가 사랑을 갖지 못한 누군가를 처벌함으로써 사랑을 법의 근본이념으로 수립하려는 의도에서 나온 것이었고, 경훈의 변화 이면에 영수의 재판 과정이 있었다면, 결국 경훈을 변화시킨 것은 폭력이 아니라 그 이면에서 작용한 사랑이라 해야 옳을 것이다. 누군가를 변화시키는 것은 그의 잘못을 바로잡기 위한 대응적 행위(폭력)가 아니라 사랑임이 확인되고 있는 것이다.

물론 경훈의 변화가 본질적인 수준에까지 이르러 있다고 보기는 어렵다. 경훈은 "사랑으로 얻을 것은 하나도 없었다."는 다짐으로 생각이 더 뻗어 나가려는 것을 적극적으로 막으려 한다. 그는 원래의 자신으로 돌아가려 할 것이다. 하지만 중요한 것은 미세하게나마 그의 생각에 균열이 가해졌다는 점이고, 이렇게 된 이상 그가 예전과 꼭 같은 방식으로 살기는 어려울 것이다. 이런 맥락에서 이해할 때 "영수와 난쟁이 일가는 사랑이 최상의 가치 규범을 이루는 세계의 실현을 꿈꾸다 좌절한 사람들"[13]이라는 해석은 부분적으로만 옳다고 해야 할 것이다. 영수 그 자신이 이러한 세계를 만들어 내지는 못했지만, 이러한 세계로 나아갈 수 있는

---

13 오세영, 「사랑의 입법과 사법 : 조세희론」, 『상상력과 논리』, 민음사, 1991, 146쪽.

최소한의 가능성을 열어 보여 주었기 때문이다.

4. 불의의 선물, 윤리의 기원 : 「오래된 일기」의 경우

『난장이가 쏘아올린 작은 공』 연작은 사랑을 정의의 실현을 위한 윤리적 근거로 제출한다. 하지만 영수의 경우가 예시하듯 사랑을 입법화하는 것은 불가능하다. 만약 사랑을 갖지 않은 자들에 대한 처벌에 초점을 맞추는 대신, 법의 근본이념에 놓인 사랑이라는 측면에 주목한다면 이런 이야기가 가능할 것이다. 아버지의 주장 이면에는 법 그 자체로는 사랑의 이념을 완성할 수 없기 때문에, 법은 그 자신의 한계를 민감하게 인식하는 가운데, 법을 요청하고 법이 나아가도록 그 방향을 제시했던 사랑의 이념을 수시로 소환해야 할 것이라는 생각이 담겨 있다. 그렇다면 법을 매개로 하지 않고 사랑을 의무로서 도입하는 것이 가능할까. 제닝스의 바울 해석에 기대면, 바울이 정의를 가능하게 하는 근거로 제시하는 것은 은혜(선물)다. 사랑은 은혜로 구원받은 자들에게 의무로서 요청되는 삶의 태도다. 이와 비슷한 인식을 보여 주는 작품으로 이승우의 「오래된 일기」를 꼽을 만하다.

이승우의 「오래된 일기」는 '나'와 사촌형인 규 두 사람의 엇갈린 운명을 그리고 있다. '나'는 아버지의 갑작스러운 죽음으로 인해 어린 시절부터 큰아버지 댁에서 지내게 된다. '나'와 규는 여러 면에서 닮았지만 공부만큼은 그렇지 않아서, 우등생이었던 '나'와 달리 규는 공부에 관심이 없다. 이후 펼쳐지는 두 사람의 인생사는 사뭇 대조적이다. '나'는 대학에 입학하고 이름이 꽤 알려진 소설가가 되는 등 비교적 순탄한 삶을 살게 되지만, 규는 소설가의 꿈을 이루지 못하고, 사업에 뛰어들었으나 실패하고 지금은 병을 얻어 얼마 남지 않은 시간들을 보내고 있는 중이다. '내'가 대학에 갈 수 있었던 것은 규를 위해 마련해 두었던 등록금 조의 돈을 큰아버지가 선뜻 내어 주었기 때문이고, 소설가가 될 수 있었던 것은 규가 '나'의 소설가적 재능을 발견하고, 작품을 쓰도록 종용하고, 그 결과물을 신춘문예에 '나' 대신 투고해 주었기 때문이다. 규를 바라보는 '나'의 시선은 착잡하고 또 미안하지만, '나'는 끝내 규에게 미안하다는 말을 하지 못한다.

'나'는 소설가가 되었지만 처음부터 소설가가 되기를 바랐던 것은 아니다. 규가 쓴 소설에 대해 평해 주면서 우연히 소설적 재능을 발견하게 되었고, '내'가 쓴 소설을 '나' 대신 규가, 그것도 '내' 의지와 상관없이 신춘문예에 투고해 당선이 되어 소설가의 길을 걷게 된 것이다. 소설가가 되기를 바라지도 않았고, 소설가가 되기 위해 열심히 습작을 해왔던 것도 아니기 때문에, '나'에게는 이 결과물이 예기치 않게 주어진 선물처럼 여겨진다. 그에 비해 규는 학창시절부터 작가가 되기를 꿈꿨고 이 꿈을 이루기 위해 열심히 글을 썼지만 끝내 원하는 것을 얻어낼 수 없었다. 노력의 크기를 생각해 본다면 작가는 '내'가 아니라 규가 되었어야 옳았을 것이다. 이 점에서 「오래된 일기」는 「라울전」과는 다른 방식으로 세상이 정의롭지 못함을 보여 준다. 차이가 있다면, 「라울전」의 바울과 달리, 이 자리가 애초 규에게 돌아갔어야 하는 것이 아닌가 하고 느낄 정도로 '내'가 민감한 자의식의 소유자라는 점일 것이다.

사실 '내'가 소설가가 된 것은 규가 소설가가 되지 못한 것과는 아무 상관이 없는 일이다. '내'가 소설가가 되었기 때문에 규가 소설가가 되지 못한 것이 아니고, 규가 소설가가 되지 않았기 때문에 '내'가 소설가가 된 것도 아니기 때문이다. 소설가의 자리가 한 사람에게만 주어지는 것이 아니고, '나'는 마땅히 규가 차지했어야 할 단 하나뿐인 소설가의 자리를 가로챈 것이 아닌 만큼, 규가 소설가가 되지 못한 것에 대해 '내'가 미안할 이유가 전혀 없다. 규 역시 다른 이유라면 모르겠지만, 적어도 '내'가 소설가가 된 것에 대해 그것이 잘못된 일이라고 추궁하거나 자신이 소설가가 되지 못한 이유가 '나'에게 있다고 힐난할 수는 없다. 소설에서 규는 '나'에게 미안하지 않느냐고 묻는데, 이 질문이 목표로 하고 있는 것이 적어도 소설가가 되어 있는 '나'의 현재에 관한 것일 수는 없다. 질문의 의미를 이런 식으로 돌려놓은 것은 '나'의 자의식일 뿐 실제 규의 의도는 전혀 이와 무관하다고 봐야 한다.

규의 질문에서 중요한 것은 이 질문을 대하는 '나'의 반응이다. 짐작건대 「라울전」에서 라울은 신의 선택을 받기 위해 마련된 자리가 하나밖에 없다고 생각했던 듯하다. 그가 바울이 신의 선택을 받았다는 사실로부터 곧바로 그 자신이 버림받았다는 결론을 이끌어 내었다는 데서 이 점을 확인할 수 있다. 그런데 신의 선택이 한 사람만을 향해 있다고 생각한 것은 라울의 착각이 아니었을까. 바울이 선택을 받은 것이 반드시 그의 탈락을 의미하는 것은 아니며, 바울에게는 바울을 위한 자리가, 마찬가지로 라울을 위해서는 라울을 위한 별도의 자리가 마련되어 있었던 것이라고 보지 못할 이유는 전혀 없어 보이기 때문이다. '나'의 경우는 이와는 사뭇 다르다. 다시 한번 반복하자면, 소설가라는 자리는 단 한 사람만을 위해 주어져 있는 것이 아니다. 그 자리를 얻기 위해 서로가 다투어야 할 이유도 없고, 규가 소설가가 되었다고 해서 내가 되지 못하거나 내가 소설가가 되었다고 해서 규가 되지 못하거나 하는 일은 일어나지 않는다. 흥미로운 점은, 그럼에도 '내'가 규가 소설가가 되지 못한 이유를 마치 자신 때문인 것처럼 생각한다는 사실이다.

"나는 아무 짓도 하지 않았다. 그렇지만 누군가 나로 인해 아파하는 사람이 있다면 내가 아무 짓도 하지 않았다고 말하는 것이 떳떳한 일일까." '나'는 이렇게 생각한다. 이런 인식은 중요한 차이를 만들어 낸다. 자신의 자리를 빼앗겼다는 인식과 함께 라울이 선택한 것은 죽음이었지만, 규의 자리를 빼앗았다는 인식과 더불어 '나'에게 찾아온 것은 또 다른 가능성을 산출하고 있는 것처럼 보인다.

나의 어눌한 낭독에 맞춰 그의 입이 살짝살짝 들렸다가 닫혔다. 그것은 그가 그 문장들을 거의 외우고 있다는 증거였다. 나는 무서웠다. 나는 죄를 짓는 것 같았다. 문득 내가 읽는 문장들이 내 것이 아닌 것처럼 여겨졌다. 어느 순간, 그의 목소리가 잦아드는가 싶더니 달싹거리던 입술이 움직이지 않았다. 눈도 감겨 있었다. 그는 잠들어 있었다. 그런데도 나는 잠들어 있는 그를 위해 내 문장들을 읽었다. 눈물이 나왔다. 눈물이 떨어져 노트에 얼룩을 만들었다. 나는 계속해서 끝까지 읽었다. 나의 읽기는 필사적이었

다…… 나는 끝내 미안하다는 말을 하지 못했다.[14]

인용문은 소설의 맨 마지막 대목이다. 규는 '나'에게 '내' 첫 번째 작품이 적혀 있던 노트를 꺼내 읽어 달라고 요청하고, '나'는 한동안의 망설임 끝에 마침내 노트에 적힌 것을 읽어 나간다. '내'가 낭독할 때 규의 입술도 같이 움직인다. 규는 그 문장들을 거의 외우고 있었던 것이다. 이쯤 되면 '내'가 쓴 이 문장들의 주인은 딱히 '나' 한 사람이라고 하기 어렵다. 문장을 쓴 것은 '나'이지만 문장이 쓰인 노트를 오래도록 가지고 있었던 것은 규였다는 사실이 암시하듯이, 이 문장들은 '나'의 것이면서 동시에 규의 것이기도 하다. 노트의 문장들은 소설의 앞머리에 나온, 어린 시절 아버지에 대해 가지고 있던 죄의식의 근원에 대해 회상하며 썼던 것들과 꼭 같다. 소설은 끝과 시작이 이어져 있다. 규의 이야기로부터 새로운 이야기가 시작되고, 새로 쓰인 이 이야기는 어떤 의미에서는 규 자신이 쓴 것이기도 하다. 그렇다면 우리는 「오래된 일기」라는 제목의 이 소설이 규가 환기한 과거의 기억들로부터 시작된 작품이고, 좀 더 적극적으로는 규가 '나'를 부추겨 그를 대신하여 쓴 작품이라고 할 수도 있을 것이다.

문장을 쓴 것은 '나'지만 오랫동안 그것을 읽어 온 것은 규였고, 규가 읽어 온 것을 이제 다시 '내'가 읽는 이 과정은 앞으로 쓰게 될 '내' 작품들의 성격을 규정하고 있다 해도 과언이 아니다.

---

14 이승우, 「오래된 일기」, 『오래된 일기』, 창비, 2008, 35쪽.

'내'가 쓰게 될 소설들은 '나' 자신뿐만 아니라 규를 위해 쓰는 것이 될 것이며, 심지어 규를 대신하여 쓰는 것이 되기도 할 것이다. 이는 예컨대 이승우의 다른 소설 『지상의 노래』에서, 강상호가 죽은 형을 대신하여, 형이 죽지 않았다면 책으로 만들어졌을 글과 사진들을 모아 형을 대신하여 책을 완성하고 형의 이름으로 이를 출간하게 되는 것과 비슷한 경우라고 할 수 있다.[15] 규를 대신하여 읽고 쓰는 행위는 선물로 받은 소설가의 자리를 그에게 되돌려 준다는 의미가 있다. 이는 불의하다고 느끼는 상황을 조금이라도 바로잡으려는 노력의 산물이기도 하다.

　타인에 대한 부채감이라고도 할 수 있는 이러한 인식은 『오래된 일기』에 실린 다른 작품들에서도 두루 확인할 수 있다. 소설 속 인물들에게서 공통적으로 발견되는 특징 가운데 하나는 이들이 자신의 재산과 집에 대해 배타적인 소유권을 주장하지 못한다는 점이다. 이를테면 이들은 헐값에 넘겨받은 땅을 팔아 몇 백 배의 차익을 남기고(「실종사례」), 자기 돈 들이지 않고 집을 장만했다가 집을 나올 상황이 되자 오래전 헤어진 애인의 집에 들어가 살며(「타인의 집」), 글을 쓰기 위해 집주인이 잠깐 비워 둘 예정인 집으로 찾아 들어간다(「방」). 임시적이고 여분의 것으로 주어진 자리, 혹은 애초 다른 사람에게 돌아갔어야 할 것을 대신 물려받은 자리가 이들의 삶이 정립해 있는 곳이다. 이들은 주인이 돈을 돌려 달라거나 방을 빼줄 것을 요구하면 언제든 돈을 내주고 짐을

---

15 정영훈, 「욕망의 변증법, 소설을 읽는 세 가지 방법」, 288쪽.

싸서 집을 나갈 수밖에 없는 처지인데, 이는 '내'가 마치 규의 자리를 가로채서 작가가 된 것처럼 생각하며 미안해하는 상황과 비슷하다고 할 수 있다.

자신의 소유를 값없이 받은 선물이자 임시적인 소유물로 여기는 이들은 타인이 소유권을 주장하며 찾아올 때 언제든 이를 되돌려 줄 생각을 품고 있을 수밖에 없다. 그들의 입장에서는 주위에 있는 사람들은 물론이고 심지어는 자신이 잘 알지 못하는 곳에 있는 사람들 모두가, 잠재적으로, 그들 자신이 무엇인가를 빼앗아 왔고 그래서 돌려주어야 할 것이 있는 누군가가 될 수 있다. 이들은 점령군처럼 들어와 집의 소유권을 주장하는 장인의 모습으로 찾아오기도 하지만(「타인의 집」) 머리가 하얗게 세고 허리가 구부정하고 다리와 팔이 바깥쪽으로 구부러진 노인(「방」)의 모습으로 찾아오기도 한다.[16] 이처럼 자신이 얻은 것을 선물로, 나아가 누군가의 것을 대신, 잠깐 맡아 가지고 있는 것일 뿐이라고 생각하는 데서 윤리가 시작된다. 이런 인식이 타인을 자기 소유의 원주인이라고 여기게 만들고, 자선을 잠깐 맡아 두었던 그의 소유를 되돌려 주는 당연한 행위로 여기게 한다.

「오래된 일기」를 비롯하여 같은 제목의 이 소설집에 실린 이승우의 여러 작품들을 통해 확인하게 되는바, 내가 타인을 책임져야 하는 것은 그를 책임져야 할 이유가 나에게 있기 때문이다. 그가 굶주리는 것은 그가 먹어야 할 음식을 내가 대신 먹었기 때문이

---

16 정영훈, 「윤리의 기원 : 이승우 론」, 138쪽.

고, 그가 헐벗은 것은 그가 입어야 할 옷을 내가 대신 입었기 때문이다. 굶주리고 헐벗은 그의 상태를 인지한 만큼, 나는 그의 굶주리고 헐벗은 상태가 의미하는 바, 곧 그를 먹이고 입히라는 윤리적 요청에 반응해야 한다. 그것이 책임성 있는 자세이다. 불의를 정의의 상태로 되돌리고자 하는 행위 이면에는 이 같은 '윤리'가 자리하고 있다. 자신을 불의의 수혜자로 인식하는 데서 비롯되는 윤리가 정의를 가능하게 한다.

5. 나가며

이승우 소설의 인물들은 그들 자신을 불의한 가운데 은혜를 입은 자로 인식하는 데서 출발하여, 자기 소유의 일부를 타인에게 돌려주기 위한 방법을 모색하는 데로 나아간다. 이는 정의를 실천하고자 하는 소박한 시도의 일부라고 할 것이다. 자기 소유를 대가를 지불하지 않고 받은 선물로, 원 소유자에게 돌려주어야 할 담보물(그러나 그 대가로 돌려받을 것이 따로 있지는 않은)로 인식하는 삶의 태도는 정의를 산출하기 위한 유효한 출발점이 될 수 있다. 하지만 이를 정치 영역으로 확장하기는 쉽지 않아 보인다. 가령 어떤 삶의 원리를 나 자신에게 한정짓지 않고 타인에게도 적용하고자 할 때, 나아가 공동체에 속한 구성원들 모두에게 동일하게 적용하고자 할 때, 이러한 시도는 이 원리를 법제화하는 형태로 구체화될 수도 있을 것이다. 윤리를 법제화하는 것이 가능할까. 이를테면 바울이 그랬던 것처럼, 사랑을 법의 형태로 제안할 수 있을까.

이는 가령 레비나스가 타인에 대한 환대로 요약되는 윤리를 정치의 영역으로 불러들이려 했을 때 직면했던 물음이기도 하다. 한 개인이 윤리적 주체로서 타인을 환대하는 것은 가능할 수 있겠지만, 타인들에게 혹은 그들 사이에 이를 요청하는 것은 쉽지 않다. 윤리적 주체가 타인의 호소에 대한 자발적인 반응에 의해 출현하는 것이라면, 타인에게 제삼자에 대한 환대를 강요하거나 강제한다는 것은 있을 수 없는 일로 보이기 때문이다. 법이 무력한 것도 바로 이 지점이다. 법은 내면의 변화를 이끌어 낼 수 없고, 따라서 정의를 산출할 수 있는 근본적 토대가 될 수 없다. 『난장이가 쏘아올린 작은 공』을 통해 확인할 수 있듯이, 법으로써 사랑을 강제할 수는 없다. 이웃을 사랑하지 않았다는 이유로 처벌하는 것은 애초의 의도가 어디에 있었든 과녁을 제대로 맞힐 수가 없다.

정의롭게 행동하고 불의를 바로잡으라는 명령이 누구에게나 주어져 있는 것은 아니다. 이 명령은 들을 귀 있는 자들에게만, 이 명령을 자기의 것으로 받아들이되 자신을 불의의 피해자가 아니라 불의의 수혜자로 인식하는 자들에게만 주어진다. 자신을 불의의 피해자라고 생각하는 사람들 가운데 더러는 불의가 자신들에게 유리하게 작용할 경우 상황을 바로잡으려 해온 노력들을 중단하고 만다. 자신을 불의의 수혜자라고 여기면서 이를 바로잡으려 애쓰는 사람들만이 이 노력을 끝까지 밀고 나갈 수 있을 것이다. 이들만이 윤리적 주체가 될 수 있다. 자신을 불의의 수혜자라고 여길 때 타인에 대한 환대는 시혜적 행위가 될 수 없다. 환대는 자신이 부당하게 취한 것을 되돌려 주는 행위이고, 이는 불의한 어떤 상태를 바로잡는 것, 곧 정의를 회복하는 일의 출발점이 될 것이다.

참고문헌

일차 문헌

이승우, 『오래된 일기』, 창비, 2008.
조세희, 『난장이가 쏘아올린 작은 공』, 문학과지성사, 1997.
최인훈, 「라울전」, 『자유문학』, 1959.12.
황정은, 『백의 그림자』, 민음사, 2010.

이차 문헌

김도형, 『레비나스와 정치적인 것 : 타자 윤리의 정치철학적 함의』, 그린비, 2018.
니콜라스 월터스토프, 『월터스토프 하나님의 정의』, 배덕만 옮김, 복있는사람, 2017.
_____, 『사랑과 정의』, 홍종락 옮김, IVP, 2017.
신익호, 「신학적 신정론의 관점에서 본 문학」, 『국어문학』 53집, 국어문학회, 2012,
    215~237쪽.
알랭 바디우, 『사도 바울』, 현성환 옮김, 새물결, 2008.
야콥 타우베스, 『바울의 정치신학』, 조효원 옮김, 그린비, 2012.
오세영, 「사랑의 입법과 사법 : 조세희론」, 『상상력과 논리』, 민음사, 1991.
이동하, 「한국 현대소설과 기독교의 관련양상에 대한 한 고찰」, 『배달말』 14권,
    배달말학회, 1989, 199~215쪽.
정영훈, 「최인훈 소설의 욕망 구조」, 『한국학보』 30권 1호, 일지사, 2004, 132~151쪽.
_____, 『윤리의 표정』, 민음사, 2018.
조르조 아감벤, 『남겨진 시간』, 강승훈 옮김, 코나투스, 2008.
테드 W. 제닝스, 『데리다를 읽는다/바울을 생각한다』, 박성훈 옮김, 그린비, 2014.
_____, 『무법적 정의 : 바울의 메시아 정치』, 박성훈 옮김, 길, 2018.
_____, "Justice outside the Law and Love as Political Concept", 『인문학연구』 32,
    인천대학교 인문학연구소, 2019, 45~81쪽.

찾아보기

인문학, 정의와 윤리를 묻다

1판1쇄 | 2020년 12월 29일

엮은이 | 전병준
지은이 | 테드 W. 제닝스, 김상봉, 전병준, 정영훈, 조흥준, 진태원

펴낸이 | 정민용
편집장 | 안중철
편집 | 강소영, 윤상훈, 이진실, 최미정

펴낸곳 | 후마니타스(주)
등록 | 2002년 2월 19일 제2002-000481호
주소 | 서울 마포구 신촌로14안길 17, 2층 (04057)
전화 | 편집_02.739.9929/9930 영업_02.722.9960 팩스_0505.333.9960

블로그 | blog.naver.com/humabook
트위터, 페이스북, 인스타그램 | @humanitasbook
이메일 | humanitasbooks@gmail.com

인쇄 | 천일문화사_031.955.8083 제본 | 일진제책사_031.908.1407

값 16,000원

ISBN 978-89-6437-363-7 94300
      978-89-6437-319-4 (세트)

이 도서의 국립중앙도서관 출판시도서목록(CIP)은 e-CIP홈페이지(http://www.nl.go.kr/ecip)와
국가자료공동목록시스템(http://www.nl.go.kr/kolisnet)에서 이용하실 수 있습니다.
(CIP제어번호: CIP2020053173)